U0838001

股权激励操作全案

激励模式 · 操作流程 · 实战案例 · 范本工具

金晓铮　杨爱喜 / 著

中国经济出版社
CHINA ECONOMIC PUBLISHING HOUSE
北　京

图书在版编目（CIP）数据

股权激励操作全案：激励模式·操作流程·实战案例·范本工具 / 金晓铮，杨爱喜著. —北京：中国经济出版社，2022.1

ISBN 978-7-5136-6674-9

Ⅰ. ①股… Ⅱ. ①金… ②杨… Ⅲ. ①企业管理—股权激励—研究 Ⅳ. ① F272.923

中国版本图书馆 CIP 数据核字（2021）第 205389 号

责任编辑　张梦初　陈宇慧
责任印制　巢新强
封面设计　卓义云天

出版发行　中国经济出版社
印 刷 者　北京艾普海德印刷有限公司
经 销 者　各地新华书店
开　　本　710mm×1000mm　1/16
印　　张　17
字　　数　240 千字
版　　次　2022 年 1 月第 1 版
印　　次　2022 年 1 月第 1 次
定　　价　68.00 元
广告经营许可证　京西工商广字第 8179 号

中国经济出版社 **网址** www.economyph.com **社址** 北京市东城区安定门外大街 58 号 **邮编** 100011
本版图书如存在印装质量问题，请与本社销售中心联系调换（联系电话：010-57512564）

前 言

当今企业之间的竞争归根结底是人才之争。如何做好人才的“选用育留”，充分调动员工的积极性、创造性，搭建人才队伍建设的长效机制，是每一位企业领导者不得不面对的管理挑战。而企业通过制定科学合理的股权激励制度，能够将各层次优秀的核心人才凝聚起来，在企业内部形成利益共享、风险共担、价值共创、使命共知、企业共治的激励机制。

根据中国证监会的定义，股权激励指的是上市公司以本公司股票为标的，对董事、监事、高级管理人员及其他员工进行的长期性激励，主要目的在于将激励对象与公司绑定，共担风险、共享利润，为公司的长远发展贡献自己的力量。

从全球范围看，最早的股权激励出现在美国。1952年，美国菲泽尔公司为了减轻公司高管的税负，推出了股权激励计划，用公司股权替代一部分现金，拉开了股权激励的序幕。1956年，路易斯·凯尔索等设计了员工持股计划，之后诞生了很多股权激励模式，包括目前常用的职工持股计划、股票期权计划等。20世纪60年代后期，日本引入股权激励计划，随后，法国、英国、意大利、澳大利亚等50多个国家和地区纷纷开始效仿，全球范围内掀起了股权激励的热潮。

相较于这些国家来说，我国的股权激励开始的时间较晚。1993年，万科实施股权激励，成为我国第一家实施股权激励的上市公司。此后，随着相关的政策、法规出台，北京、天津、上海等地的一些公司开始尝试实施股权激励，股权激励的实施范围进一步扩大，包括国有企业、高新技术企业、民营中小企业等。经过近30年的发展，我国的股权激励制度越发完善，相关配套政策不断细化，股权激励方案呈现出差异化和个性化的特点。如今，股权激励早已成为我国企业留住人才、吸引人才、释放人才潜力、实现快速发展的必不可少的工具。

股权激励备受各类企业青睐，主要源于以下几点。

- 股权激励可以让员工利益与企业利益相统一，在企业内部形成利益共同体，甚至命运共同体。员工利益与企业利益往往不一致，员工看重的是在职期间的个人收益，属于短期利益；企业看重的是长期的发展效益与投资收益。在某些情况下，员工可能为了自身利益做出损害公司利益的行为。企业实施股权激励，将中高层管理人员、核心技术人员等关键人员发展为企业股东，统一他们与企业的利益，引导他们为企业的长远发展而努力。

- 绩效考核、奖金提成等传统的激励方式比较注重短期的财务数据，这类数据无法反映企业的长期收益，可能刺激员工做出短期行为，对企业的长远发展造成不良影响。企业通过实施股权激励，可以将业绩考核的重点转向企业未来的价值创造，提高企业未来创造价值的能力与长远竞争能力。

- 企业实施股权激励可以吸引优秀人才，稳定人才队伍。一方面，企业向核心人才授予股份，与核心人才共享企业发展成果，可以增强核心人才对企业的归属感与忠诚度；另一方面，企业在授予股权的时候可以设置一些限制性条件，对员工的行为进行规范，一旦员工触犯这些规则，就会失去获得股权收益的资格，让员工懂得珍惜，不轻易离开。另外，企业可以将股权激励作为一种常态化的制度，分期实施，为未来吸引新员工预留足够的股份，从而更好地吸引人才。

鉴于股权激励的种种优点，越来越多的企业开始尝试实施股权激励。股权激励看似简单，操作起来却非常复杂，存在很多问题，例如：如何确定股权激励的对象，如何获得股权，如何确定用于股权激励的股权比例，如何分配股权，如何为新员工预留股权，等等。如果企业不能妥善解决这些问题，就很有可能适得其反，陷入更大的危机。

本书立足于当前企业股权激励的实践经验与教训，结合国家最新出台的相关政策规定，采取“激励模式+操作流程+实战案例+范本工具”的框架思路，全面阐述企业股权激励制度的操作实务与执行要点，涵盖股权激励方案设计、模式选择、实施流程、管理层收购（MBO）、员工持股计划（ESOP）、上市公司股权激励操作实务、中小企业股权激励操作实务等重点内容，并附有大量案例、范本与图表等实战工具，致力于为企业管理者实施股权激励方案提供系统化、规范化的操作指导。

本书共分七章，内容简介如下。

第1章　股权激励：共享·共创·共治。作为一种长期的激励制度，股权激励的实施方式有很多，本章从股权激励的基本定义出发，介绍了四种常见的股权激励方式、三种常见的股权架构设计，并结合华为的股权激励计划总结了股权激励方案设计与实施的几大要点，对在股权激励实施过程中可能涉及的税务问题进行了简单讨论。

第2章　股权激励模式选择与实施路径。为了保证股权激励效果，企业要根据自己的实际情况选择合适的股权激励模式，本章对股票期权、虚拟股票、业绩股票、股票增值权、限制性股票这五种主流的股权激励模式进行立体化剖析，结合实际案例对它们的优缺点、实施要点、操作流程、设计要点等进行细致阐述。

第3章　企业股权激励的实战操作流程。股权激励的实施是一个系统化的流程，大致包括确定激励对象、选择股权激励模式、确定股权授予数量、确定股权激励价格、股权激励行权安排、确定激励股票来源、设定业绩考核指标七大流程。本章对上述七大流程的实施细节进行拆解，总结出一些实用的技巧、方法与原则，简单明了，易懂易用。

第4章　MBO的操作流程与规范。管理层收购可以优化企业的产权结构与控制权结构，在发达国家被广泛用来提升企业的价值，对内部员工进行激励。我国的管理层收购起步较晚，其发展伴随着国有企业的产权制度改革。本章结合宇通客车与美罗药业两大案例对管理层收购的起源与发展、操作模式、成功秘诀以及面临的风险做了具体讨论。

第5章　ESOP的操作流程与规范。在知识经济时代，智力资本已经成为重要的资源，需要参与收益分配。ESOP就是一种让员工按照要素贡献参与利润分配的激励制度。本章对ESOP的基本概念、主要模式、资金来源、实施流程、管理体制、注意事项等内容进行全面分析，帮助企业针对不同的员工设计出合理的持股形式。

第6章　上市公司股权激励的实操指南。员工的凝聚力差，团队管理越发困难是上市公司的通病，股权激励是解决这一问题的有效方案。本章对上市公司实施股权激励的时机选择，股权授予价格与授予方式的设计，退出机制的确定进行讲解，并对不同类型上市公司实施股权激励的方案和股权激励机制的完善进行全面探究。

第7章　中小企业股权激励的实操指南。股权激励不是上市企业的专属，中小企业也可以实施。中小企业可以根据企业发展战略制定股权激励方案，建立多层次的股权激励体系，合理设计退出机制，还可以搭建有限合伙持股平台，创建动态的股权激励体系，赋予股权激励一定的“未来”属性，让股权激励为企业的长远发展服务。

目 录

第1章　股权激励：共享·共创·共治

1.1　股权激励基本概念与架构设计

1.1.1　股权激励的定义与原则

一直以来，企业管理问题都备受业内学者及研究人员的关注，作为实现浮动薪酬的一种最主要的方式，股权激励一直是研究热点。股权激励通过将员工薪酬与企业股票增值绑定在一起激励员工努力工作、积极进取，从而让企业全体员工或主要经营者共享企业增值带来的利益与好处。股权激励是一种长期性的激励机制，其应有效用的发挥是研究热点。

◆股权激励的定义

股权激励指的是企业在一定条件下，通过某种方式让企业的主要经营者或优秀员工获取一定数量的股权，从而对其产生激励作用的一种制度。股权激励制度让企业的长短期利益实现了有机融合，让经营者立足于所有者的立场对问题进行思考，让经营者和所有者达到共赢，实现共同发展。随着公司越发分散，管理技术越发复杂，全世界的公司都在通过创新激励机制对高管进行激励，比如，让高管持有企业部分股权，让他们享有股东的身份和权利，分享利润、共担风险、主动履行职责，助力公司实现稳定可持续发展。总而言之，股权激励就是企业管理者和员工借股票共享企业剩余索取权的一种激励方式。

◆股权激励的原则

企业管理者与股东之间存在一定的关系，因为股东委托管理者管理公司，所以股东是委托人，管理者是被委托人。但在这种关系中，股东与管理者有着明显的不同，合同要分开签订，他们都希望自己能获取最大化的利益。

对于一个企业来说利益最重要，为了让管理者将股东的利益与自身利益视为一体，双方必须达成统一协议。在这种情况下，股权激励应运而生。企业实施股权激励后，管理者不仅是管理者，还是企业股东，管理者会将更多注意力倾注到股东利益方面，在游客机制的作用下，股东利益与管理者利益会实现有效连接，从而增强管理者的自我性、自主性。这样一来，企业不仅能够很好地留住优秀的管理者，还能够对其行为进行有效约束。

◆采用适合企业自身的股权激励方案

企业要根据自己的实际情况制定股权激励方案，让股权激励方案紧扣企业战略，在不同的发展阶段推行不同的股权激励方案。企业要根据自己的实际情况，结合股东意愿、激励资源的释放强度、激励对象的预期强度，制定合理的股权激励方案，找到科学的激励方式，确定合适的激励强度。

企业要根据自己所处的发展阶段制定股权激励方案，为达到激励效果，要以自身发展特点为依据对行权期做出科学设定。初期，由于股权激励的市场环境不是很健全，相关条件不是很完备，股权激励水平不能过高，激励对象不能过多，企业要根据激励对象产生的社会经济效益，在生产经营活动中承担的责任及风险确定激励水平；在成长期，企业对人才流动的承担能力不高，所以行权期设定要长，行权比例要逐渐增加；进入稳定期之后，企业不再害怕人员流动，随着成本不断增加，企业要缩短行权期。

除此之外，企业要选择与自己实际情况相符的业绩指标来确定激励方式。在设置考核指标方面，企业不仅要考虑当期的效益，还要关注企业的长期发展；不仅要考虑自身的盈利水平，还要关注股票的市值变化。

企业要根据自身的盈利水平和高管人员的绩效确定股权激励的比例与数量。企业盈利水平更高，才能拿出更多股权奖励高管人员，股权激励的作用才能得到充分发挥。一个完整、有效的股权激励方案要涵盖诸多内容，如期限、退出机制等，要对成本、业绩等因素进行充分考虑，投入人力、物力将方案落实下去，保证股权激励的预期效果得以充分发挥。

1.1.2　股权激励的四种常见方式

现如今，不少企业都实践了股权激励计划，允许内部员工持股，通过这种方式使员工利益与股东利益保持一致，优化企业的劳资关系、提高企业的管理能力，使内部人员更加团结。

◆公司股权激励的常见方式

股权激励最常见的方式有四种，如表1–1所示。

表1–1　股权激励最常见的四种方式

股权激励方式	主要内容
实股	公司真正的股东，要到工商部门登记注册自己的股东身份，如此一来，除了公司的相关合同之外，股东还可以寻求相应的法律保障，并且享有分红权；股东也可以行使自己的投票权
虚拟股	企业所有者及大股东就企业的发展问题与员工达成协议，并向员工表示，如果公司业绩提高到某个水平，就可以让员工享有公司股份中的部分分红权
期权	期权具体是指股票期权，即企业为员工提供购买股票的权利，员工获得的并非股权，当然，也可以根据自己的意愿放弃购买。企业会提前制定好期权制度。具体而言，实施股权激励的企业，会设立推行期权的基准日，并规定公司股票的价格，一段时间后，如果公司经营良好，公司股票的市场价格会提高，但不会对期权产生影响。也就是说，公司价值增长后，员工仍然可以按照原定的价格购买股票，所以员工可通过这种方式获益
期股	期股与期权存在共性，其不同之处体现在，期权是为员工提供未来购买股票的权利，期股则是直接为员工提供股票，员工购买股票的价格较低，在员工的努力下公司获得发展，其手中的股票价格也会水涨船高

◆**持股方式**

持股方式分为两种：直接持股与间接持股，如表1–2所示。

表1–2 直接持股与间接持股

持股方式	具体内容
直接持股	直接持股是指员工得到股权后到工商部门注册股东身份，在这种持股方式下，公司发行股票、持股人抛出股票的过程都比较简单，员工可从中获益，但企业对员工的约束比较有限
间接持股	间接持股是指公司与股权激励客体达成协议，为其提供部分股票，同时要求持股人在公司上市前规定的时间内不能退出，过了这段时间后，其股票出售及所得资金的用途也要符合公司规定，这些都会被写入招股说明书中

◆**重点关注问题**

（1）如何约束。一般情况下，企业所有者会以书面协议或承诺的形式，与激励对象之间建立劳资关系。在制定协议的过程中，企业会明确员工在企业内的工作期限，如果员工在规定的时间内离职，则需将自己手中持有的公司股权，以原始的投资价格或其他规定的价格，出售给企业。

另外，如果激励对象在工作期间的行为触犯了法律，违反了公司的制度规定，给企业造成严重的后果，公司也要按照既定的流程进行股权回购。当然，若激励对象成了真正的股东，不管他们以哪种方式持股，都应该进行相应的业务变更。

（2）税务问题。

- 根据工商部门的规定，只要是到该部门办理股权变更的相关手续，就要向该部门提交完税证明，这是由于在大多数情况下，激励对象会以较低的价格持有股权，税务部门会对这部分股票价格与企业的价值进行对比分析，若企业价值高于股票价格，按照规定是不能直接进行股权变更的，而作为受益者，激励对象应按相关规定向税务部门纳税。
- 在企业与激励对象签订的协议中会明示，企业进行股权回购时，激励对象需承担回购过程中产生的税负，而激励对象的违约行为致使公司进行股权回购的这部分税负自然不应该由企业承担。

- 企业进行分红时也会产生税负，对于这部分税负（上文中已提及）激励对象需缴纳20%的个人所得税。

- 在股权转让方面，上文中也已提及，员工通过直接或间接方式所得的股权，在办理转让手续时，若公司的市场价值有所提高，则需按照规定承担溢价部分产生的税负。

（3）确定股权激励方案。企业一般拥有多个股东，企业提出实施股权激励的想法后，有些股东会表示支持，有些股东则会持反对意见，双方之间的对立会给企业实施股权激励带来阻力。针对这个问题，无论企业用于实施激励的股权来源如何，都应该为原股东保留优先购买的权利。对此，企业应该在制定股权激励方案时，与股东就相关问题达成一致。

（4）设定业绩考核标准。企业可以按照目标或时间对激励对象的行为表现进行科学评估，相较之下，以时间为考核标准进行评估的难度要低一些，围绕目标进行的考核，容易受到相关因素的影响。另外，企业也可以将时间与目标两个标准结合起来使用。

1.1.3　股权激励的三种架构设计

◆员工直接持股

激励对象能够从这种模式中获益，但如果员工不再为公司服务，或者企业上市成功，在超出约定时间后，企业无法对员工抛售股票的行为进行约束，企业内部容易出现人事方面的变动，考虑员工持股存在的不足，还是建议企业采用其他股权激励模式。员工直接持股架构如图1–1所示。

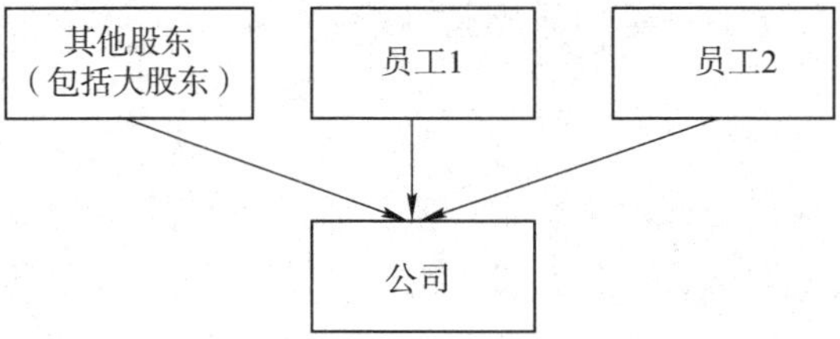

图 1–1　员工直接持股架构

◆员工间接持股

打造针对性较强的员工持股平台，按照有限公司的方式进行平台运营。一般情况下，在有限公司制度下，大股东依靠自己在员工持股平台上的地位，将整个企业的管控权掌握在手中，如今这种运营模式依然存在。员工间接持股有两种模式，如图1–2所示。

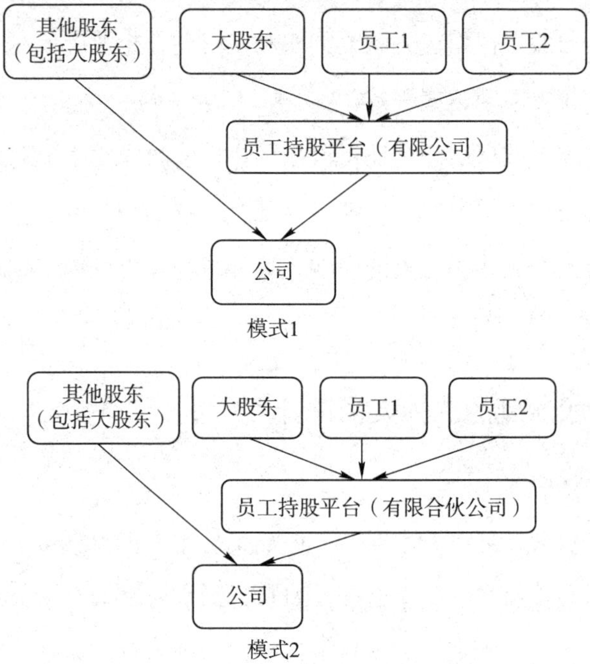

图 1–2　员工间接持股的两种架构

图1–2中的两种模式，在结构层面并无差别，其不同之处集中体现在模式1的员工持股平台是有限公司，模式2的员工持股平台是有限合伙公司，这两种模式下员工持股平台的控制权与税负方面存在区别。

（1）对持股平台的控制权。对持股平台的控制权方面，有限合伙公司模式与有限公司模式是不同的，具体体现在：在有限公司模式下，公司的股东拥有的表决权与其手中掌握的股份多少是直接相关的，因此，股东要想控制有限公司，就要占有足够多的股份。在有限合伙公司模式下，因为合伙人包括普通合伙人（General Partner，GP）与有限合伙人（Limited Partner，LP）两种，其中，普通合伙人拥有执行公司事务的权利，所以即便普通合伙人在员工持股平台中占有的股份比例较低，仍然掌握着企业的经营控制权，运营的员工持股平台上，普通合伙人可以发挥其控制权，对企业提出的决策表示赞成或反对。

（2）税负。有限公司需要承担企业所得税与个人所得税，但在分配公司红利时，无须重复交税。企业通过员工持股平台实现的分红，则要求员工交20%的个人所得税。有限公司与有限合伙公司的不同之处在于，前者是在交税的基础上进行分红，后者则是先分红再交税，有限合伙税率在3%至35%之间。

在股份转让方面，有限公司与有限合伙公司存在一定的区别。有限公司模式下的员工持股平台，在进行股份转让时，需要对溢价部分交所得税，而企业进行分红的过程中，持股对象要交个人所得税，这意味着要重复交税。而有限合伙公司在进行股份转让的过程中，如果超过规定的转让额度，就要在合伙人层面纳税。因此，有限公司需要根据具体情况实施股份转让，要考虑具体转让额度。

在处理税负问题方面，有限公司比有限合伙公司要简单一些。在有限公司制度下，财务部门可灵活处理员工分红，具体如采取措施转换成现金，然后将这些现金分配给员工，这种方式在企业中应用得比较普遍。

◆间接持股的第三种模式

按照规定，有限公司及有限合伙公司内部，人员数量都不得超过50个。那些拥有一定规模的企业，可以选择间接持股的第三种模式（如图1–3所示）。在这种模式下，企业可以根据激励对象的不同进行平台划分，比如，分为以普通员工为主体的平台、以管理者为主体的平台，以新引进人才为主体的平台、以老员工为主体的平台等。在现实中，这几种模式在企业中的应用都比较普遍。

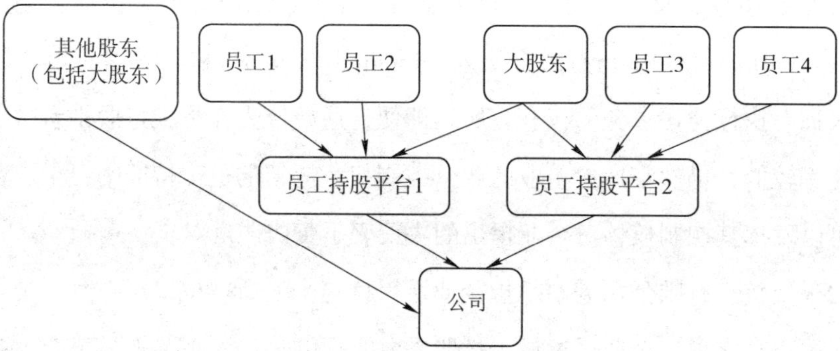

图 1–3　间接持股的第三种模式

1.1.4　股权激励与马斯洛需求层次

完善的股权激励制度，必须能够让企业吸引并留住人才，同时，充分激发人才活力与创造力，从而为企业创造更高的价值。然而在设计股权激励方案时，企业往往很容易陷入“主观陷阱”，即没有站在被激励对象也就是员工的角度思考问题。下面将从员工视角上分析企业应该如何设计出满足员工需求的股权激励制度。

◆股权激励和马斯洛需求层次理论

在马洛斯需求层次理论中，人的需求按照从低到高可以分为生理需求、安全需求、情感和归属需求、尊重需求及自我实现需求。在企业设计股权激励方案时，可以结合这些需求来对股权激励制度进行完善，如图1–4所示。

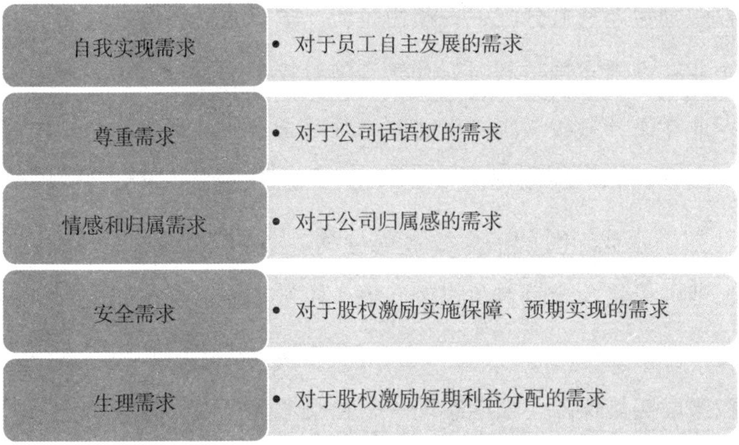

图 1–4　基于马斯洛需求层次理论的股权激励制度设计

（1）对于股权激励短期利益分配的需求。员工作为被激励对象，都希望能够通过股权激励获得工资及奖金之外的更多收入，该部分收入也是员工对股权激励最为基础的需求。

（2）对于股权激励实施保障、预期实现的需求。从员工视角上看，股权激励的实现应该是有保障的，不能是“画饼”。

（3）对于公司归属感的需求。能够参加股权激励计划的，往往是企业的技术骨干、高管、董事等核心人才，这类人才不但需要获得物质上的满足，还需要获得归属感的满足。

（4）对于公司话语权的需求。企业的核心人才在企业经营管理中有较高的话语权，赋予核心人才话语权有助于激发其能动性。在企业发展初期，“一言堂”确实能够提高决策效率，但随着企业不断发展壮大，领导者个人相对有限的精力难以确保企业的持续稳定运营，可能会因为领导者决策失误给企业带来难以挽回的重大损失。

（5）对于员工自主发展的需求。优秀人才在个人职业生涯达到一定高度时，会强调自我实现，实现自主发展。所以，完善的股权激励制度，也必须让员工自主发展的需求得到满足，实现企业和员工双赢。

◆股权激励短期利益分配——预估盈利、丰富激励利益来源

很多企业在尚未实现盈利时就开始实施股权激励制度。为了避免股权激励无法实现，企业在设计股权激励制度时，必须对未来的盈利时间、规模等进行精准评估。

当然，如果企业短时间内无法实现盈利，不妨尝试拓展激励利益来源，比如，以奖金池的形式为激励对象提供回报，使员工能够真正通过参与股权激励获得收益。

◆股权激励实施保障、预期实现——独立考核机构、客观KPI、退出机制

股权激励制度不但要为员工创造短期利益，还要让企业和员工在长期利益方面达成一致，为了激发员工活力与创造力，企业必须确保长期利益能够实现，避免给员工造成股权激励就是"画饼"的错觉。为了推进股权激励制度，企业应通过建立内部薪酬委员会来监督股权激励制度。

当企业通过KPI考核实施股权激励制度时，必须充分确保KPI的客观性、公平性，否则很容易影响员工积极性，难以获得员工的信任。

在完善的股权激励制度中，退出机制是重要组成部分，它能让员工对股权激励建立良好的心理预期。非上市公司实施股权激励时，必须明确股权价值的计算方式，用净资产或公司估值来衡量股权价值绝非明智之举，可以尝试使用P/E法、EBITDA法等普适性估值方法来衡量股权价值。

◆公司归属感——提高股权激励透明度

很多企业实施股权激励制度时，没有对员工进行信息公示，使员工对股权激励制度缺乏信心，不利于提高员工对企业的忠诚度。所以，实施股权激励制度时，应该对企业销售额、利润率等关键信息进行定期公示，让员工对收益有清晰明确的认识，提高其参与股权激励的积极性。

◆公司话语权——建立激励对象建议质询制度

很多企业的股权激励制度在赋予激励对象表决权方面显得相当保守、谨慎，当然，这种做法本身没有什么问题，为了避免表决权过度分散而影响企业重大决策，集中企业表决权无可厚非，但企业也应该充分认识到授予被激励对象话语权对减少决策失误、提高核心人才的企业忠诚度等方面的重要价值。所以，企业应该建立激励对象建议质询制度，确保激励对象能够获得一定话语权。

◆员工自主发展——内部孵化机制的灵活运用

在传统股权激励方案中，员工若要追求自主发展而从企业离职时，应先退出股权激励计划并获得部分收益。这种退出机制看似公平合理，但对企业留住优秀人才十分不利，我们是否可以找到一个既能让员工实现自主发展，又能让企业避免人才流失的有效解决方案？答案当然是肯定的。

我们不妨从这样一个案例中借鉴经验：国内某中介机构在员工能力满足一定标准时，将为其提供资金等支持，帮助其开设分店，该员工将获得分店的部分股权，这种股权激励机制充分激发了员工自主发展积极性，最终使该中介机构实现了在国内市场的迅速扩张。

也就是说，将内部孵化机制和股权激励机制相结合，既能满足员工的自主发展需要，也能让企业留住优秀人才，使员工利益和企业利益相统一，实现企业和员工共赢。

1.1.5 【案例】小米公司的股权激励方案设计

小米公司于2010年4月注册成立，是一家以手机、智能硬件、IOT平台为核心的互联网公司，经过几年发展，业务遍布全球80多个国家和地区，市值突破千亿美元，成为国内互联网企业创业成功的典范。与大多数企业一样，为了激励员工，小米公司也推出了股权激励方案，具体如下。

◆小米公司员工持股情况

根据小米公司2018年发布的招股说明书，截至2018年3月底，小米公司共拥有员工14513名，其中持股员工超过5500名，占比大约为37.90%。在实施股权激励的公司中，小米公司的员工持股比例已经非常高了。

根据小米公司发布的招股说明书，上市之前，小米公司授出但尚未行权的B类普通股份224500097股，其中11名董事、高管持有22120000股，37.90%的员工持有222380097股，这部分股份在公司全部股份中的占比大约为10.85%。如果加上已经行权的股份，那么这一数字将会更大。

◆小米公司股权分配情况

（1）客户导向。根据小米公司早期的股权激励方案，员工可以自由决定现金与股票的比例，例如，全部拿现金工资；拿一大部分现金工资，一小部分股票；拿一大部分股票，一小部分现金工资；等等。最终有15%的员工选择了只拿现金，70%的员工选择了现金多于股票，15%的员工选择了股票多于现金。B轮融资阶段，小米公司允许员工投资公司，每人最多投资30万元。当时，小米公司大约有70名员工，最终有近60人进行投资。

（2）多种激励模式相结合。小米公司的股权激励模式非常多元化，包括购股权、受限制股份奖励（受限制股份）及受限制股份单位等，具体如下。

- 购股权：港股规定的购股权与A股中的股票期权相似，指的是公司授予激励对象一定的股份，到了约定时间，满足约定条件之后，激励对象可以按照约定的价格购买公司股票，可以是一次性购买，也可以是分期购买。简单来说，购股权就是赋予员工购买公司股票的权利，并设置一定的行权条件，例如，在公司工作满多少年，达到某个业绩目标等，只有满足条件才能行权购买。

- 受限制股份奖励：港股中规定的股份奖励可以看作A股的限制性股票激励，指的是公司向激励对象授予一定数量的股份，可以是无偿授予，也可以约定低价，授予时就将股票出售给激励对象。但激励对象获得的股份会伴随着一些限制条件，例如，不能转让，不能抵押、质押、偿还借款等。一旦激励对象做出违约行为，其股份就会被公司回购。
- 受限制股份单位：受限制股份单位可以看作虚拟股，但不完全是“虚”的。公司向激励对象授予一定数量的股票，等到了约定时间，或者完成了业绩目标，公司就可以对已经归属的受限制股份单位进行回购，也可以约定公司向激励对象授予约定数量的股份。

（3）股权资金来源。根据招股说明书，员工获得购股权之后需要按照0~3.44美元的价格行权，每个员工的行权价格都不同，有的员工可以以0美元的价格行权，有的员工可以以1.02美元的价格行权，有的员工需要以3.44美元的价格行权。

（4）退出机制。公司向员工授予的股票有一定的限制条件，只有达到这些条件才能解锁股票行权。小米公司邀请部分员工加入小米发展基金，约定：如果员工在投资后5年内离职，可以收回投资本金，额外获得一笔利息；如果员工在公司工作满5年，就可以成为基金权益的持有人，离职后可以要求公司按照市场价格回购股份。

（5）调整机制及系统性安排。小米公司的股权激励方案规定了比较全面的限制性内容与调整机制，对授予股份的转让做出了严格限制，对员工终止雇佣合同、丧失劳动能力、因故去世等情况下的股份安排做出了明确规定，并对公司控制权发生变化时的股份问题做出了系统性安排，以免在发生类似情况时无从应对，导致公司的股权激励方案失效。

1.2 股权激励方案设计和关注要点

1.2.1 股权激励设计的三大要素

对企业的管理者而言，通过股权激励激发人才的积极性和创造性，是一种高效节约的方式。而要设计好的股权激励方案，首先应该考虑股权激励方案设计的三大要素。

◆论证必要性和可行性

股权激励要发挥其应有的价值，需要在方案制定之前论证其必要性和可行性，要根据企业所处的行业特点以及自身的具体情况进行综合考量，切忌盲目跟风。

事实上，对不同性质的企业而言，股权激励方式能够发挥的作用也不尽相同。比如，在一些垄断程度比较高的行业或者资金密集型行业，企业对于技术的依赖程度相对较低，因此实行股权激励方案能够发挥的作用有限，甚至可能起到反作用；而在与互联网相关的行业中，股权激励方案能够有效地吸引和留住人才，并激励人才发挥其创造力。

◆考虑特殊性和适用性

对具体的企业而言，股权激励方案的制定和实施要基于企业自身的情况，切忌盲目套用模板。企业制定股权激励方案需要考虑以下因素：

- 企业的发展现状以及战略规划：在设计和实施股权激励方案时，需要综合考虑企业的主要产品、技术基础、团队构成、市场竞争状况、企业的发展规划、期望达成的目标等因素。

- 企业的发展阶段：处于不同发展阶段的企业需求侧重有所不同，因此股权激励的措施也应该进行相应的调整。当企业处于初创阶段时，由于对资金和人才的需求比较大，实行股权激励应该以促进企业的成长为主要目的，这一方面可以吸引一部分资金，另一方面限制股权转让；当企业成长壮大、处于高速发展的阶段时，应以激励高级管理层为主；而当企业处于衰退阶段时，企业的股权也会贬值，股权激励的效果会大大减弱，这时就应该转变为通过现金等其他方式激励员工。

● 被激励员工的特殊性：对于同一家企业中不同的员工而言，股权激励的方式也应该有所差别。根据员工的级别、工种等因素，应该采取不同的激励措施。比如，对高级管理人员和核心人才来说，可以通过实股长期进行奖励；对于中层的管理人员，需要综合考虑企业的发展规划、员工的岗位流动性以及工作能力等因素，可以采用短期股权（虚拟股权、业绩股权等）与现金激励相结合的激励措施。

此外，企业在制定股权激励方案的过程中，应该尽可能将与企业发展以及激励对象等相关因素也考虑在内，以保证股权激励的效果。

◆考虑双边属性

企业设计股权激励方案之前，除了需要论证股权激励的必要性和可行性、考虑股权激励的特殊性和适用性，还必须考虑到股权激励的双边属性。也就是说，股权激励涉及企业和被激励对象两方，而并非企业的单边行为。

如果企业忽视股权激励的双边属性，只是单方面推行股权激励政策，而被激励对象只能被动接受，那么股权激励计划便可能难以发挥应有的效果，甚至无法顺利在企业中推行。

因此，在设计股权激励方案之前，可以通过问卷调查或面谈等方式了解被激励对象的想法，比如，有无购买公司股权的想法、能够接受的出资金额、认为公司的股价是否合理、对企业的考核方式有无异议等。在了解被激励对象的真实想法后，再结合公司的实际情况，制定尽可能科学、合理的股权激励方案。

1.2.2 股权激励设计的五个要点

在充分了解相关的情形后，便可以进行股权激励方案的设计。而为了尽可能地发挥股权激励的效果，进行股权激励方案设计时需要注意以下要点。

◆被激励对象

股权是公司极为重要的资源，因此被激励的对象往往是对企业的发展比较关键的人才，比如，高级管理层、核心技术人员等。对于不同级别和岗位的被激励对象，应该采取的股权激励政策也应不尽相同。如果将同样的股权激励措施应用于不同的被激励对象，那么有可能起到相反的效果，影响被激励对象的工作积极性。

要实行差异化激励，就需要设计不同级别以及岗位的考核标准。因此，制定明晰、合理的考核标准，对股权激励的效果能够产生比较大的影响。

与股权激励相关的业绩考核条件可以分为市场条件和非市场条件。其中，市场条件主要是公司不可控的与股价等相关的条件，而非市场条件则是公司可以控制的业绩条件，具体包括公司的业绩考核指标以及个人的业绩指标等。至于个人的业绩指标，除包含与财务相关的指标外，也包括非财务指标。其中，非财务指标的考核难度较大，需要综合公司的用人需要和员工的主观感受等因素进行考量，因此评价制度不应该设置得过于严苛。

值得一提的是，设计全员的激励方案对大部分企业而言并不适用。这主要是因为，从员工层面来看，大部分员工对股权激励可能缺乏足够的了解，购买公司股份的意愿不一致，对公司的未来规划以及发展前景等所知甚少，与股权激励方式相比，更倾向于奖金等奖励；从企业层面来看，不同级别、岗位的员工能够为公司做出的贡献具有比较大的差异，而且入职时间等也不尽相同，所以设计一个顾及全员的股权激励方案是非常有难度的。

◆激励工具

股权激励的工具可以细分为很多种，基本可以归为权益性结算的股权激励和现金结算的股权激励两类，如图1–5所示。

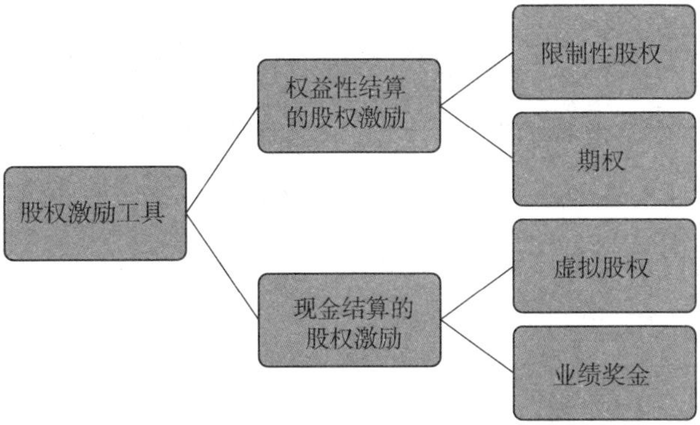

图1–5 激励工具的种类

（1）权益性结算的股权激励。权益性结算的股权激励的激励工具为股权，比较常见的方式包括两种：一是限制性股权，需要被激励对象先购买股权，然后根据期限内的考核情况进行兑现；二是期权，也就是说，首先约定好能够持有股权的价格，然后根据期限内的考核情况分批行权。

（2）现金结算的股权激励。现金结算的股权激励的具体激励工具为现金，比较常见的方式包括两种：一是虚拟股权，被激励对象享有对应股权带来的收益，但不拥有表决权和剩余财产分配权；二是业绩奖金，被激励对象享有按照该年度净资产增值部分或年度净利润折算的相应比例。

虽然激励工具本质上并无优劣之分，但激励工具的选择能够在很大程度上影响激励的效果。因此，在企业发展的不同阶段，针对不同的员工，应该选取最为适用的激励工具。

◆激励份额

激励份额的确定主要应该出于两方面的考虑：一是公司控制权以及股权池方面的因素，由于公司控制权与股东的决策效率密切相关，而股权池的设置直接影响企业对人才的吸引和激励，因此应该基于两者确定合适的激励份额；二是被激励对象方面的因素，具体在应用过程中，可以参考“二八定律”等对不同的激励对象进行激励份额的确定。

◆激励价格

股权激励的方式不同，用于股权激励的价格也应有所差别。比如，采用限制性股权进行激励时，被激励对象可以选取增资入股或股权转让的方式入股；如果采用期权方式进行激励，被激励对象的个人出资即为行权价格。另外，被激励对象用于购买股权的资金应该尽可能采取个人筹集的方式，以避免股权划定不清晰，影响企业的上市计划。

一般情况下，激励价格主要取决于企业的股权激励成本以及被激励对象的出资额度。对于上市公司而言，由于股价公开透明，通过权益工具公允价值扣除激励对象获得权益的对价即能够得出激励价格。而对于非上市公司而言，激励价格的确定需要基于以下因素。

- 企业经过审计得出的净资产额。
- 企业经过评估的净资产额。
- 同一行业或类型的上市公司的市盈率。
- 企业的注册资本。

◆持股平台

持股平台的选择会直接影响企业实际控制人的控股地位以及与资本运作相关的税收等问题，应该纳入股权激励方案的考虑范围。在企业的实践中，股权激励方案通常采用有限合伙企业作为持股平台，而优势主要体现在以下几个方面。

在控股权层面，企业的实际控制人能够通过较少的持股份额掌握企业的实际控制权；在减持自由度层面，基于入伙和退伙的协议约定，能够更加自由、方便地进行相关管理；在税收成本层面，所需要缴纳的税收主要涉及与持股期间股息红利和股权转让相关的税收成本。

其中，持股期间股息红利和股权转让相关的税收成本说明如下：

- 持股期间股息红利的税收成本：若持股平台为有限责任公司，取得股息红利时，企业不需要缴纳企业所得税，而被激励对象个人只需要按照所获得的股息红利缴纳个人所得税；若持股平台为有限合伙公司，取得股息红利时，纳税的主体包括相关的所有主体，即遵循“穿透”原则，包括被激励对象以及企业合伙人在内相关的人员都需要纳税申报。
- 股权转让带来的税收成本：若持股平台为有限责任公司，股权转让时，需要进行双重纳税，也就是说，进行股权转让时首先需要缴纳企业所得税，再向员工分配股权转让所得收益时还需要缴纳个人所得税；若持股平台为有限合伙公司，股权转让时，应遵循“先分后税”原则，但具体到不同地区，其执行也具有一定的差别。

除以上提到的因素外，进行股权激励方案设计时还需要考虑股权激励计划的管理机制和调整机制、限制性股权的禁售期和解锁期、期权的行权有效期设置等方面的问题。

1.2.3　实施股权激励的时机选择和执行的八个步骤

随着企业发展逐渐稳定，规模不断壮大，人才将成为企业最重要的资源。为了稳定老员工，吸引更多优秀的新员工，企业亟须设计一套合理的股权激励方案。

实施股权激励计划是一个长期性的过程，在此期间，公司及激励对象个人可能会出现各种情况，需要及时做出有针对性的调整。比如，公司出现控制权变更、合并、分立等情况时，可以不调整股权激励计划，不收回激励对象已经获得的股权激励份额；公司主体资格不符合相关法律法规或激励对象资格不符合相关法律法规时，应当终止股权激励计划；当激励对象出现职务变更、离职、因意外事故而丧失劳动能力等情况时，通常是给予激励对象一定的现金补偿，并将其已经获得的股权激励份额收回。

◆企业实施股权激励的时机选择

面临以下情况时，公司尤其适合实施股权激励，如图1–6所示。

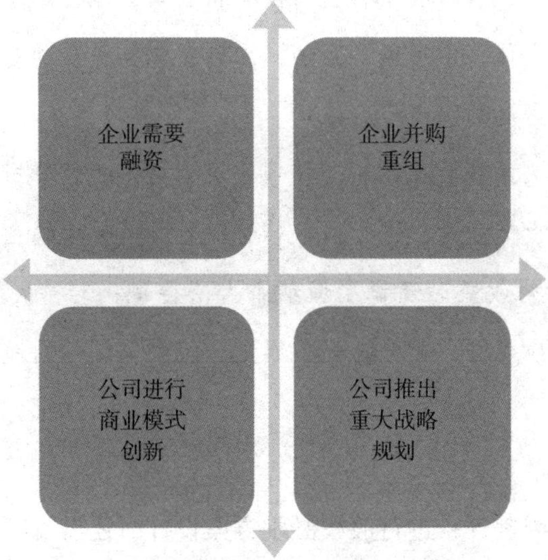

图 1–6　公司实施股权激励的四种情况

（1）企业需要融资。此时，需要向投资方证明公司的投资价值。企业通过对骨干人才进行激励，可以有效推动公司业绩增长或在产品某一方面取得重大突破，从而提高融资成功率。

（2）企业并购重组。此时，通常会伴随重大人事调整而造成人才流失。为了避免这种问题出现，企业可以对关键人才进行股权激励。

（3）公司进行商业模式创新。此时，实施股权激励可以吸引并留住人才，为商业模式创新提供各方面的人才支持。

（4）公司推出重大战略规划。重大战略规划的落地需要所有组织成员协同合作。

◆股权激励执行的八个步骤

从公司的视角看，股权激励计划推出的最佳时期就是行业低迷期。因为在这个时期，企业推出的考核指标更容易完成，完成效果也更好。具体来看，股权激励计划要按照以下八个步骤执行，如表1–3所示。

表1–3 股权激励执行的八个步骤

步骤	主要内容
1	明确股权合作内容，包括公司的经营范围、员工的工作职责等
2	了解股权架构。一般来说，股权可以分为三类：第一类是干股，持有这类股权的人只享有分红权；第二类是虚拟股，在完成一定目标的前提下进行注册，要提前约定，且约定内容要以合同的形式呈现出来；第三类是注册股，即享受法律章程保护的注册权
3	以科学的方法对财务管理进行规划
4	吸收优秀员工的文化理念，创建一个统一的文化体系
5	对股份赠予要点做出明确规定，比如，规定员工在2年内获得的是期权或虚拟股，如果2年内离开没有股份，任职2年以上才能转为注册股，但离职要按照注册资本的百分比进行赔偿等
6	权利规定，比如，规定集团董事会享有财务权和战略权，集团总裁办享有核心干部任免权，公司经理享有员工招聘与业绩管理权
7	对薪酬分配做出详细规定
8	制定商业保密协议

企业在设计股权激励方案时，要对股权激励给公司造成的财务影响进行估算，帮助企业做出全面判断。同时，股权激励存在一定的生命周期，要随宏观环境、政策环境的改变进行调整。比如，华为曾为了激励员工，满足内部集资的需要，授予骨干员工虚拟受限股；如今，这部分分红激励的骨干早已有了很大的调整和变动。

所以，中小企业不要一味地照搬华为的股权激励模式，要根据自己的实际情况进行调整。无论是股权架构还是股权激励，都为企业的可持续发展提供有效保障。企业在设计的过程中要对各方面因素进行综合考虑，科学设置。

1.2.4　股权激励中常见的税务问题

股权激励在实施过程中会涉及一些税务问题，包括个人所得税的缴纳、适用税目、纳税时间、计算方法等。为了解决股权激励中纳税人资金不足的难题，我国税务部门出台了分期递延纳税的优惠政策，但该政策只是缓解问题，并没有真正地解决问题。

《关于完善股权激励和技术入股有关所得税政策的通知》(财税〔2016〕101号，以下简称“101号文”)发布了更多优惠政策，规定非上市公司向本公司员工授予股票期权、股权期权、限制性股票和股权奖励，可以实施的递延纳税政策。也就是说，员工在获得股权激励的当期可以不纳税，在转让股权时纳税。在此之前，被激励员工执行的是分期递延纳税，在获得股权的当期就要缴纳部分个税。

◆不同持股方式的税收政策

(1)员工个人直接持股。如果是员工个人直接持股，在转让股权时需要按照“财产转让所得”缴纳20%的个人所得税，按照卖出价与买入价的差额进行计算。

(2)通过有限公司持股。持股公司转让股票要按照25%的税率缴纳企业所得税，并按照卖出价与买入价的差额进行计算。如果持股公司有法定可弥补的亏损，可以先弥补亏损，用剩下的钱缴纳企业所得税。

(3)通过合伙企业持股。合伙企业转让公司股票获得的收益要计入合伙企业的生产经营所得，激励对象根据所持股份份额，按照个体工商户的五级超额累进税率计算并缴纳个人所得税。

◆股份支付处理

在企业设计和执行股权激励方案的过程中，为了使股份支付的确认、计量和相关信息的披露更加规范，可以参考《企业会计准则第11号》的相关条文。比如，涉及股份支付的处理：

《企业会计准则第11号》第五条规定，授予后立即可行权的换取职工服务的以权益结算的股份支付，应当在授予日按照权益工具的公允价值计入相关成本或费用，相应增加资本公积。

《企业会计准则第11号》第十一条规定，授予后立即可行权的以现金结算的股份支付，应当在授予日以企业承担负债的公允价值计入相关成本或费用，相应增加负债（计入应付职工薪酬）。股份支付费用的计算方式为：股份支付的成本费用总额=权益工具授予日的公允价值×授予的权益工具数量。

根据上述条款可以看出，无论是以权益结算进行股份支付，还是以现金结算进行股份支付，都会摊薄公司当年的净利润，而这就有可能对公司的上市计划造成一定的影响。比如，《首次公开发行股票并上市管理办法》中对拟上市公司的净利润有明确要求，因此当企业具有上市计划时，应该考虑股权激励可能对公司净利润的影响。

◆递延纳税政策

股权激励可能涉及纳税的两个阶段为股权分配阶段和股权转让阶段。根据101号文的规定，非上市公司在进行股权激励时可以享有递延纳税政策。

即在股权分配阶段，员工经向主管机关备案，可暂不纳税；当对该部分股权进行转让时，再按照股权转让收入与股权取得成本以及合理税费的差额缴纳个人所得税。需要注意的是，递延纳税政策的使用需要满足一定的条件，企业在具体实践中需要注意相关行为是否合规、合法。

综上可以看出，股权激励的方案设计和具体操作具有一定的复杂性，涉及法律、财会、税务、人力资源、绩效设计等方面的有关规定，因此企业在设计股权激励方案的过程中切勿掉以轻心。

1.2.5　企业员工股权激励协议

【范例】企业员工股权激励协议书

甲方（公司）：　　乙方（公司员工、激励对象）：

法定代表人：　　身份证号码：

地址：　　地址：

联系电话：　　联系电话：

鉴于：

1.公司于______年______月______日在工商部门登记，注册资本金总额为人民币______万元。

2. 乙方系公司员工，从______年______月______日入职公司，曾对公司做出贡献，公司有意对乙方进行额外奖励和激励。

3. 根据公司《股权激励计划》《股东会决议》及国家相关法律法规与政策之规定，公司同意由乙方出资认购公司______%的激励股权。

现甲、乙双方经友好协商，特订立本协议，以资遵守。

一、激励股权的定义

除非本协议条款或上下文另有所指，下列用语含义如下。

1. 激励股权：指公司对内名义上的股权，激励股权拥有者不是甲方在工商注册登记的实际股东，激励股权的拥有者仅享有参与公司利润的分配权，而无所有权和其他权利。此激励股权对内、对外均不得转让，不得继承。

2. 分红：指公司按照《中华人民共和国公司法》及《公司章程》的规定确定可分配的利润总额，各股东按所持股权（包括公司实际股东持有的股权及本协议下的激励股权）的比例进行分配所得的红利。

二、激励股权的总额

1. 甲方以形成股东会决议的形式，同意乙方认购______股的激励股权，认购价款为______元/股，共______元。

2. 甲方每年可根据乙方的工作表现及对公司的贡献，参照公司业绩的情况，可增加或减少乙方认购激励股权的份额。

三、激励股权的行使条件

1. 甲方根据《股权激励方案》的规定，对乙方进行业绩考核，计算出乙方分红的比例。

2. 甲方在每年度的4月份将乙方可得分红一次性支付给乙方。

3. 乙方的可得分红应当以人民币形式支付，除非乙方同意，甲方不得以其他形式支付。

4. 乙方对甲方负有忠实义务和勤勉义务，不得有任何损害公司利益和形象的行为。

5. 乙方对本协议的内容承担保密义务，不得向第三人泄露本协议中乙方所得股份以及分红等情况。

6. 若乙方离开甲方公司的，乙方仍应遵守本条第4、第5项约定。

四、激励股权变更及其消灭

1. 公司出于自身经营原因，需调整公司人员数量或结构时，有权按上年末每股净资产回购乙方所持全部激励股权。

2. 乙方有下列行为的，甲方视情况给予乙方支付当年应分配股权分红，并按照乙方所购激励股权的原值进行回购：

（1）双方劳动合同期满，未就继续履行合同达成一致的；

（2）乙方因过失等被公司辞退的。

3. 乙方有下列行为的，甲方可无须乙方同意直接回购乙方所持激励股权，且无须支付对价或只需支付乙方所购价款的______%：

（1）有违反规定收受或给他人回扣等商业贿赂行为的；

（2）采取提供虚假报表或文件、窃取他人商业秘密等违反法律法规及规章的手段成就激励股权行使条件的；

（3）严重失职、营私舞弊、滥用职权，给公司造成重大损失的；

（4）在公司服务期间进行赌博或实施其他违反《治安管理处罚条例》规定的行为而被行政拘留的；

（5）在公司服务期间，从事违法行为而被刑事拘留、逮捕或受到刑事处罚的；

（6）任职期间违反公司法的相关规定从事兼职的；

（7）具有《公司法》规定的禁止从事的行为之一的；

（8）严重违反公司的规章制度以及有其他的故意或重大过失行为，给公司造成严重影响或重大损失的。

五、违约责任

1. 如甲方违反本协议约定，迟延支付或者拒绝支付乙方可得分红的，应按可得分红总额的______%向乙方承担违约责任。

2. 如乙方违反本协议约定，甲方有权视情况相应减少或者不予支付乙方可得分红，并有权解除本协议。给甲方造成损失的，乙方应当承担赔偿责任。

六、争议的解决

因履行本协议发生争议的，双方首先应当友好协商解决。如协商不成，则将该争议提交______人民法院裁决。

七、协议的生效

1. 甲方股东会决议表示同意是本协议的前提。

2. 本协议一式______份，双方各持______份，自双方签字或盖章之日起生效。

八、其他约定

本协议与甲、乙双方签订的劳动合同相互独立，乙方在享受激励股权分红的同时，仍可根据甲乙双方签订的劳动合同享受甲方给予的其他待遇。

甲方（盖章）：　　　　　　　　　　乙方（签字）：

法定代表人（签字）：

签署时间：______年____月____日　　　签署时间：______年____月____日

1.3 华为股权激励计划的实践启示

1.3.1 华为四次股权激励计划的演进

华为的股权激励计划最早可以追溯到1990年，截至2018年11月底，华为已经实施了四次股权激励计划。通过实施股权激励计划，华为得以长期保持旺盛的活力与生命力，最终成为一家世界级通信巨头。下面对华为四次股权激励计划进行系统梳理，为广大中国企业提供有益的借鉴。

◆创业期股票激励

和很多初创公司一样，初创时期的华为也面临着资金短缺问题，研发创新、开拓市场、扩大企业规模等都需要投入大量资金。当时的华为是一家小型民营企业，融资渠道较窄，难以通过向传统银行贷款来解决资金问题。而内部融资为这一问题提供了有效的解决方案，内部融资具有低风险、低成本（无须支付利息）、充分激发员工潜能等优势，为华为能够顺利度过初创期奠定了坚实基础。

1990年，华为开始实施ESOP，参股价格 10元/股（1997年改为1元/股），公司拿出税后利润的15%给入股员工分红，这让员工在工资和奖金之外，有了股票分红这一新的收入来源。想要入股的员工必须在公司工作满一年，且绩效、综合表现等能够达到相关规定。与此同时，为了避免给员工造成较大的经济负担，华为让员工优先使用年度奖金购买股权激励标的，如果年度奖金不够，公司还会帮助员工向银行贷款。

实施ESOP后，华为有效解决了公司资金短缺的问题，并让员工树立了主人翁意识，显著增强了组织活力。此后，华为开始步入快速发展期，1993年，其销售额达到了4.1亿元；1995年，其销售额达到了15亿元；1997年，其销售额达到了41亿元；2000年，其销售额达到了220亿元，并且1999年和2000年分别在印度班加罗尔和瑞典斯德哥尔摩建立了研发中心。

◆网络经济泡沫时期的股权激励

2000年互联网经济泡沫破灭，使IT行业陷入重大发展困境，也导致华为在2001年底进入首个“冬天”。为了解决公司资金问题，华为于2001年7月举行股东大会，会上通过了股票期权计划，并推出《华为技术有限公司虚拟股票期权计划暂行管理办法》，开始实施“虚拟受限股”期权改革。

之所以采用“虚拟受限股”，和华为高层1998年赴美考察期权激励与员工持股制度密切相关。考察期间，华为高层团队发现“虚拟受限股”可以让激励对象获得虚拟股票，享受股票分红及股价升值权，但他们没有表决权和所有权，离职后股票作废，不会引发公司高层丧失控制权，而且不需要经过监管部门的一系列审核，时间成本较低。此轮股权激励计划对ESOP做出了如下调整：

（1）不再向新员工派发每股1元股票。

（2）老员工持有的股票变更为期股。

（3）固定分红在员工期权收益中占比明显降低，公司净资产占比显著增加。

与固定股票分红侧重于普惠相比，“虚拟受限股”侧重于激励，让优秀人才能够获得更多的成就感、满足感，更加符合股权激励的初衷。按照华为“虚拟受限股”激励计划的相关规定，员工获得一定期权后，将有4年时间用来行权，每年兑现额度25%，比如，某员工2001年得到了100万股，股价为1元/股，2002年后便可选择四种方式行权。

（1）兑现差价，比如，2002年股票价格提升至3元/股时，可以获利50万元。

（2）以每股1元价格购买股票。

（3）暂不行权，以后再兑现。

（4）放弃。

◆非典时期的自愿降薪运动

2003年，SRAS事件让尚未从互联网泡沫破灭危机中脱困的华为受到进一步冲击，海外销售额明显下滑。同时，为了遏制华为发展，世界通信巨头思科于2003年1月22日向美国得州马歇尔镇联邦法院起诉华为侵犯其知识产权。为了能够从困境中突围，华为发起内部运动，号召公司中高层主动降薪，并将激励资源向核心人才倾斜，确保公司渡过难关。和此前每年例行配股方式不同的是，华为在2003年对配股方式做出了以下调整：

（1）配股额较大。

（2）对兑现方式进行了调整，持股较多的员工每年可兑现比例不能超过10%，普通员工每年可兑换比例不能超过25%。

（3）核心层被授予更多的股权，特别是技术与业务人才获得了明显超过普通员工的配股额度。

此次股权激励计划规定了为期三年的锁定期。在此期间，持股员工不可兑现股份，如果离职，配股自动失效。此外，考虑到核心层获得了较高的配股额度，华为允许员工只提供购买所配股权总额15%的本金，剩余部分公司会帮助员工向银行贷款。

◆新一轮经济危机时期的激励措施

为了应对2008年国际金融危机造成的全球经济长期低迷的宏观环境，华为及时对股权激励计划进行了有效的调整。2008年12月，华为开始实施“饱和配股制”，在华为当时发布的配股公告中，配股价格为每股4.04元，年利率达6%以上，几乎所有在华为工作满一年的员工都在此轮调整之列。

“饱和配股制”按照员工的不同等级设置持股额度上限，如13级员工最高2万股、14级员工最高5万股等。根据这种规定，华为总部大部分老员工持股额度已经达到了上限，因此他们没有参与此次配股。和此前配股类似的是，如果员工没有足够资金用来购买所配额度的股票，公司可以帮助其向银行贷款。

对华为股权激励历程进行分析不难发现，华为通过股权激励计划将员工利益和企业利益相统一，打造了一个合作共赢的长效循环机制。华为向员工授予一定的股权，使其为公司长期发展而奋斗，促使员工实现自我价值，并推动企业长期稳定发展。

1.3.2 人才选拔：建立双向晋升通道

技术和管理是跨度较大的两个领域，兼具技术和管理才能的复合型人才是相当稀缺的资源。虽然在很多企业中，技术人才对企业的发展非常重要，但其薪资待遇往往和管理人才存在一定差距，从而影响了其工作积极性。向来注重科研力量的华为为了解决这一问题，打造了任职资格双向晋升通道。

新入职员工需要先从基层业务做起，逐步升级为骨干人才。在此期间，员工可以根据个人意愿选择走管理者路线或技术专家路线。未达到高级职称时，基层管理者和核心骨干，以及中层管理者和技术专家的工资是相同的，如果员工想要挑战自我，可以在两个职位之间转换；达到高级职称时，管理者和技术人才的职位便不能再调整，也就是管理者要朝着职业经理人方向发展，技术人才要朝着技术专家方向发展。

这种任职资格双向晋升通道机制给予了员工充分的选择权，可以让员工在“兴趣”的指引下高效工作。同时，公平对待技术人才和管理人才，鼓励员工挑战自我，成长为复合型人才。此外，华为还为每一位员工设置一名导师，导师往往由有经验的老员工担任，为新员工提供生活与工作上的指导与帮助。这有助于让员工感受到关怀与温暖，提升员工忠实度，确保组织稳定性。

对于初创企业来说，管理者应该结合企业的实际情况与对各类人才的依赖程度，为员工设置薪酬待遇，并为员工提供广阔的职业成长空间。华为作为一家全球领先的信息与通信（ICT）基础设施和智能终端提供商，是典型的技术密集型企业，通过建立任职资格双向晋升通道有效满足了优秀人才职业生涯发展的需要。

1.3.3 利益共享：重视人力资本价值

股权激励是一把双刃剑，如果使用不当就会给公司发展造成较大负面影响，甚至使股权过度分散，面临公司被恶意收购、核心团队出局风险。华为股权激励计划的激励对象初期以中高层技术人员和管理骨干人才为主。随着公司运营管理水平不断提升，华为开始对大股东股权比例进行稀释，激励对象范围逐步扩大，使普通员工也能参与利润分享。

重视人力资本价值被写入了《华为基本法》：

第十六条——价值分配条款。我们认为，劳动、知识、企业家和资本创造了公司的全部价值。

第十七条——知识资本化条款。我们是用转化为资本这种形式，使劳动、知识以及企业家的管理和风险的累积贡献得到体现和报偿；利用股权的安排，形成公司的中坚力量和保持对公司的有效控制，使公司可持续成长。知识资本化与适应技术和社会变化的有活力的产权制度，是我们不断探索的方向。我们实行员工持股制度。一方面，普惠认同华为的模范员工，结成公司与员工的利益与命运共同体；另一方面，将不断地使最有责任心与才能的人进入公司的中坚层。

让优秀人才可以获得足够的资源来高效完成其工作任务，是每一个华为管理者的重要使命。核心技术人才如果在企业中得不到足够的回报，可能会离职创业或投身竞争对手，来实现自我价值。此时，企业不但出现人才流失问题，而且会在市场竞争中陷入被动局面。所以，积极实施股权激励，对企业人力资本管理是非常关键的。

当然，股权激励并非万能的——员工不一定会受到明显的激励。当员工对企业管理制度心存不满，或者认为企业前景不明时，股权激励是很难发挥预期作用的。因此，企业需要对管理制度进行不断优化和完善，构建核心竞争力，为员工描绘一个可期的未来，和员工共创共建、共担共享。

股权激励，不但可以让人才树立责任心、使命感，使其心态从“为公司打工”转变为“为自己工作”，全身心地投入工作，而且能够减少人才流失。同时，为了保障员工能够从股权激励计划中真正获得收益，公司必须积极开拓市场，拓宽盈利渠道，推动经营业绩持续稳定增长。

1.3.4 多劳多得：完善薪酬绩效机制

让多劳者多得，既是公平公正的体现，也是激励员工努力工作的重要保障，华为为此设计了有差别的薪酬体系。实施员工持股，华为使员工树立责任感、使命感，也让员工薪资待遇出现了一定差距，激励员工不断自我突破，实现更高的自我价值及企业价值。目前，股票分红在华为员工收入中占据的比重超过了30%，由于华为近几年的良好业绩表现，这能够对员工产生十分强大的激励作用。

完善的薪酬体系，是需要科学合理的绩效考核机制提供强有力支持的。在员工绩效考核方面，华为采用定期考核、实时更新的方式，确保员工的良好工作表现能够被及时发现，并体现在薪酬待遇中。

华为分配股权时考虑的因素主要包括才能、品德、风险、可持续贡献等，以此授予核心人才更多的股权，同时，根据企业发展及市场竞争需要，对股权分配进行有效的调整。

为了避免办公室政治，华为对管理者从多个方面进行考核，除了其工作表现外，上级的意见，和同事、下级之间的关系等也占有较高的权重。管理者正式任命前有6个月的考核期，业绩良好并不代表着一定能通过考核，如果存在道德、对员工不公正等方面的问题，是无法通过考核的。这种考核方式在对管理者的日常行为进行一定约束的同时，也体现了对普通员工的重视与尊重，有利于促进组织和谐。

股权激励应该让员工真正获得收益，且随着企业未来发展而兑现股权。华为在世界范围内的强大影响力，以及稳定增长的经营业绩，为参与股权激励计划的员工提供了经济保障。

技术密集型企业中，如果技术人才被管理部门的条条框框所限制，那么他们是很难充分发挥自身潜能、不断推动公司产品及服务创新的。所以，弱化管理部门权力，为员工营造一种自由、平等、开放的组织氛围，对公司的可持续发展是非常关键的。

此外，弱化管理部门职能还有助于确保绩效考核公平、公正。如果管理者存在感过高，很容易引发严重的办公室政治问题，抑制员工的活力与创造力。华为采用对管理者从个人业绩、道德、他人评价（上级、同事及下级）多个维度进行考核的方式，值得国内企业借鉴。

第2章　股权激励模式选择与实施路径

2.1　股票期权模式

2.1.1　股票期权的类型与基本要素

股票期权是企业所有者赋予企业员工（包含经理人在内）的一种权利，持有股票期权的员工或经理人可在一定期限内按照某种既定价格购买公司一定数量的股票。从本质上来看，股票期权就是企业所有者与员工分享企业剩余价值索取权。

从经理人的角度来看，企业授予的股票期权是一项权利。在行权期内，经理人可以选择行权或放弃行权。假设执行价格已事先设定好，随着股票价格不断波动，股票期权的持有人就很有可能在未来获得收益，未来收益的多少与股票价格成正比，而股票价格体现的正是公司的经营业绩。这样一来，经理人所获报酬的多少就与其经营业绩实现了有效连接，经理人会时时以企业利益、股东利益为先，工作积极性大幅提升，同时获得了长期激励。

◆股票期权的概念

何谓股票期权？即上市企业将公司内部人员作为激励客体，为其提供购买股票的权利，允许这部分人成为公司股票的持有者。为此，公司会提前设定股票的购买价格与行权时间，并对持股人的行为进行规范与约束。激励对象可以在公司允许的时间范围内依据事先制定的价格购买股份，也可以放弃成为公司持股人的机会。参与企业股票期权激励计划的内部人员，不仅能够得到公司发放的薪酬，还能够参与企业的利润分配，通过这种方式提高自身的收入。

◆股票期权的主要类型

股票期权可以分为法定股票期权与非法定股票期权两种，法定股票期权在符合税法要求的基础上能够享受税收优惠政策，获得这类股票期权的内部人员，无须就股票市场价格超出其购买价格的部分交税；非法定股票期权不在税法的监管范围内，也不会获得税收优惠，这类股票的持有者要就市场价格超出其购买价格的部分交税。

股票期权也可以分为典型股票期权与不确定股票期权，典型股票期权在发行之前就设定了购买价格与数量，通常情况下，激励对象的工作时间满足企业的规定后就可以获得这类股票；不确定股票期权在发行之前没有设定购买价格与数量，实施对象的工作时间需满足企业的规定，且其业绩水平要达到企业的要求才能获得这类股票。国内有些研究者还从股票推行情况出发，以激励模式为标准，将股票期权划分成期股激励模式的股票期权、虚拟股票激励模式的股票期权、奖金模式的股票期权等，在这里不做赘述。

◆股票期权的基本要素

股票期权的组成要素包括五个，如表2–1所示。

表2–1　股票期权的五大组成要素

组成要素	具体内容
授予对象	中国证监会颁发的《上市公司股权激励管理办法（试行）》规定，国内企业实施股票期权面向的对象主要包括董事、监事、高级管理人员及其他员工
授予数量	在符合法律法规的基础上，能够向内部人员提供的股票数量上限，在这个环节，股票期权授予对象的服务时间、工作能力、所在岗位等会对其能够持有的股份多少产生直接影响
行权要素	股票期权授权日，允许购买的时间、可出售的时间等
行权价格	在符合相关法律法规的基础上，上市公司为内部人员提供的股票购买价格，通常情况下，企业会设定最低购买价格
有限期限	从激励对象购买股票的时间到股票期权失效的时间就是股票期权的有效期限

2.1.2 股票期权激励的优势和特点

期权经常被企业用于股权激励计划中，对企业的核心技术人员和普通员工的适用性较强。作为企业中一种薪酬激励的手段，期权与工资、奖金等能够组合在一起，构成一套覆盖短期、中期和长期激励的薪酬体系。期权的运用不仅有助于减轻企业的资金压力，而且能够帮助员工减轻税收负担。

从企业的层面来看，利用期权激励员工的优势主要体现在以下几点，如表2–2所示。

表 2–2 企业层面期权激励的优势

优势	具体描述
成本低	企业不需要付出资金就能够激励员工，承担的经济压力相对较小，尤其适用于处于创业初期的企业
有针对性	企业可以根据员工的贡献大小执行不同的激励政策，有助于吸引、留住对企业发展具有价值的人才，并持续激发人才的积极性和创造性
具有长期效应	与只关注短期利益、进行短期决策的管理方式不同，采用期权所发挥的激励作用很大，能够将企业管理层、股东、员工的利益捆绑在一起，有利于企业的长远发展

从被激励对象的层面来看，进行期权激励的优势主要体现为拥有比较自由的选择权并且承担的风险较低。

- 从选择空间层面来看，期权是被激励对象所获得的一种权利，它能够决定是否接受此种激励以及后续是否行权等。
- 从承担的风险层面来看，股票期权方式下，被激励对象承担的风险较小。在行权之前，被激励对象不需要付出任何代价，并且可以根据股票价格的变化决定是否放弃行权。如果股票价格上涨，被激励对象便能够在行权后获利，成为公司的股东，并享有除现金权益外的表决权等其他权益；如果股权价格下跌，被激励对象便可以选择放弃行权，而其现有的收益也不会受到任何损失。

需要注意的是，由于利用期权进行激励具有明显的优势，采取这种方式的企业越来越多，但随之产生的纠纷也越来越多。因此，企业在设计期权激励方案时，应该结合企业的实际情况量身定制，切勿生搬硬套，以防企业陷入诉讼泥沼。

企业利用期权进行激励的优势尽管无可比拟，但并不意味着这种方式没有缺点。从企业的角度来看，其用于激励计划的期权数量必须计算准确，以防对公司的财务状况造成比较大的影响。当行权条件成立、员工行权后，企业的股权结构必然更加分散，可能会稀释公司的控制权，降低决策的效率。

而从被激励对象的角度来看，期权的等待期往往比较长，企业的经营状况和股价也可能经历比较大的波动，因此，员工能够获得的收益也具有一定的不确定性。此外，在行权之前的等待期，虽然员工承担的风险较小，但是也说明了他不能及时获得相应的回报。

2.1.3　股票期权激励计划的设计要点

由于股票期权的独特性，关于期权的设定应该包括行权价格、行权条件、期权计划的有效期、期权的数量、行权的期限以及期权的股权/股份来源等内容。

◆设定行权价格

企业用于股权激励的期权行权价格需要遵循一定的原则。

- 对上市公司而言，其用于激励计划的期权行权价格不能低于股票的数额。
- 所设定的行权价格也不能低于以下两者：其一，企业公布股权激励计划草案前1个交易日的股票交易均价；其二，企业公布股权激励计划草案前20个交易日、60个交易日、120个交易日之一的股票交易均价。

● 所设定的行权价格不得低于经履行出资人职责的机构核准或者备案的每股评估价。

此外，企业在设立股权激励计划的期权行权价格时，需要综合考虑企业内部与股票价格相关的各个因素，例如，用于激励计划的股权数量、企业的盈利空间、核心技术的转化程度等。

◆设定行权条件

企业设计股权激励计划时，可以设定期权行权的条件。一般情况下，行权条件需要满足以下几点：

● 在期权的等待期内，各个年度股东能够得到的净利润以及扣除非经常性损益的净利润都不能低于授予日之前最近的3个会计年度的平均值，而且数额不得为负。

● 在股权激励的相关协议中，公司可以就个人能够达到的业绩条件进行规定和说明。

● 在期权的等待期内，被激励对象各个考核期的业绩是否相互影响，取决于公司的具体规定。

◆设定期权计划的有效期

企业实施股权激励计划时，期权的行权有效期需要满足以下条件：

● 上市公司期权计划的有效期一般为4~6年，不得超过10年。

● 财政部、科技部、国资委印发的《国有科技型企业股权和分红激励暂行办法》规定，股票期权授权与获授股票期权首次可行权日之间的间隔不得少于1年，股票期权行权的有效期不得超过5年。

◆**设定期权的数量**

对于上市公司而言，其用于股权激励计划的期权数量也需要满足一定的条件：

- 从授予股票数量的总量层面来看，用于股权激励的股票总数不能超过公司股票的10%。
- 从授予股票数量的个体层面来看，在未经公司股东大会特别决议批准的情况下，任一被激励对象所获得的激励股权的累计数量不得超过公司股票的1%。

而且，上市公司在设计股权激励计划时，也可以根据企业的实际情况预留一部分权益，但预留权益的授予也需要满足一定的条件：

- 预留权益所占的比例不得超过此次股权激励计划拟授予权益数量的20%。
- 预留权益的授予对象需要在经股东大会审议通过后12个月内明确，否则该部分预留权益失效。

此外，对国有性质的企业来说，其股权激励计划所设定的期权数量需要符合《国有科技型企业股权和分红激励暂行办法》的要求：

- 大型与中型国有企业不得采取股权期权的激励方式。
- 大型国有企业用于股权激励计划的股权总量不得超过企业总股本的5%。
- 中型国有企业用于股权激励计划的股权总量不得超过企业总股本的10%。
- 小微型国有企业用于股权激励计划的股权总量不得超过企业总股本的30%，而且任一被激励对象所获得的激励股权的累计数量不得超过公司总股本的3%。

- 国有性质的企业不得因实施股权激励计划而改变国有控股地位。

◆设定行权的期限

对上市公司而言，其股权激励计划中行权的期限需要符合一定的要求：

- 通常情况下，期权的等待期不应该少于12个月。
- 在需要分期行权的情况下，每期的等待期不应该少于12个月。
- 在需要分期行权的情况下，企业的分期设置一般为30%、30%、40%或按每期1/3的比例进行行权，而且每期可行权的期权比例不得超过获授股票期权总额的50%。

对于非上市企业的股权激励计划的要求，除有相关规定的情况外，可以参考国家对于国有控股企业和上市公司的相关规则。

◆设定期权的股权/股份来源

上市公司用于股权激励的股票来源需要遵守国家相关法律法规的规定。

- 《上市公司股权激励办法》中规定公司股权激励的股票可以是公司向被激励对象发行的股票、员工回购的本公司股票等。
- 《全国人民代表大会常务委员会关于修改〈中华人民共和国公司法〉的决定》中规定股份有限公司通过回购股票进行股权激励的，回购的份额不得超过公司发行股票的10%。

对于股权激励计划中股权或期权的来源，企业通常采用的方式是期权池。所谓期权池，就是企业在融资前预留出一部分股份，用于企业发展过程中吸引人才和激励人才，而期权池中的股份一般由创始人或员工持股平台公司代持。

- 在创始人代持的情况下，往往需要经过创始人、股东以及员工等相关人员的共同协商，将创始人持有的部分比例的股权用于未来激励员工，当约定的行权条件成立后，创始人就需要将该部分股权转给员工。
- 在员工持股平台公司代持的情况下，公司所设立的有限合伙企业或者有限责任公司作为平台直接持有部分股权，当约定的行权条件成立后，平台可以直接将该部分股权转给员工，也可以通过员工直接持有该平台的股权而达到间接持有公司股权的目的。

2.1.4 【案例】A公司的股票期权激励计划

A公司是一家在境外注册的高科技企业，主要从事与网络通信产品相关的研究、设计、生产、销售以及其他配套服务等业务。为了吸引和激励人才，企业在成立之初就预留了部分股份用于股权激励计划。2019年，企业计划在境外上市，但由于资金紧张，无法通过奖金等现金形式进行员工激励，面临人才流失的风险。因此，企业制订了相应的股权激励计划，如表2–3所示。

表 2–3　A 公司的股权激励计划

项目	主要内容
激励方式	采用股票期权进行激励，并按照分期方式执行激励计划
激励对象	首次进行激励的对象为2018年1月1日之前入职满一年的正式员工
授予价格	首次授予计划中，约定的行权价格为0.01美元/股，员工只进行象征性出资即可；此后每期激励计划的授予价格需要参照每股资产净值确定
授予数量	具体的授予数量根据企业的激励方案和分配计划进行，每年可以授予一次，每年的授予数量需要遵循的基本比例为：第一年的授予数量不得超过最大限额的 50%；第二年的授予数量不得超过最大限额的30%；第三年的授予数量不得超过最大限额的20%
行权条件	员工被授予期权一年后就进入行权期，具体的行权数额需要遵循一定的比例：第一年能够行权的股票为被授予股票总额的25%，此后的每一年能够行权的最高额度为被授予股票总额的25%。在企业正式上市之前，员工不可以出售股票进行变现，但是可以在企业计划上市而未上市期间对行权的额度进行保留或积累，待公司正式上市后，进行出售变现。如果公司在授予员工期权后超过3年未上市，那么员工可以要求公司以行权出资额加以银行贷款利率计算利息的金额回购其持有的股票

可以从激励模式、激励对象和激励作用三个维度对A公司的期权激励计划进行解析：

- 激励模式：A公司作为一家处于良好成长过程中的高科技企业，非常适合采用股票期权激励计划，而且由于其注册和计划上市的地址均为境外，相对而言实施期权激励计划也面临更少的制约。
- 激励对象：A公司的性质决定了人才在企业发展的过程中具有极其重要的价值。但是，如果企业不能够对人才进行有效的约束和激励，那么不仅人才能够发挥的作用大打折扣，而且可能使企业的发展潜藏危机，无法获得长远的竞争优势。在A公司内，核心技术人员的占比较高，因此以全体员工作为激励对象有利于维持公司的稳定和发展。
- 激励作用：采用股票期权进行激励时，员工获得的收益来自两个部分：一是公司境外上市后的股价升值，二是员工行权后因持有股票享有的所有权利。但是，从另一个角度来看，这种激励方式需要的周期比较长，而且具有一定的不确定性，因此对于更看重现金收入的员工而言，激励效果并不理想。

2.1.5 【案例】公司与员工的股票期权纠纷

2010年7月5日，王某与B公司签订劳动合同，并按照约定每年签订一次劳动合同。2013年10月1日，王某从B公司离职，双方的劳动合同自然终止。2011年12月23日，王某与C网络科技有限公司签订了一份《股票期权协议》。在中文版的协议中特别约定："期权人与公司解除服务协议（本协议之服务协议指期权人与公司或公司任何下属子公司或公司任何下属机构签署的雇佣合同或服务协议）后，其未获得期权将自动取消，已经获权但未行权的期权在解除关系时三个月内行权，逾期失效。"需要注意的是，B公司是C公司的关联企业。王某从B公司离职后，请求获得第三笔股票期权，但其诉讼被法院驳回。

分析：王某在离职后希望获得股票期权的请求之所以未获得法院支持，是因为作为企业进行员工激励的一种方式，股票期权的获得需要满足一定的条件。在员工离职的情况下，如果相关协议中没有进行特别约定，那么在员工离职后其股票期权也将作废。在这个案例中，由于在获得期权之前王某已经与B公司解除劳动合同，而且双方所签订的协议也未进行特别约定，因此法院驳回了其诉讼。

这个案例也提示企业的管理者在与员工签订股票期权激励合同时，应该注意明确股票期权的行权需要以员工在职为前提，如果双方的劳动合同已经解除，那么已行权部分以及未行权部分的处理方式也应该进行明确。

2.2　虚拟股票模式

2.2.1　虚拟股票激励的特点与类型

虚拟股票是一种比较常用的股权激励方式，可以用于提高企业的自主管理水平，鼓励人才长期为企业服务。顾名思义，虚拟股票自然是虚拟的，由公司授予激励对象，激励对象可以据此享受企业分红，获取股价升值带来的收益。获得虚拟股票的员工享有分红权，但没有所有权与表决权，也不能将虚拟股票转让、出售给他人，离开公司时自动失效。

◆虚拟股票激励的特点

虚拟股票激励有三大特点，如表2–4所示。

表 2-4　虚拟股票的三大特点

特点	具体内容
形式上的虚拟化	虚拟股票是一种虚拟化的股份，与常规的企业股权不同，具有虚拟化的特点
股东权益的不完整性	虚拟股票的持有者只享有分红权，不享有表决权、分配权等，股东权益不完整
无偿性	虚拟股票不需要员工购买，通常由公司无偿赠予员工，不需要员工出资

◆种类

虚拟股票的分类方式有很多，根据使用主体的不同可以分为三种类型，分别是溢价型虚拟股票、股利收入型虚拟股票和内部价格型虚拟股票，具体分析如下。

（1）溢价型虚拟股票。溢价型虚拟股票主要由上市公司发布，持有者与普通股东一样可以获得股票升值带来的收益。上市公司向激励对象授予溢价型虚拟股票时，要按照当时二级市场上公司股票价格进行定价。如果随着公司发展，股票的市场价格攀升，激励对象就可以获得股票溢价带来的收益；如果股票价格下跌，激励对象就无法获得收益。

需要注意的是，溢价型虚拟股票的持有者只能获得股票的溢价收益，无法获得企业股票；持有者只享有溢价收益权，无法享受其他权益；持有者不需要自行到市场兑换收益，而是由企业按照二级市场的股票差价直接发放。

（2）股利收入型虚拟股票。股利收入型虚拟股票的持有者享有股票分红权，收入的计算公式为虚拟股票的数量乘以企业每年派发的每股红利。相较于股票期权模式，股利收入型虚拟股票的持有者只享有分红权，不能获得企业股票，也不能享有股票的溢价收益。

（3）内部价格型虚拟股票。内部价格型虚拟股票主要用于非上市公司，以簿记的方式奖励给激励对象。收益计算方式为持有股数乘以每股虚拟股票的价值升值。内部价格型虚拟股票的价格由企业或企业外部顾问性质的中介咨询机构来确定，每年更新一次。内部价格型虚拟股票的持有者只能享受股票的溢价收益权，股票价格受企业内部财务指标、资本状况等因素的影响，不受股票市场影响。

2.2.2　虚拟股票模式的优劣比较

◆虚拟股票模式的优点

虚拟股票模式的优点主要表现在六个方面，如图2-1所示。

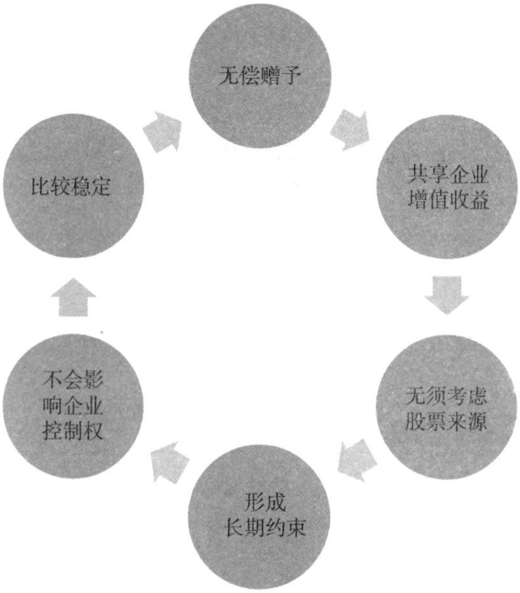

图2-1　虚拟股票的六大优点

（1）与实有股票或股权不同，虚拟股票通常由公司无偿赠予激励对象，无须激励对象出资，可以让激励对象感受到企业对其价值的肯定，让激励对象获得较强的荣誉感，享受到物质与精神两个层面的奖励，可以产生更好的激励效果。

（2）虚拟股票的持有者可以享受企业分红与企业增值所带来的收益，让激励对象产生“主人翁”意识，关注企业的经营状况与盈利情况，减少道德风险的发生。

（3）企业实施虚拟股票激励无须考虑股票来源，只要拟定内部协议即可，操作起来非常方便。

（4）虚拟股票的持有者只有在实现企业业绩目标的情况下才能获得分红收

益，因此这种方式可以对激励对象形成长期约束。

（5）虚拟股票的持有者只享有分红权，不享有表决权、分配权等权利，所以不会对企业的总资本、股东结构、股东对企业的控制权造成影响。

（6）采用虚拟股票激励模式不用实时变化的股票价格衡量公司业绩，有效规避了公司股票价格非正常波动对期权价值的影响，相对来说比较稳定。

◆虚拟股票模式的缺点

（1）在虚拟股票激励模式下，激励对象为了在短期内获得更多分红，可能会忽略公司资本公积金的积累，忽略公司的长期发展。

（2）在虚拟股票激励模式下，激励对象获取分红的意愿比较强烈，在一定程度上增加了企业的现金支付压力，不太适合现金不足或者存在现金缺口的公司使用。

◆实施虚拟股票模式的注意事项

虽然虚拟股票激励操作比较简单，但是在实施过程中也要注意一些问题。

（1）来自股票市场的风险。如果股票市场出现较大波动，公司股票价格大涨，到期之后，激励基金可能无法支付应兑现的金额，给公司带来较大损失。

（2）如何确定行权价格。股票的行权价格会对虚拟股票的激励效果产生直接影响。如果股票的行权价格比较高，就会在一定程度上压缩激励对象的获利空间，导致激励效果不佳；如果行权价格较低，就会让员工感到不公平，不能激发他们的积极性。因此，企业需要在考虑各种因素的基础上，确定一个合理的行权价格。

（3）如何制定考核标准。考核标准是否科学直接影响着激励效果的好坏。如果企业设置的考核标准过低，激励对象可以轻而易举地达到，就无法产生较好的激励效果；如果考核标准设置过高，激励对象无论多么努力都无法达到，也无法产生较好的激励效果。

2.2.3　虚拟股权激励的设计流程

为保证虚拟股权激励效果，公司要合理设计虚拟股权激励方案，具体步骤如图2–2所示。

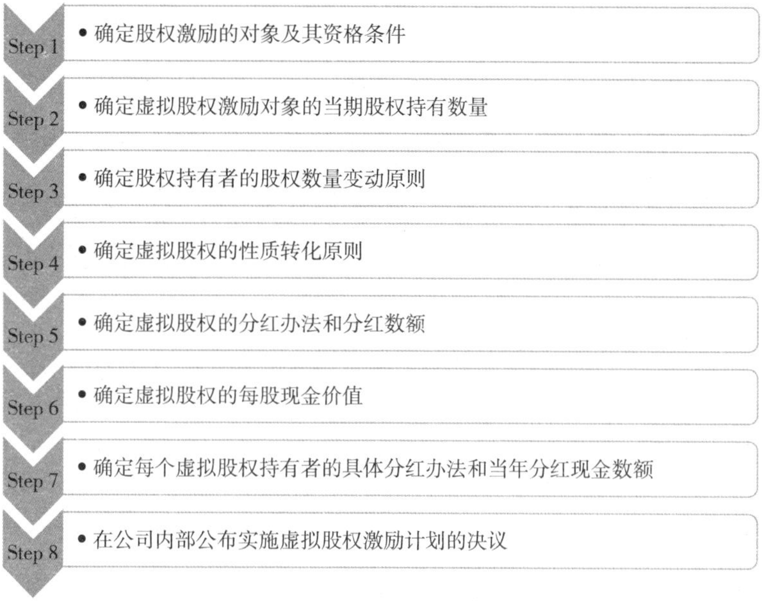

图 2–2　虚拟股权激励的设计流程

◆ Step 1　确定股权激励的对象及其资格条件

企业要明确激励对象的范围是公司全体员工，还是部分核心员工。相较于全体激励来说，部分激励更能保证虚拟股权精神激励效果。因为向部分核心员工发放虚拟股权，此时的虚拟股权就代表了一种“特权”。为了获得这种“特权”，员工会努力工作，提升个人绩效，力争成为企业的核心员工、优秀员工。

◆ Step 2　确定虚拟股权激励对象的当期股权持有数量

一般来说，企业的虚拟股权可以分为职位股、绩效股和工龄股等，每种类型的虚拟股可以根据公司的具体情况划分等级与数额。也就是说，企业要根据虚拟股权激励对象所处的职位、工龄以及绩效情况，确定其应该持有的股权数量与份额。

（1）确定职位股。公司根据激励对象所在的职位确定股权数量。一般来说，如果激励对象处于同一层级，例如都是中层管理者，其股权数量可以因为具体职位的不同有所差异，但差异不能过大，要控制在一个较小的范围内。企业在综合职位、绩效、工龄三个要素确定股权数量时，通常会根据职位确定职位股的基数。

（2）确定绩效股。公司根据激励对象的工作绩效确定是否追加虚拟股权奖励及追加的股权数量。每年初，公司可以先确定职位股、绩效股和工龄股三类股权享有者的年度绩效考核指标；年末，企业根据激励对象的业绩完成情况，按比例追加虚拟股权数量。增加股权数量的计算公式为：增加股权数量＝本人职位股基数 × 绩效完成程度 ×50%。另外，公司还要规定享有绩效虚拟股权的最低绩效完成比例。例如，如果激励对象当年的绩效完成情况低于90%的员工，那么就取消其获得绩效股的资格。

（3）确定工龄股。企业可以根据激励对象在企业内的工作年限，按照每年多少股的标准追加股权数量，例如，每年50股、100股等。

将上述三类股权叠加，就是激励对象当年应该享有的股权数额。如果遇到特殊情况，例如，某员工为公司做出特别重大的贡献，奖励其虚拟股权的数量可以由HR上报，由公司最高管理层或者薪酬考核委员会确定。

◆ Step 3　确定股权持有者的股权数量变动原则

随着员工职位、绩效、工龄等因素发生变动，虚拟股权持有者持有的股权数量也会变动。职位变动，职位股的虚拟股权基数会发生变动；工龄增加，工龄股会随之增加。员工正常离职，公司要将其持有的虚拟股权折算为现金，或者按照实际剩余时间，到年终为其兑现分红；员工非正常离职，其持有的虚拟股权自动消失，不享受任何分红与红利。如果虚拟股权持有者降级或者受到待岗处分，那么公司就可以根据实际情况取消或者减少其虚拟股权。

◆ Step 4　确定虚拟股权的性质转化原则

随着公司的经营状况不断变化，虚拟股权持有者的岗位不断调整，虚拟股权性质转化逐渐成为公司发展面临的必然问题。从原则上讲，虚拟股权持有者可以出资购买自己手中的虚拟股权，将其转化为公司的实有股权。对于想要购买股权的员工，公司要在股价方面给予一定的优惠。

关于虚拟股权的性质转化，公司应该对虚拟股票持有者可以出资购买的股权比例及股票购买价格做出规定，例如，规定虚拟股票持有者可以购买个人持有的50%以上的股权，在购买价格方面可以享受每股净资产现值九折或者更低的折扣优惠。

◆ Step 5　确定虚拟股权的分红办法和分红数额

公司在内部建立分红基金，根据当年营业目标的完成情况，按照分红基金提取计划，确定基金提取比例与规模，以及当年分红基金规模的波动范围。如果公司按照前一年的奖金在公司净利润中所占比例确定分红基金提取比例，为了将虚拟股权的激励作用充分发挥出来，就可以将分红基金提取比例的调整系数确定为1~1.5。

◆ Step 6　确定虚拟股权的每股现金价值

为了确定虚拟股权每股现金价值，公司首先要将当年所有股权持有者实际参与分红的股权数量相加，得出当年参与分红的股权总数，然后按照以下公式计算得出每股现金价值。

虚拟股权每股现金价值=当年实际参与分配的分红基金规模÷实际参与分红的虚拟股权总数

◆ Step 7　确定每个虚拟股权持有者的具体分红办法和当年分红现金数额

每个虚拟股权持有者当年分红的现金数额=每股现金价值股权享有者持有的股权数量

假设某员工持有6000股虚拟股权，每股现金价值为1.3元，当年分红的现金数额=1.3元/股 ×6000股＝ 7800元。员工要按照“当年分红兑现：结转下年=90%：10%”的比例对分红现金进行滚动分配，也就是当年发放分红总额的90%，剩下的10%计入个人分红账户，计入虚拟股权持有者下一年度的分红。

◆ Step 8　在公司内部公布实施虚拟股权激励计划的决议

公司决定实施虚拟股权激励之后，要在公司内部公布实施虚拟股权激励计划的决议，对虚拟股权激励的实施流程与具体内容进行详细介绍，让员工明确获得虚拟股权的条件与程序，吸引员工积极参与。

2.2.4　虚拟股票期权激励的实施要点

虚拟股票期权是企业赋予激励对象的一种权利，整个过程不出现股票的实际交易，仅通过对股票市场价格变动的模拟获得某个时间段内公司股票市场价值的差额。具体来看，虚拟股票期权激励方案的实施要注意以下问题，如图2–3所示。

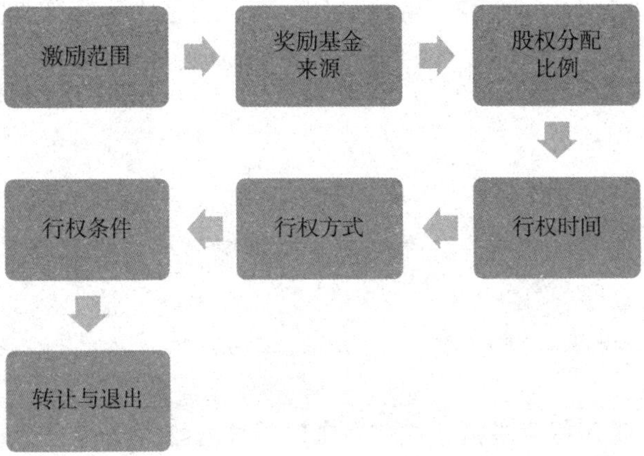

图 2–3　实施虚拟股票期权激励需考虑的七大要点

◆虚拟股票期权的激励范围

虚拟股票期权的激励对象主要包括公司高管、核心技术人员、核心业务人员、优秀员工。企业要遵循“客观、公开、公平、公正”的原则确定激励范围，将方案实施后产生的示范效应体现出来。

◆虚拟股票期权的奖励基金来源

奖励基金是虚拟股票期权计划实施的前提条件。没有上市的企业可在一个财年结束后从企业税后净利润中提取一部分资金作为虚拟股票期权奖励基金，为之后的虚拟股票期权设计奠定良好的基础。奖励基金不仅与激励对象的利益相关，还与股东利益相关，所以基金提取比例要召开股东大会来决定，提取金额要进行科学计算，尽量做到公平、合理。在具体实践方面，基金金额提取标准可以是增量绝对值，也可以是增量相对值。基金过少无法发挥出应有的激励作用，基金过多又会使股东利益受损。总而言之，基金提取不能对企业经营效率与效果产生不良影响。

◆虚拟股票期权的股权分配比例

企业要根据激励对象的业绩与需要承担的责任对股权分配比例进行设计，使用加权平均法对其进行计算。这是一项技术性工作，还没有上市的公司可聘请专业的管理咨询顾问公司提供协助，对激励对象的业绩进行科学评估，以达到预期效果，以免激励对象对股权分配的公平性产生怀疑。

◆虚拟股票期权的行权时间

行权时间指的是激励对象按照激励计划在规定的时间内根据预先设定的条件开始行使权利的时间。虚拟股票期权行权有一个等待期，与股票期权计划相似，可以选择2~6年的时间，以保证其可以发挥出长期激励作用，以免激励对象做出短期行为。等待期过后，激励对象才可以按照事先设定好的比例行权。为了避免激励对象一次性行使全部期权的情况出现，企业可制定行权时间表，集中在某个时间段行使期权，比如，公司年度财务报告发布后的第十天开始行权，行权期为10天等。

◆虚拟股票期权的行权方式

行权方式有两种：一种是现金行权，另一种是非现金行权。现金行权指的是等待期过后，激励对象按照约定的支付方式获取由公司支付的现金；非现金行权指的是公司和激励对象达成一致协议，将激励对象应得现金转化为公司股权，也就是激励对象将行权所得变成实际股票，由公司进行工商登记，激励对象正式成为公司股东，转换身份。通过这种方式，行权人可得到长期激励。

◆虚拟股票期权的行权条件

行权条件指的是企业业绩指标的完成度，可划分为公司与个人两个层面。一般来说，公司与激励对象签订的虚拟股票期权合同都会对行权条件及计算方法做出明确规定。行权条件考虑的是约定业绩是否与最终行权比例相符，如果激励对象没有完成约定业绩就无法行权。比如，金融危机改变了企业的外部经济条件，导致激励对象没有完成业绩，于是，很多公司都取消了自己的虚拟股票期权计划。

◆虚拟股票期权的转让与退出

虚拟股票期权可以在以下几种情况下转让、退出。

（1）董事会认为，对企业发展做出过特殊贡献的人可以在离职后继续持有企业的虚拟股票期权。如果持有人在离职后、虚拟股票期权行权前给公司带来重大损失，或者虽然没有给公司带来损失但离职后加入竞争对手公司，且企业可以对这一点做出充分证明的，可以取消其持有的虚拟股票期权。

（2）持有人违背事先与公司签订的合约，自动离职，企业可以取消其虚拟股票期权。

（3）为满足经营发展需求，企业提前与行权人解除合约，可以取消其尚未行权部分的虚拟股票期权。

（4）行权人的聘用期满，对于尚未行权的虚拟股票期权可以继续行权。

（5）行权人出于非正常原因（比如严重失职等）导致聘用关系终止，企业可终止尚未行权部分的虚拟股票期权的行权。

（6）如果行权人因曾做出违法犯罪行为被公安机关追究刑事责任，企业可终止尚未行权部分的虚拟股票期权的行权。对于已行权部分和在获得虚拟股票期权时购买的实股，行权人要将其转让给原来的虚拟股票期权股东，只需就认购的实股返还对价，获得的期权无须支付对价。

（7）公司并购、资本重组导致资本结构、实际控制权发生改变，向激励对象提供虚拟股票期权的股东不得转让这部分股份，虚拟股票期权的持有人要保持稳定，或者新股东要保证虚拟股票期权执行方案是连贯、连续的。

2.2.5　虚拟股票期权激励机制建设

现代企业的所有权、经营权分离，企业投资者与经营者之间形成了委托代理关系，投资者掌握企业资本，是委托人，经营者掌握人力资本，是代理人。因为投资人与代理人之间信息流通不畅，存在信息不对称问题，代理人很有可能做出逆向选择，比如，偷懒、采取机会主义行为等，以谋求自身利益的最大化，这些行为会在很大程度上使股东利益受损。

从根本上看，出现这种现象主要是因为投资者与经营者追求的目标不一致。投资者希望尽可能地提升公司的市场价值，以获得更多投资回报，增加自己的剩余收入；经营者希望自己的人力资本实现大幅增值，获得最大化的个人利益。为防止经营者做出逆向选择，企业要设计一种制度将股东利益引入经营者的收入函数，让两者表现出正相关关系。简单来说就是企业要创建一种激励制度，让经营者的行事充分考虑股东利益，将行为目标设定为提升公司价值，让公司价值实现最大化。这种激励制度有很多，虚拟股票期权就是其中的一种，非常适合上市企业使用。

现阶段，欧美等发达国家的上市企业都推行了股票期权激励计划，取得了良好的效果。众所周知，只有环境合适、条件完备，上市公司才能推行股票期权激励，比如，在二级市场回购股票、向股权激励对象增发股票等。对于上市公司来说，这些都比较容易做到。但对于很多没有上市的企业，股票价值无法通过市场手段反映出来，无法实施股票期权激励。但该问题并非不能解决，非上市公司可以采用虚拟股票期权开展激励活动。

虚拟股票期权也是一种长期的激励机制，成本较低，如果企业所有者的利益和经理人的利益能达成一致，经理人的道德风险、企业的代理成本将大幅下降。同时，获得虚拟股票期权激励的经理人不会再采取短期行为，其既能让自身的当期收益实现最大化，又能为公司的长远发展提供助力。实践证明，实施虚拟股票期权激励可以产生很好的激励效果。下面，我们就围绕非上市公司如何实施虚拟股票期权这一问题进行分析，找到虚拟股票期权的实施要点，分析其中可能存在的问题，提出相应的解决方案。

在企业管理活动中，毫无缺陷的制度不存在，虚拟股票期权激励也是如此。因为虚拟股票期权对激励对象有长期激励作用，可以很好地留住激励对象，有利于企业构建稳定的管理团队和技术团队，助力企业实现长期可持续发展，这一点早已在欧美等发达国家得到证明。但是非上市企业不能获取有效的经营信息，无法接受市场监督和社会监管。虚拟股票期权让激励对象（高管及技术人员）获取最大化利益有一个前提条件，就是企业未来的业绩水平不断提升。企业未来的业绩水平越高，激励对象行使虚拟股票期权所获利益就越大。

在这种情况下，激励对象为了通过虚拟股票期权获取最大化的个人收益，有可能会利用投资人与经营人信息不对称及自己的职务之便刻意提升企业经营业绩，比如在锁定期快结束时转移库存等来达到自己的目的使公司利益、原始股东利益遭受损害，而行权人在获得最大化的利益之后可能离开公司，弃公司于不顾。由此可见，虚拟股票期权激励潜藏着很大的“道德风险”，企业在实施虚拟股票期权激励时要有配套措施提供辅助，以避免给公司带来长期风险。

为了让虚拟股票期权激励发挥出良好的效果，企业要制定相应的配套措施。从技术层面看，企业要采取一定的技术措施防止激励对象人为地提升业绩，制定相关的制度对激励对象的行为进行严格管控，如果发现激励对象做出违规行为要予以严厉的处罚，但这往往需要花费大量的制度成本与管理成本。如果股东比较分散，企业内部信息集中掌握在激励对象手中，该措施的实施难度也较大。

因此，企业要将重心放到企业文化建设上，增强激励对象对企业文化的认同感，帮助激励对象实现自己的职业价值。也就是说，企业要在对激励对象进行股权激励的同时创建一种企业文化，让激励对象对企业价值、企业文化产生高度认同，将企业生存与发展视为自己的荣誉。事实上，企业如果没有企业文化、没有精神激励，其激励对象就只会将企业视为牟取个人利益的平台，这就不可避免地会产生“道德风险”问题，虚拟股票期权制度设计得再完美也得不到有效的发挥。

2.2.6 【案例】某电力集团的虚拟股票激励方案

某电力集团是国内领先的电力控股企业，总资产超过300亿元，拥有30000名员工。为了激励核心员工，增强核心员工对集团的黏性，该集团推出了虚拟股票激励方案，取得了不错的效果。下面对该集团的虚拟股票激励方案进行具体分析。

◆激励目标

该集团面向核心员工实施虚拟股票激励，让核心员工分享企业未来的收益，借此激发核心员工的凝聚力与工作的积极性，鼓励核心员工群策群力，发展新项目，增加装机容量，继续壮大企业规模与实力，同时稳定核心员工团队，吸引更多优秀人才，构筑人力资本竞争优势，刺激核心员工释放潜能，增强核心员工的“主人翁”意识，提高核心员工的凝聚力与向心力，使其共同为企业的发展壮大而努力。

◆激励对象

该集团虚拟股票激励对象有两类：第一类是对集团发展做出突出贡献的中高层管理人员，包括在新疆、内蒙古等环境比较恶劣地区工作的核心管理人员；第二类是从外面引进的高级管理人员、核心技术人才。

◆虚拟股票的设定

该集团将虚拟股票激励方案实施当年的1月1日确定为基准日。根据虚拟合并报表，以基准日之前三年的平均净资产额虚构股票。在本案例中，该集团从2020年开始实施虚拟股票激励方案，所以以2016—2019年的平均净资产额为基准虚构股票。三年平均净资产额71.30亿元，按照每股净资产1元折算，虚拟股票共计71.30亿股，总数如表2-5所示。

表 2-5　2016—2019 年某电力集团虚拟股票总数的确定

指标	2016年 净资产/亿元	2017年 净资产/亿元	2018年 净资产/亿元	2016—2019年 平均净资产/亿元	虚拟股票总股数/亿股
数值	64.46	69.86	79.57	71.30	71.30

虚拟股票总额确定之后，在该激励方案实施期间不再更改。根据激励方案，集团拿出10%的虚拟股票用于激励，共分为两部分，一部分用于初始分配，另一部分用于预留。用于激励的虚拟股票总数如表2-6所示。

表 2-6　某电力集团用于激励的虚拟股票总数

指标	虚拟股票 总股数/亿股	股东享有部分 占比/%	员工激励部分 占比/%	用于激励的虚拟股票 总股数/亿股
数值	71.30	90	10	7.13

◆激励的标杆

由于电力行业受外部环境影响会呈现出周期性波动，例如，煤炭的价格时高时低，为了尽可能降低这种周期性波动所造成的影响，该集团的虚拟股票激励方案将2011—2013年虚拟股票平均每股净利润设定为标杆线。

在该方案实施期间，如果虚拟股票当期每股净利润高于标杆线，超出的部分就作为每股虚拟股票的当期收益；如果虚拟股票当期每股净利润低于标杆线，那么当期收益就为零。标杆线的计算方式如表2-7所示。

表 2–7　标杆线计算

指标	数值
2016—2019年平均净利润/亿元	12.52
2016—2019年虚拟股票平均总股数/亿股	71.30
2016—2019年平均每股净利润（标杆线）/元	0.18

注：历年对应的总股数，对应其同期净资产额。

◆激励收益的计算公式

每股激励收益=当期每股净利润-标杆线

激励对象当期收益=持股数×每股激励收益

◆虚拟股票的分配

虚拟股票分配的主要依据是各业务板块对企业未来发展的贡献，次要依据包括各岗位的薪点值或岗位系数、工作环境与工作条件等。

虚拟股票分配原则：

第一，初期分配85%的虚拟股票，预留15%的虚拟股票以备未来的人才引进。

第二，根据人员岗位的薪点值或岗位系数计算每个激励对象应该分得的虚拟股票数量。

第三，对集团未来发展贡献较大的部门与业务板块，可以适当多分配一些股票。

第四，业务板块主要包括新业务拓展板块、本部管理板块、运营板块三大类。各岗位的虚拟股票分配方法，如表2–8所示。

表 2–8　各岗位的虚拟股票分配方法

业务板块	岗位薪点值或岗位系数	调整系数	股票分配点值
新业务拓展板块	X	1.00	X
本部管理板块	Y	0.75	Y
运营板块	Z	0.50	Z

注：某岗位股数=（分配总股数÷全体人员分配点值总和）。

◆激励收益的兑付

为了稳定核心员工，降低核心员工的流失率，让核心员工分享集团的投资收益，该集团的虚拟股票激励方案规定，每期激励分两次兑付：

第一次兑付：时间在当期结束后的2~4个月，兑付方式为现金支付，兑付份额为40%。

第二次兑付：剩余的60%由集团统一管理，用于激励对象认购集团投资基金的股份。当期结束后，激励对象继续在集团工作四年，就可以获得认购的股份；如果工作不满四年，集团就会收回股份，兑付终止。

◆认购股份的管理

由集团管理机构统一选定为激励对象认购的投资基金，股份认购后、兑付前所产生的收益与亏损均由激励对象自主承担。在此期间，激励对象只享有认购股份的收益权，不享有其他权益，并且，激励对象不能转让股份，不能将股份用于担保或偿还债务。如果激励对象因为离婚、诉讼等需要对认购的集团股份进行处置，集团有权将依法分割的股份收回，并且是无条件立即收回，不再兑付。

根据投资收益与风险对等的原则，在股权认购后、兑付前这段时间，如果是投资减值或者投资失败等导致收益减少或者亏损，集团不承担任何责任，由激励对象全权负责。需要注意的是，资产减值、亏损的数额不能超过初始认购金额。在此期间，集团每年都要公布认购股份的投资收益情况、资产增值或减值情况，认购股份的管理要按照集团投资基金的管理办法与规定进行。

◆激励有效期、虚拟股票的取得

该集团虚拟股权激励方案从2014年开始生效，到2019年结束，共五个会计年度。有效期满后，集团根据自己的实际情况制订全新的股权激励计划，重新开始推行。

根据此次的激励方案，集团向激励对象赠予股票，无须激励对象出资购买，同时签署虚拟股权赠予协议书，发放《虚拟股票增值性收益分享证书》。

2.3　业绩股票模式

2.3.1　业绩股票激励的特征与优缺点

在股权激励的各种模式中，业绩股票是一种非常典型的模式，指的是企业在年初制定一个业绩目标，如果到年末，激励对象完成了业绩目标，企业就要授予其一定数量的股票，或者向其发放一定数量的奖励基金让其购买公司股票。

一般情况下，业绩股票的兑现在数量与时间方面都有要求。获得业绩股票的激励对象经考核达到业绩目标之后，可以按照规定的比例兑现股票；如果没有通过业绩考核，或者在日常工作中做出损害公司利益的行为，或者非正常离职，未兑现的业绩股票就会被取消。

从20世纪90年代开始，我国上市公司就开始探索股票激励制度，其中，业绩股票激励应用时间最早、应用范围最广，其原因有以下几点。

（1）在业绩股票激励模式下，激励对象的工作绩效与所获激励之间的联系非常紧密，工作绩效是决定激励对象能否获得业绩股票的唯一因素，与股市风险等不可控因素毫无关系。对于激励对象来说，其最终能够获得的收益与股价存在一定的关系，因此可以充分发挥资本市场的放大作用，加大激励力度。

（2）业绩股票激励对激励对象提出了一定的业绩要求，激励对象只有完成业绩目标才能获得激励，权、责、利对称性较好，可以让股东与激励对象实现双赢，因此这种激励方案更容易在股东大会上通过，被股东接受。

（3）企业推行业绩股票激励不会受到过多的政策限制，只要股东大会通过即可，简单易操作，而且成本较低。

◆业绩股票激励的主要特征

业绩股票激励主要适用于业绩稳定、需要进一步提升业绩、具有较强现金支付能力的企业。业绩股票激励具有以下几个方面的特征，如表2-9所示。

表 2–9　业绩股票激励的主要特征

序号	主要特征
1	企业面向激励对象制定一个业绩目标，确定相应的股票授予数量或激励基金提取额度。如果激励对象在约定时间内完成业绩目标，公司就按照约定向其发放业绩股票，或者提取一定的激励基金，让激励对象自行购买约定数量的股票
2	业绩股票的期限一般为3~5年
3	业绩股票通常设置禁售期。业绩股票的激励对象大多是董事会成员或者高层管理人员，他们持有的业绩股票只有在离职后的6~12个月才能出售；如果业绩股票的激励对象是企业的核心员工，企业一般会规定3年内禁止出售
4	业绩股票有严格的限制条件。如果激励对象没有达到业绩目标，或者在任职期间做出有损公司利益的行为，或者自行辞职，将无法兑现股票
5	设置风险抵押金。有些实行业绩股票激励的企业会设置风险抵押金，如果激励对象没有达到业绩目标，不仅无法获得约定的股票，还会受到相应的处罚

◆业绩股票激励模式的优劣比较

总体而言，业绩股票激励模式既有优点，也有缺点，具体如表2–10所示。

表 2–10　业绩股票激励模式的优劣比较

优点	能够激励企业员工努力工作，完成业绩目标
	业绩股票激励可以每年实行一次，不断滚动，使激励范围不断扩大
	可以对激励对象形成较强的约束。因为激励对象想要获得奖励，首先要完成业绩目标，通过年度考核，而且在工作中不能做出有损公司利益的行为，不能非正常离职，否则会受到一定的惩罚，例如，被取消激励股票，或者被扣押风险抵押金等，需要付出较大的代价。为了免受惩罚，激励对象会约束自己的行为，努力完成业绩目标
缺点	企业想要制定一个科学的业绩目标不太容易，而且业绩目标大多由高管制定，高管为了获得更多业绩股票，有可能弄虚作假，或者制定比较容易实现的业绩目标，不仅无法发挥激励作用，还有可能增加企业的激励成本，让企业承担较高的现金支付压力

2.3.2　业绩股票激励的操作流程

业绩股票强调业绩，行权条件一般设定为激励对象完成预定的业绩目标。业绩股票的激励方式有两种：一种是直接奖励股票；另一种是先提取激励基金，再用激励基金购买股票进行奖励。为了达到长期激励的效果，兑现股票后可以设置一定的锁定期。业绩股票模式的运作原理如图2–4所示。

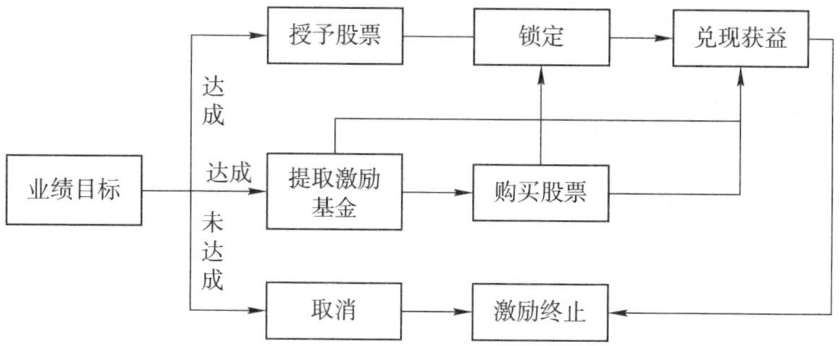

图 2-4　业绩股票模式的运作原理

在落地应用的过程中，业绩股票激励最常用的方式就是“虚拟股+实股”，这种组合激励模式要求公司盈利稳定，现金流能够持续运转，具体操作流程如图2-5所示。

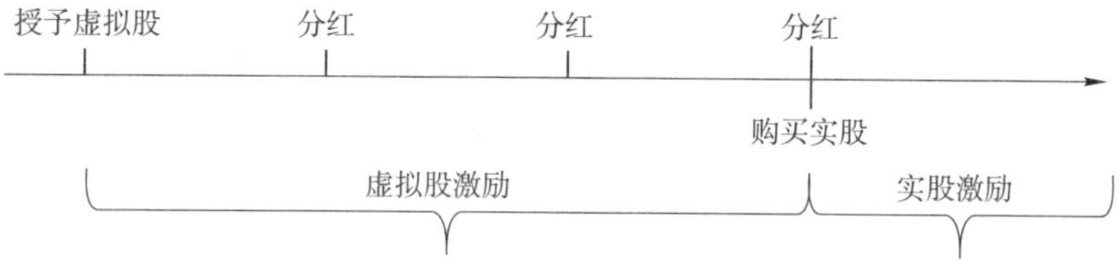

图 2-5　“虚拟股+实股”组合激励模式

（1）提前确定分配标准，按照授予标准确定激励对象与激励数量，向激励对象授予虚拟股。分配标准必须明确、合理，而且要有说服力，能够获得大多数员工的认同。激励股票可以分批授予，也可以一次性授予。

（2）设置业绩目标，然后明确相应的虚拟股分红规则。业绩目标设置必须合理，不能太高，也不能太低，最好是员工通过努力可以达到的。

（3）对业绩目标的完成情况进行检查，对虚拟股分红金额进行核算，分红可以全部留存，也可以部分留存，全部留存用来购买实股，部分留存即可以部分发放。

（4）企业出资购买实股，进行工商登记，向员工发放实股以示奖励。在此之前，企业要明确实股激励的相关机制，包括股票价格、激励数量、退出机制、收益机制等。

2.3.3 【案例】万科业绩股票激励方案

万科曾在2006年发布《2006—2008股权激励计划》，该计划共分三期实施，激励对象主要是受薪董事、监事和中级、高级管理人员，以及总经理提名的骨干业务人员。考核条件是年净利润增长率超过15%，全面摊薄的年净资产收益率超过12%。如果企业面向社会公众公开增发股份或者向原股东配售股份，当年每股收益的增长率要超过10%。

公司每年会根据净利润增长率从净利润增加额中提取激励基金用于股权激励，提取比例如表2-11所示。如果年度净利润增长率超过15%，公司就按照增长率提取基金，提取比例不超过30%。激励对象达到激励条件，公司委托资深国投从二级市场购入股票，1年等待期满后，如果股票价格满足归属条件，就向激励对象交付股权，如果股票价格不满足归属条件，就再等1年，如果下一年度的股票价格满足归属条件就交付，如果不满足就取消交付，如图2-6所示。

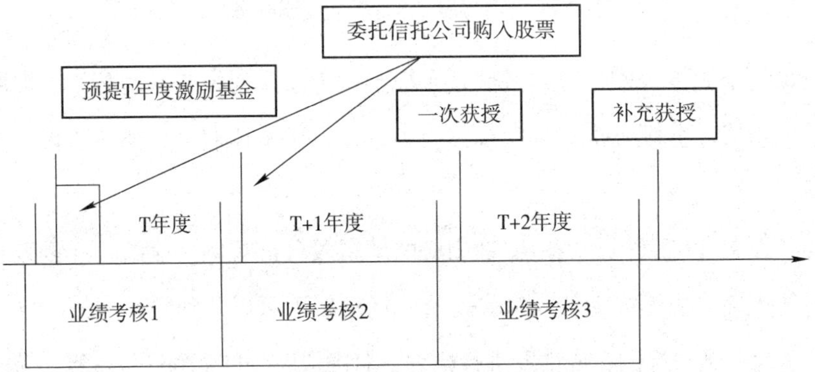

图2-6 股权激励基金提取原理

注：T年度，预提部分激励基金交给资深国投购入股票；T+1年度，根据业绩考核结果委托资深国投补充购入全部股票；T+2年度，如果T+1年度的股票价格比T年度的股票价格高，就向激励对象授予股票；T+3年度，如果T+2年度的股票价格比T年度、T+1年度的股票价格高，就向激励对象授予股票。

表 2-11　年度股权激励基金提取比例　（%）

净利润增长率	16	17	18	X	28	29	30	大于30
从净利润增加额中提取百分比	16	17	18	X	28	29	30	30

实施情况：2006年5月31日，万科预提1.42亿元资金交给资深国投用于购买公司股票，到2006年底，万科持有用于股权激励的股票25452018股。2006年，万科净利润增长54.68%，召开股东大会确定激励规模之后，补充计提0.73亿元用于购买股票，到2007年底，万科持有用于股权激励的股票38139169股。2007年，万科股票均价为33.81元/股，比2006年的均价7.10元/股高很多，满足授予条件，董事会同意向激励对象授予股票。

业绩股票可以看作延迟发放的奖金，只不过支付方式不是现金，而是股票，而且对激励对象的业绩提出了更高的要求。但这种业绩股票激励方式也弥补了传统年终奖激励的缺点，可以对激励对象产生长期的激励作用。

如果将授予激励对象的股票换成现金，业绩股票模式就会转变为业绩单位模式，其适用范围与业绩股票一样，更适用于那些有股权激励意愿但还没做出决定的非上市公司。公司可以先用现金的方式将激励对象长期留在公司，等时机成熟再进行股权激励。

2.4　股票增值权模式

2.4.1　股票增值权激励的主要特点与优势

股票增值权激励指的是向激励对象授予上市公司的股票增值权，让激励对象通过股票增值获得实实在在的收益。作为一种常见的股权激励方式，股票增值权激励主要适用于上市公司与“新三板”公司。

相较于其他的股权激励方式，股票增值权激励有独有的特点和优势，具体分析如下。

◆股票增值权与虚拟股票、期权的区别

（1）股票增值权与虚拟股票的区别。股票增值权与虚拟股票激励使用的都是虚拟股票，都要以现金的形式向激励对象发放收益。两者的区别主要体现在收益构成方面，股票增值权收益的计算方式为行权日与授权日股票市价差额，虚拟股票的收益要在此基础上增加公司未分配利益的部分分红。

（2）股票增值权与期权的区别。股票增值权与期权都是以股票为标的，其收益来源都是公司股票增值之后行权价与市场价之间的差额。两者的区别主要体现在以下两个方面，如表2–12所示。

表 2–12　股票增值权与期权的区别

区别	主要表现
股票标的的虚实不同	股票增值权使用的是虚拟股票，期权使用的是实股。股票增值权激励模式下，公司无须向激励对象赠予实际股票，激励对象也不会成为企业的股东，无法享受分红权、表决权等股东权利，也无须承担企业的经营风险，企业需要为激励收益买单。但在期权激励模式下，激励对象会实实在在地持有企业股权，通过股票转让获取收益，由市场为激励收益买单
激励效果不同	股票增值权与期权的激励效果存在较大差异。因为股票增值权激励使用的是虚拟股票，因此其激励效果不如期权。在股票增值权激励模式下，激励对象行权获取收益之后，股票增值权的激励作用就完成了。但在期权激励模式下，激励对象持有公司的实际股票，是公司的股东，在转让之前需要承担企业的经营风险，为了规避风险，获取更多收益，激励对象会努力工作。因此，相较于股票增值权激励来说，期权激励的作用时间更长。而且在期权激励模式下，如果员工在行权后不转让股权，其获得的收益只是未来可得利益。随着公司的股权不断变化，其收益可能有所波动

◆股票增值权的特点和适用情形

股票增值权激励的优点在于公司不需要向激励对象授予公司真实的股权，无须考虑股票来源、回购等问题，也无须担心股权激励会对公司的股权结构造成不良影响，或者导致公司的控制权发生转移等。

股票增值权激励的缺点在于激励对象行权对公司的现金支付能力提出了较高的要求。同时，激励收益来自股票市价与行权价的差额，对股票的流动性提出了较高的要求。一般来说，只有股票流动性好、拥有充足资金的企业才有能力使用这种激励方式。如果公司的股票价格波动较大，贸然使用这种激励方式将面临较大的风险。

2.4.2　股票增值权激励的实施流程

股票增值权一般以公司的虚拟股票为标的，在激励对象满足激励条件的情况下，由公司以现金的方式支付行权价格与兑付价格之间的差额，这个差额就是激励额度。股票增值权激励需要通过以下几个流程完成，如图2–7所示。

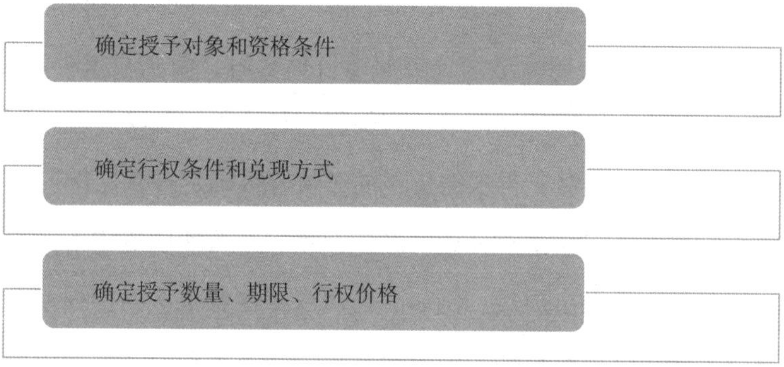

图 2–7　股票增值权激励的实施流程

◆确定授予对象和资格条件

公司要根据《公司法》《证券法》等法律法规以及公司章程的相关规定，结合公司的实际情况、股权激励目的，确定股票增值权的授予范围与数量。一般来说，股票增值权的授予对象主要包括公司董事、高层管理人员以及董事会认为对公司有特殊贡献的其他人员。为了保证公司监事的独立性，一般不会将其作为激励对象。如果公司要将监事作为激励对象，就要在股权激励计划中做出明确规定，保证监事可以独立地履行职责。

对于上市公司，《上市公司股权激励管理办法》明确规定，公司不能将监事与大股东纳入激励范围。除此之外，还有一些企业对激励对象的国籍、职务做出了严格规定，例如，激励对象必须是公司的全职员工，并且要与公司签订劳动合同，在公司领取薪酬等。

◆确定行权条件和兑现方式

企业确定了行权期限之后，可以将所有可行权的股票增值权按照行权期限与约定好的比例分配至各个行权期，以降低公司的支付压力。例如，公司规定股票增值权的持有者在获得激励股权满12个月后，在满足行权条件的情况下，可以在24个月内分两期行权，每次行权50%。如果激励对象符合行权条件，但在行权期内没有行权的，公司会取消未行权的股票增值权。

在行权条件方面，公司一般会从公司业绩与个人绩效考核两个方面做出规定。首先，公司可以规定初步达到公司业绩目标之后，激励对象可以分期行权；如果达到更高的公司业绩标准，可以适当提高行权比例。其次，公司可以根据个人绩效的考核结果进行分级，再根据员工的考核等级确定行权比例。

为了防止股票增值权激励对公司的经营业绩、经营活动造成不良影响，公司可以对支付的现金总额做出规定。例如，公司规定在各批次的行权期内，公司支付的现金总额不能超过该行权期之前公司最近一期发布的财务报表中归属于股东利润的10%。

股票增值权的结算方式一般为现金支付。如果公司现金不足，可以将现金转化为公司实股，让激励对象享有完整的股东权利。这样一来，企业就要对控制权、股权转让等问题进行考虑，因为虚拟股份转化为实股可能对企业的股权结构造成影响。

◆确定授予数量、期限、行权价格

公司可以根据想要达到的激励效果，综合自身的支付能力以及企业股票未来的增值空间确定股票增值权授予数量。对于个人股权授予数量，企业可以根据激励对象所在的职位层级与发展空间来确定。为了保证股权分配的公平性，公司可以建立一定的调节机制，例如，将股权授予份额与激励对象的个人绩效考核联系在一起，根据激励对象的绩效考核结果为其分配不同数量的股权。

另外，企业会设置行权等待期，最少为1年。在等待期满后，激励对象满足行权条件才可以行权。公司可以根据激励计划草案摘要公布前1天公司股票的收盘价格来确定行权价格，也可以根据激励计划草案摘要公布前30个交易日的平均收盘价格来确定行权价格，还可以根据企业的实际情况确定行权价格。

2.4.3 【案例】H集团股票增值权激励方案

H集团股份有限公司在2017年发布了股票增值权激励计划，该计划规定股票增值权行权价格与该集团同期发布的限制性股票激励计划中限制性股票的授予价格一致，激励对象自授予日起满12个月就可以行权，行权有效期为4年。有效期满后，未行权的股票增值权不能再行权。同时，为了缓解公司的支付压力，该公司的股票增值权激励计划将所有可行权的股票增值权按照4：3：3的比例分至三期进行结算，具体行权安排如表2-13所示。

表 2-13　H 集团股票增值权的行权安排　（%）

行权期	行权时间	可行权数量占获授股票增值权数量的比例
第一个行权期	自授予日起12个月后的首个交易日起到首次授予日起24个月内的最后一个交易日止	40
第二个行权期	自授予日起24个月后的首个交易日起到首次授予日起36个月内的最后一个交易日止	30
第三个行权期	自授予日起36个月后的首个交易日起到首次授予日起48个月内的最后一个交易日止	30

在行权条件方面，该公司按照激励与约束并存的原则，从公司与个人两个层面设置了行权条件。

◆公司层面

股票增值权激励计划规定，公司在2018—2019年的净利润增长率和营业收入增长率分别达到以下标准才能行权，具体如表2-14所示。

表 2-14　公司层面的行权标准　（%）

行权期	业绩考核目标	可行权数量占获授股票增值权数量的比例
第一个行权期	以2016年经审计的净利润为基数，2016年净利润增长率不低于60.78%；以2014年经审计的营业收入为基数，2016年营业收入增长率不低于39.24%	40
第二个行权期	以2016年经审计的净利润为基数，2017年净利润增长率不低于103.8%；以2014年经审计的营业收入为基数，2017年营业收入增长率不低于64.30%	30
第三个行权期	以2016年经审计的净利润为基数，2018年净利润增长率不低于158.51%；以2014年经审计的营业收入为基数，2018年营业收入增长率不低于93.88%	30

◆个人层面

根据激励对象个人上一年度的绩效考核结果确定当年可行权的股票增值权的数量，具体如表2-15所示。

表 2-15　个人层面的行权标准　（%）

考试结果	（　）分	（　）分	（　）分
行权比例	100	90	80

个人当年实际可行权额度=行权比例 × 个人当年计划可行权额度

除此之外，为了保证股票增值权激励计划顺利实施，该集团的股票增值权激励计划还对可能影响公司股权激励计划实施的其他情况做出了详细规定。

2.5　限制性股票模式

2.5.1　限制性股票激励的基本模式和特点

限制性股票指的是上市公司按照预先设定的条件，向激励对象授予一定数量的股票，激励对象达到要求的工作年限或者完成既定的业绩目标，就可以出售股票获取收益。限制性股票是股权激励的一种模式。

◆限制性股票激励的基本模式

限制性股票激励模式分为两种：一种是折扣购股型，另一种是业绩奖励型。

折扣购股型模式要求激励对象支付现金购买公司股票，具体来说就是公司采用定向增发的方式，以低于二级市场的价格向完成业绩目标的员工出售一定数量的公司股票，具体价格由薪酬与考核委员会确定。

业绩奖励型模式要求公司支付现金购买股票，具体来说就是上市公司按照一定的比例从净利润或净利润超额部分中提取一部分资金，设立激励基金专门账户，从二级市场购买公司股票，将其授予达到激励条件的员工。

◆限制性股票的主要特点

限制性股票是上市公司最常用的股权激励手段，具有以下几个特点，如表2–16所示。

表2–16　限制性股票的主要特点

主要特点	具体内容
条件明确	限制性股票的激励条件有两个：一是工作年限较长，二是完成既定的业绩目标
目的明确	限制性股票激励的主要目的是留住核心人才
禁售期限长	《上市公司股权激励管理办法（试行）》规定，限制性股票自授予之日起，不得在1年甚至更长时间出售

◆限制性股票的优缺点比较

限制性股票的优缺点比较如表2–17所示。

表2–17　限制性股票的优缺点比较

限制性股票优点	留住激励对象。限制性股票会对工作年限或需要达到的业绩目标做出明确规定。为了留住核心员工或者关键性人才，公司在授予限制性股票时会在授予条件中明确具体的年限。如果员工在限制性期限内离开公司，就会失去所得的限制性股票。因此，公司可以通过明确限制性股票的限制期限留住激励对象
	股价下跌后限制性股票仍有价值。即便公司股价下跌，限制性股票仍有价值，只是价值会有所下降，这一点与股票期权以及股票增值权有很大不同。一般来讲，激励对象获得限制性股票不需要支付现金，因此，即便公司股价下降，激励对象仍有利可得

续表

限制性股票缺点	正是因为限制性股票的价值受公司股价下跌的影响较小，在公司股价下跌的情况下，股东收益受损，限制性股票的激励对象仍能获得收益，导致其激励性减弱

◆适用性

2006年发布的《上市公司股权激励管理办法（试行）》推荐了两种主要的股权激励模式，一是限制性股票，二是股票期权。限制性股票主要适用于发展成熟的企业。因为这类企业进入平稳发展阶段，股价上涨空间较小，限制性股票可以很好地应对股票价格大幅波动的情况，保证激励对象能够稳定获得收益。因此，限制性股票成为上市公司最常用的一种股权激励模式。

限制性股票激励模式可以与其他激励模式相结合，强调业绩或者留住人才，以满足企业在不同发展阶段的不同要求。另外，公司在选择激励模式时要考虑激励对象的风险偏好，风险爱好者更喜欢股票期权，风险厌恶者更喜欢限制性股票。

2.5.2 限制性股票与股票期权的区别

作为企业常用的激励方式，限制性股票与股票期权都有助于企业吸引人才、留住人才、激发人才的潜能，但两者之间也具有一定的区别。

◆需要承担的风险不同

员工被授予期权后，因为并未行权，所以实质上并不是公司的正式股东，也不需要承担公司经营带来的风险；而员工被授予限制性股票后，已经成为公司的正式股东，因此需要承担公司经营带来的风险。

◆是否回购不同

员工被授予期权后，实际上拥有的是能否购买公司股票的选择权，如果员工未达到约定的行权条件，那么公司会取消承诺的期权，而不涉及是否回购的问题；而员工被授予限制性股票后，已经成为公司的正式股东，出于对公司控制权的掌控等方面的考虑，就需要约定员工离职等员工离开公司后的股权回购问题。

◆价值构成不同

员工被授予期权后，在行权之前规定有一定的等待期，因此期权的价值包括内在价值和时间价值；而限制性股票的价值是市场价值或者评估价值扣除授予价格，而不具有时间价值。

由于期权的特殊性，需要对其价值构成进行详细说明，如表2–18所示。

表2–18　期权的两大价值

价值	主要内容
内在价值	被激励对象行权后立即能够获得的收益。比如，员工被授予期权后约定的行权价为300美元，而目前企业的股票价格为320美元，那么该期权的内在价值就是20美元；如果行权价高于当前的股票价格，那么该期权的内在价值为零
时间价值	行权的等待期内能够提升的价值。通常来说，行权的等待期越长，期权的时间价值也越高。但如果行权价格并不低于授予日的股票价格，则该期权具有的时间价值为零。因此，员工被授予期权后，能够获得的收益与企业的发展密切相关，员工如果想获得更大收益就应该付出更多的努力

◆制约性不同

员工被授予期权后，其在行权之外不需要承担现实的直接损失。如果未能达到行权条件或者企业的股价下跌，被激励对象可以放弃行权；员工被授予限制性股票后，则受到比较大的制约，不仅取得激励股份需要支付相应的价格，而且在按照约定的条件解锁或未能解锁的情况下，被激励对象的收益都会受到影响。

◆取得企业股权的时间点不同

当企业选择股票期权进行员工激励时，员工能否获得约定的股权具有一定的不确定性。一般情况下，如果达到行权条件后，企业股权的市场价值大于行权价格，那么员工一般会选择行权，而此时也就是员工获得企业股权的时间。总之，在期权激励计划中，员工取得企业股权的时间点是未来的某一时间，而且能否取得股权具有一定的不确定性。

在限制性股票激励模式下，员工一般在当下的某一时间就可以获得约定的股权。不过，需要注意的是，如果企业设置了禁售期，那么在规定的时间内，员工不得进行相应的股权处理。

◆收益来源不同

股票期权和限制性股票所具有的特点，决定了被激励员工从中获得收益的来源有所不同。在期权的激励过程中，收益主要来自约定的行权价与股票市场价的差额；而在限制性股票的激励过程中，收益主要来自分红和高于市场价转让所带来的收益两者综合得到的回报。

2.5.3 【案例】用友软件限制性股票激励方案

2013年，用友软件公司推出一套股票期权与限制性股票相结合的股权激励方案，其中限制性股票方案包括以下内容：

（1）股票来源及数量：限制性股票激励的股票来源是公司向激励对象定向发行的公司A股股票，数量为1438.87万股，占公司总股本的1.5%。股票授予分两个阶段，首次授予1296.83万股，预留142.04万股。

（2）激励对象：高层管理人员共15人，专家、中层管理人员、骨干人员共1626人。

（3）股票价格：首次授予的股票价格为6.76元/股。

（4）解锁日：限制性股票激励的有效期为自股票首次授予日起的5年内。在锁定期内，激励对象不能在二级市场出售或转让因获得限制性股票而获得的红利、资本公积转增股份、配股股份、增发中向原股东配售的股份，这些股份的锁定期与限制性股票的锁定期相同。

（5）解锁期：在首次授予日起满1年后，在未来3年分三期解锁，如表2-19所示。

表 2-19　限制性股票解锁期说明　（%）

解锁期	解锁时间	可解锁数量占限制性股票数量的比例
第一个解锁期	自首次授予日起满12个月后的首个交易日到首次授予日起24个月内的最后一个交易日止	60
第二个解锁期	自首次授予日起满24个月后的首个交易日到首次授予日起36个月内的最后一个交易日止	20
第三个解锁期	自首次授予日起满36个月后的首个交易日到首次授予日起48个月内的最后一个交易日止	20

（5）解锁条件：三期的解锁条件如表2-20所示。

表 2-20　解锁期业绩考核目标

解锁期	业绩考核目标
第一个解锁期	2013年归属于上市公司股东的扣除非经常性损益后的加权平均净资产收益率不低于10%，公司2013年归属于上市公司股东的扣除非经常性损益的净利润相比2012年增长不低于20%
第二个解锁期	2014年归属于上市公司股东的扣除非经常性损益后的加权平均净资产收益率不低于10%，公司2014年归属于上市公司股东的扣除非经常性损益的净利润相比2012年增长不低于44%
第三个解锁期	2015年归属于上市公司股东的扣除非经常性损益后的加权平均净资产收益率不低于10%，公司2015年归属于上市公司股东的扣除非经常性损益的净利润相比2012年增长不低于73%

在锁定期内，限制性股票各年度归属于上市公司股东的净利润与归属于上市公司股东的扣除非经常性损益的净利润之和，不能低于授予日前最近三大会计年度的平均水平，更不能为负。

（6）预留限制性股票的处理：首次授予日起1年内向激励对象授予预留的限制性股票，激励对象需要满足的条件与首次授予需要满足的条件相同。

第3章　企业股权激励的实战操作流程

3.1　确定激励对象

3.1.1　激励对象的选择范围与模型

股权激励对象应该是那些能够对企业长期发展做出重要贡献的组织成员，比如，高层经理人、核心部门优秀人才等，需要注意的是，为了确保上市公司监事能够依法独立行使监督职权，监事不应该成为激励对象。

绝大部分的上市公司将董事（不包括独立董事）与高级管理者作为激励对象，因为这类人员对公司的未来发展、业绩表现等具有直接影响，通过股权激励可以进一步激发其工作热情。

核心员工也会被作为激励对象。他们属于稀缺资源，是企业的重要资产，如果被竞争对手挖走，可能会影响企业重大项目实施，导致企业丢失相当比例的市场份额，而通过股权激励，可以激励和留住核心员工，从而降低管理者和股东的管理成本。互联网企业及高科技企业更是如此，因为这类企业比拼的是智力资本，核心人才对企业的影响尤为重大。

虽然我国相关法律法规中有明确的条款让企业确定激励对象，但激励对象的选择并非一件简单的事情，而是要做到公平公正、公开透明。激励对象的选择既要关注目标人员的过往业绩，又要关注其当下及未来对企业发展的价值，还要考虑目标人员的人品、职业生涯规划等。

在企业实施股权激励的过程中，激励对象的选择至关重要。其一，只有选择合适的股权激励对象，才能发挥股权激励对企业的价值；其二，只有选择合适的股权激励对象，才能够对员工和股东负责。

◆股权激励对象的选择范围

要尽可能发挥股权激励的作用，就不能采取简单的“一刀切”方式。首先，企业应该基于自身的情况划定股权激励对象的选择范围，如表3–1所示。

表3–1　股权激励对象的三种选择范围

选择范围	适用条件
小范围	在两种情况下，企业比较适合选取小范围的对象进行股权激励：其一，企业初次使用股权激励工具，对于股权激励的实施要点和能够发挥的价值了解都不够深入，从小范围入手，可以帮助企业积累经验；其二，企业选取对公司发展更重要的人员（比如高级管理层等），通过股权进行重点激励，以带动企业的发展
中范围	当企业逐渐成长壮大后，除高层管理人员、核心技术人员以外，企业骨干也能够做出重要的贡献，这时企业就需要健全自己的利益共享机制，将更多员工纳入股权激励范围
大范围	理论上来说，企业也可以将股权激励对象的范围扩大，实现几乎全体成员都是被激励对象的情形。但在企业的经营实践中，这样的案例较为少见。因为，全员都成为被激励对象后，也就意味着股权能够起到的激励作用大大减弱

◆股权激励对象的选择模型

企业在选择股权激励对象时，可以聚焦以下四类核心人员和职位，然后再结合企业的自身情况，制定出合理的股权激励对象选择模型。

（1）管理层。因为企业的管理层把控着企业的整体运营活动，所以管理层的表现也直接影响企业的成长状况。管理层，尤其是高级管理层，应该是企业重点的激励对象。具体到企业中，相应的职位包括总经理、财务总监、市场总监等。

（2）核心技术人员。对大多企业来说，技术都是发展的重要驱动力，而核心技术人员就成为企业应该重点激励的对象。具体到企业中，核心技术人员主要包括知识产权和非专利技术的发明人或设计人、技术部或研发部的负责人等。

（3）易产生内部人控制的职位。在现代企业的经营结构中，企业的所有权与经营权相分离。也就是说，企业所有者并不直接管理企业，而通过聘请职业经理人来经营企业，公司的管理层实际掌握着公司的资金、人事等重要的资源，使企业容易形成内部人控制。为了保证企业的健康长远发展，企业的实际控制人的利益应该与企业的利益一致。具体到企业中，对应的岗位包括企业分支机构负责人、渠道管理负责人等。

（4）业绩表现具有滞后性的重要职位。评估不同的岗位对于企业的重要性时，应该具有一定的预见性。也就是说，不能只通过现状来衡量各个岗位的价值，而应该认识到其未来一段时间的价值。因为企业中的部分工作需要比较长的周期才能够体现价值、反馈收益，这些相关的职位对企业远景目标的实现起到重要的作用。具体到企业中，业绩表现具有滞后性的重要职位有工程项目的投资负责人等。

3.1.2 激励对象的特征与确认依据

◆股权激励对象的主要特征

企业所选择的股权激励对象，应该符合一些基本特征，如表3–2所示。

表 3–2 股权激励对象的三大基本特征

基本特征	具体描述
重要性强	对企业来说，进行股权激励的对象应该对企业的发展具有比较重要的价值。也就是说，如果一个成员离开对企业造成的损失很大，那么基本可以判定其对企业很重要，更值得选取为股权激励的对象
可替代性弱	对企业来说，进行股权激励的对象应该具有更弱的可替代性。也就说，如果一个成员能够轻易被取代，那么其对企业的价值自然不会太高；反之，则对企业来说具有比较高的价值，可以选取为股权激励的对象
满足职级要求	对企业来说，不同的岗位、职级承担的责任是不同的，应该运用“岗位价值评估”工具等对各个岗位和职级的价值进行评定。另外，需要注意的是，对于同一岗位或职级的成员，企业的股权激励政策也应该一视同仁，避免厚此薄彼

除了以上提到的选择标准之外，企业在选择股权激励的对象时，也应该具有

续表

全局观念和长远思维，不能仅从企业发展的现状来进行衡量，还应该回顾员工过去的贡献以及预测其未来的潜力，尽量实现股权激励作用的最大化。而且，在设计和执行股权激励方案的过程中，企业应该遵循统一的原则和判断标准来选取股权激励对象，并保证企业所有成员对该原则和判断标准达成共识，以避免未被划入范围的员工产生负面情绪。

◆股权激励对象的确定依据

激励对象的确定要遵循科学的标准，否则员工会对激励方案的公平性、公正性产生质疑。另外，激励标准的制定要先于激励对象的确定。

股权激励要面向所有员工，但股权激励的对象不能是所有员工。企业要提前发布股权激励对象的筛选标准，对符合标准的员工进行股权激励，对不符合标准的员工提出明确的努力方向。一般来说，股权激励对象筛选标准要包含以下内容，如表3–3所示。

表 3–3　股权激励对象的筛选标准

筛选标准	主要内容
岗位价值评估	按照企业一般的组织架构，职位越高，所承担的责任就越大，对员工的能力要求也就越高。因此，筛选股权激励对象可以根据员工职位高低来进行，评判指标主要包括员工所在岗位责任大小、知识技能、辛苦程度、工作环境等
职级体系评估	职级体系代表的是组织内部的层级分布，分类方式有两种：一种是纵向划分，另一种是横向划分。其中，纵向划分就是按照职位的高低进行划分，例如，高层、中层、基层等。如果企业管理水平较高，还会设置数字化的职级体系
服务年限评估	一般来说，员工在企业工作的年限越长，对企业的付出、贡献也就越大，对企业的忠诚度也越高。为了留住这部分员工，可以对其实施股权激励，进一步提高他们工作的积极性与忠诚度
绩效考核评估	KPI 是企业管理最常用的一种工具，已经成为企业重要的管理手段。目前，还有很多企业没有实施绩效考核，或者绩效考核制度存在问题，需要优化和完善。因此，企业在实施股权激励时要先完善绩效考核制度，根据绩效考核结果筛选激励对象。企业要将绩效考核与股权激励相结合，让股权激励方案获得员工的普遍认可，让真正有实力、有潜力的员工获得激励
综合评估	岗位价值、职级体系、服务年限属于客观标准，绩效考核带有一定的主观性，综合评估则是完全主观。客观标准强调公平、公正，只有将客观与主观相结合，才能将员工的价值全面体现出来

3.1.3 激励对象选择的三个基本原则

股权激励是企业重要的激励方式，其中对激励对象的选择至关重要。员工能否被授予股权意味着其是否得到企业的重视，以及其所做的工作是否获得相应的回报，所以企业在实际股权激励方案时，也应该制定合理、适用的对象选取标准，以尽可能地发挥股权激励的效果。

具体来看，企业股权激励对象的选择应该遵循三大基本原则，如图3–1所示。

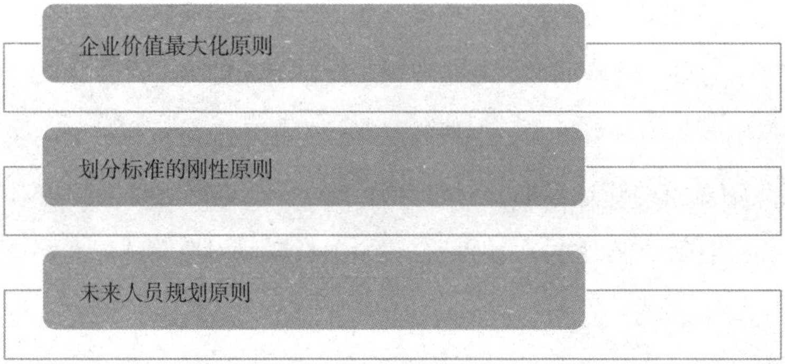

图 3–1 激励对象的选择应遵循的三大基本原则

◆企业价值最大化原则

企业股权激励的实施对象，应该是对企业具有重要价值的员工。这里所指的“价值”，既包括已经付出的价值，也包括未来可能的价值。也就是说，企业的股权激励计划既可以应用于对企业已经做出贡献的人员，也可以应用于未来对企业有较大贡献的人员。其中，员工的未来价值尤其需要重视。

企业进行股权激励的目的大致如下：

- 吸引和留住优秀人才，壮大公司的人才队伍。
- 改善公司的治理结构，完善公司的激励机制和利益共享机制。
- 激发具有潜在能力员工的工作积极性和创造性，为其提供更广阔的发展空间。

● 将员工利益、股东利益与公司利益捆绑在一起，不仅推动公司愿景的实现，也为员工带来更丰厚、更长久的回报。

由此可以看出，企业实行股权激励，不单是为了给被激励对象带来更高的回报，更是为了带动所有员工的积极性，激发其潜在的能力，实现员工、股东、企业三方共赢，促进企业长远目标的达成。

具体到员工价值的评估，可以从两个角度入手，如表3-4所示。

表3-4 员工价值评估的两个角度

评估角度	具体内容
业绩评估	即对被考核对象的业绩完成情况进行评估。业绩评估是以结果为导向的，能够在很大程度上反映被考核对象的工作能力和对企业的贡献，因此，业绩评估也是一种非常具有说服力的评估方式
岗位评估	即对被考核对象的岗位价值进行评估。站在企业的角度，不同岗位的职能不同，其具有的价值也有差别，对被考核对象价值的评估也离不开对其所处岗位的评估。具体的评估方法大致可以分为三步：第一步，根据企业的性质，对评估要素进行赋值；第二步，通过评估要素对需要评估的岗位进行估值；第三步，得出不同岗位具有的价值

◆划分标准的刚性原则

如果单独从价值的角度进行衡量，那么可能具有一定的主观性，评估结果也无法保证精确。因此，选取股权激励的实施对象时，应该使用一些刚性的评估标准，比如，入职3年以上、近1年内目标业绩完成率达到90%等。此外，如果企业建立了明晰的职位体系，也可以将其作为刚性标准之一。

反之，一些企业常用的考核标准具有一定的模糊性、不确定性，比如：

对股权激励实施对象的选取而言，“认同公司价值观”虽然是一个必要的标准，但不是刚性标准，因为“认同公司价值观”很难进行证实或证伪。同样，“担任团队负责人”也不能算作刚性标准，因为团队负责人可能具有一定的变动性，所以并不意味着此时正“担任团队负责人”个体的贡献一定超过没有“担任团队负责人”个体的贡献。

◆**未来人员规划原则**

与价值的评估一样，企业股权激励计划的实施对象也应该考虑到未来的人员规划。也就是说，企业在通过股权激励员工时，既应该考虑眼下企业的人员构成，也需要兼顾未来一段时间（比如3~5年）的人员规划，为具有发展潜力、拥有施展空间的人才预留合理的激励股份。举例说明：

根据企业的规划和发展势头，未来3年的营收额大约翻一番、员工数量增长1倍，届时符合股份激励条件的员工数目可能也增加1倍，因此，企业在实施股权激励计划时，应该为这些员工预留激励股份。

需要注意的是，如果企业是非上市企业，那么其股权激励计划的设计和实施应比较灵活，可以根据企业的实际情况预留合理的激励份额。如果企业是上市公司，那么需要遵循我国法律法规对上市公司的相关规定。例如：

2016年8月13日起施行的《上市公司股权激励管理办法》明确规定，“上市公司在推出股权激励计划时，可以设置预留权益，预留比例不得超过本次股权激励计划拟授予权益数量的20%”，“上市公司应当在股权激励计划经股东大会审议通过后12个月内明确预留权益的授予对象；超过12个月未明确激励对象的，预留权益失效”。

3.1.4 基于企业生命周期的激励对象

在国内外的知名企业中，善于利用股权激励方案的不胜枚举。比如，成立于2010年的小米科技已经成为全球领先的智能手机厂商，其创始人雷军十分重视股权激励，他采用的便是“股权＋现金”的薪酬方案。虽然相比其他激励方式，股权激励模式颇多，但企业不应简单套用，尤其是处于不同发展阶段的企业，股权激励对象的选择也应有所不同。

在企业的生命周期中，各个阶段的需求侧重有所不同。因此，企业需要根据自己的需求选取激励对象，如图3–2所示。

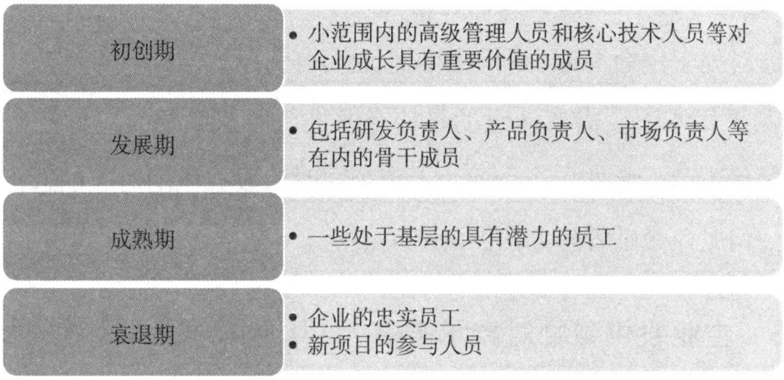

图3–2　企业发展的不同阶段激励对象的选择

（1）初创期。企业往往规模较小、实力较弱，相关的管理制度和利益共享机制等也不够健全。这个时期企业的主要需求就是生存，只有先解决了生存问题，才能打磨产品，扩大销量，实现企业的成长、发展、壮大。因此，企业如果实行股权激励政策，被激励的对象应该是小范围内的高级管理人员和核心技术人员等对企业成长具有重要价值的成员。

（2）发展期。企业已经具有了一定的规模和实力，企业团队以及管理制度等配套体系建设也已经基本完善。这个时期企业的主要需求是提高生产效率、获得市场竞争优势。因此，企业可以适当扩大股权激励的范围，包括研发负责人、产品负责人、市场负责人等在内的骨干成员都可以纳入激励的范围。

（3）成熟期。一方面，企业已经具备了比较大的规模和比较强的实力，而且销售网络和团队构成也趋于科学、完备；另一方面，企业的发展速度趋于放缓。这时，企业的股权激励范围可以进一步扩大，一些处于基层的具有潜力的员工也可以成为被激励的对象，以为企业的发展积蓄能量。与其他时期相比，成熟期为激励范围最大的一个阶段。

（4）衰退期。企业拥有的生命力大大减退，股权所具有的吸引力也相应下降，企业已经很难利用股权达到激励员工的目的。这时，股权激励应主要应用于企业的忠实员工，如果企业仍进一步开发新的项目，股权激励也可以应用于新项目的参与人员，为企业再次腾飞创造条件。

总之，对处于生命周期不同阶段的企业而言，股权激励对象的选择应该与企业的需求侧重相匹配。需要注意的是，企业进行股权激励时应该把握合适的尺度，避免过犹不及。此外，当企业为上市公司时，股权激励对象的选择也应该符合《上市公司股权激励管理办法》的有关规定。

3.1.5 企业股权激励对象承诺书

【范例】企业股权激励对象承诺书

承诺人：

身份证号：

联系电话：

联系地址：

现就职单位：

紧急联系人：

为了寻求与__________有限公司（下称“公司”）共同发展，本人自愿参与公司推行的股权激励计划，愿意遵守股权激励制度及股权激励计划的各项规定。现本人郑重作出如下承诺。

1. 本人作为本公司正式员工，愿意接受本次股权激励计划的有关规定。本人承诺，本人符合股权激励计划规定的各项条件，自愿接受薪酬与考核委员会对本人的绩效考核，同意按照绩效考核结果决定本人是否有资格成为激励对象并调整本人有权行权的标的股权数量。

2. 本人承诺，遵守法律法规、公司规章制度，积极维护公司利益，不得从事任何有损公司利益的行为，不得以任何方式直接或者间接参与公司业务相同或者相似的投资或经营活动。

3. 本人承诺，若在《股权激励计划》规定的行权结束后离职，应当在2年内不从事与公司相同或类似的工作；如果本人在规定的限售期结束后离职，并在2年内从事与公司相同或类似工作，本人应当将所得全部收益返还给公司。

4. 本人承诺，在持有激励股权期间，所持激励股权不存在出售、相互或向第三方转让、对外担保、质押或设置其他第三方权利等行为。否则，本人愿意由公司无条件无偿收回股权。

5. 本人承诺，已详细阅读并知悉《股权激励计划》《股权激励管理制度》及相关文件的内容及含义，愿意遵守《股权激励计划》《股权激励管理制度》的相关规定。

以上内容均为本人真实意思表示。

承诺人（签字）：

______年____月____日

3.2　选择股权激励模式

3.2.1　股权激励尽职调查清单

股权激励是一种为了激励并留住人才而实施的长期激励机制，它能够激发激励对象的主人翁意识，和企业所有者利益共享、风险共担，从而尽最大努力为企业创造更多价值。本质上，股权激励机制是由市场为优秀人才定价并支付报酬，优秀人才想要获得更高回报，需要推动企业业绩增长，提高股价。这种情况下，激励对象的报酬和企业的长期经营业绩关联起来，统一企业经营者和所有者利益，能够有效降低后者对前者的监督成本及委托代理成本。

2005年，中国证监会出台《关于上市公司股权分置改革的指导意见》后，我国股市开始逐渐步入全流通时代，股权激励重点转变为激励性，而不是此前的福利性。为了更好地推进股权激励制度在国内企业的推广普及，相关职能部门对《公司法》《证券法》进行了多次修订，并出台了《上市公司股权激励管理办法》《国有上市公司（境外）实施股权激励试行办法》《国有上市公司（境内）实施股权激励试行办法》《关于规范国有企业职工持股、投资的意见》《关于规范国有控股上市公司实施股权激励有关问题的补充通知》《股权激励有关事项备忘录1、2、3号文件》等政策。

市场环境始终处于动态变化过程之中，再加上政策调控效果需要一段时间才能显现，而且实施过程中又会发现多种新问题，相关职能部门必须持续出台一系列政策，以对股权激励计划各要素进行优化调整。

毋庸置疑，无论外部环境多么优越、战略规划多么科学，如果在一项制度或体系落地过程中急功近利、忽略细枝末节，最终都很难取得良好效果。股权激励方案设计直接关系到股权激励成败，需要企业领导者给予高度重视。股权来源是股权激励方案设计的重要内容，上市公司通常以公开发行的股票作为股权来源，而非上市公司则通过股东出让、增资扩股、股份回购、期权池预留等方式获得激励股权。

企业在正式设计股权激励方案前，需要先进行尽职调查。调查由专业律师负责，下面以非上市公司股权激励前的尽职调查为例，对律师需要调查的内容进行具体分析。

（1）工商登记材料、主管单位批件等公司成立及变更涉及的相关文件。

（2）公司章程、规章制度、议事规则等。

（3）公司股权结构。

（4）公司组织机构。

（5）公司主营业务及经营状况。

（6）公司近3年经审计的财务报告。

（7）公司全体人员构成情况及现有薪酬政策、薪酬水平、激励策略，包括但不限于管理者、技术及业务骨干职务、薪金、福利，以及其他人员的职务、薪金、福利等。

（8）公司现行激励制度与绩效考核标准，运行效果及存在的问题。

（9）公司和职工签订的劳动合同、保密协议、竞争限制协议等。

（10）公司决定实施股权激励的内部决策文件，包括但不限于公司股东会或董事会决议、上级主管部门文件、中央及地方政府股权激励政策等。

（11）公司此次股权激励范围、对象、基本情况、预期目标、初步思路。

（12）公司实施此次股权激励的具体要求，比如，采用何种操作模式，股权归谁所有，如何才能提取激励基金，如何终止股权激励计划等。

（13）公司认为此次股权激励需要重点关注的问题及潜在的风险。

（14）准备股权激励方案需要的其他资料。

3.2.2 激励模式选择的五大原则

面对类型众多的股权激励模式，企业不能盲目选择。如果股权激励模式不符合企业发展实际，很有可能产生相反的效果。具体来看，企业在选择股权激励模式时应该遵循五大原则，如图3-3所示。

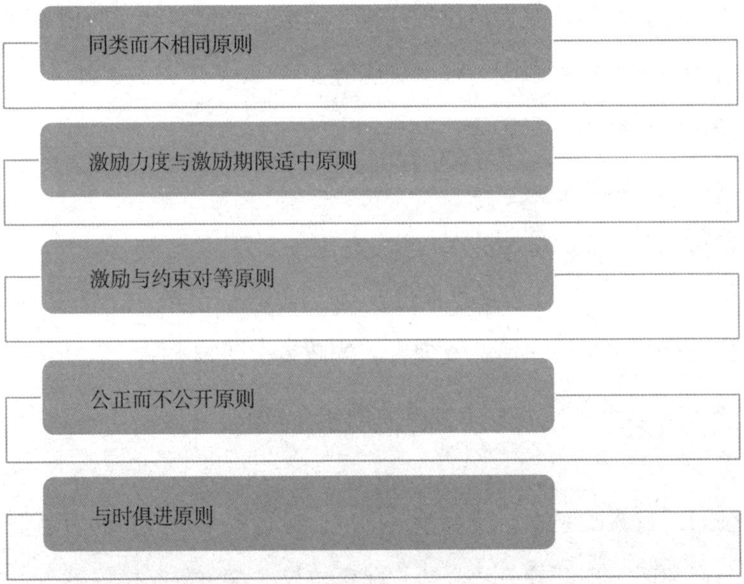

图 3–3　企业选择股权激励模式应遵循的五大原则

◆同类而不相同原则

企业要根据自己的实际情况选择股权激励模式，控制股权激励的力度与节奏，不要盲目地跟随、模仿。例如，甲、乙两家公司都选择股票期权模式，激励对象主要是管理层、企业的核心团队等，为了解决激励对象无法一次性支付购买股票所需所有现金的问题，企业允许激励对象支付部分首付款，然后分期还款。但因为甲公司的员工工资比较高，激励对象每年可以获得丰厚的分红，所以公司没有为激励对象提供贷款，并且规定期股的偿还期为3年，锁定期为2年；乙公司员工工资比较低，激励对象每年能够获得的分红比较少，所以公司为激励对象提供部分贷款，并且规定期股偿还期为4年，锁定期为3年。

◆激励力度与激励期限适中原则

每种股权激励模式都有优缺点，企业要根据自己的实际情况，结合激励对象的整体报酬水平与结构选择合适的股权激励模式，以保证股权激励方案的可行性和激励效果。另外，股权激励效果还深受行权期限长短的影响。如果激励目标设定过高，行权期限过长，就会打击激励对象参与股权激励的积极性，达不到预期的股权激励效果；如果激励目标设定过低，行权期限过短，就会导致激励对象过分注重短期利益，对企业的长远发展产生不良影响。因此，为了保证股权激励的效果达到最佳，企业要控制激励力度与行权期限。

◆激励与约束对等原则

权利与义务必须对等，无论偏重哪一方都会导致不公平。在各种股权激励模式中，激励额度越大，对员工的激励作用也越大。部分员工可能为了完成绩效目标不择手段，一些持股人可能为了获得短期收益抛售股票套现，然后离开公司。例如，某上市公司面向高管开展股权激励，允许高管集中行权，导致很多高管伪造数据提高业绩，让公司股票在短时间内升值，以便套现获利。这种行为严重损害了公司的利益，很有可能导致公司无法实现长远发展。因此，企业在实行股权激励的同时应该制定一些约束措施，引导激励对象将个人的短期利益与公司的长远利益相结合，以免做出损害公司利益的行为。

◆公正而不公开原则

股权激励要做到公平、公正，不能因为激励对象的性别、家庭背景、私人感情等区别对待，衡量标准应该是员工对企业的贡献，以及员工对企业未来发展所起到的作用等。之所以选择不公开，主要是因为很多考核标准不容易量化，考核结果深受考核人主观意识的影响。即便考核人员秉持公平、公正的态度进行考核，考核结果也不一定能够被所有激励对象接受、认可。虽然所有员工都希望获得公平、公正的评判，但每个人对公平、公正的认识不同。按照心理学的一般规律，人们通常会高估自己的能力与贡献，一旦认为自己所获得的奖励不如他人，就会产生不满情绪，对股权激励效果产生不良影响。解决这一问题的最好方式就是让激励对象只关注个人利益的纵向提升，不要与他人进行比较，而这就需要对激励情况保密，让激励对象无从比较。

◆与时俱进原则

随着企业不断发展，企业规模、治理结构、经营战略、盈利情况等也在不断改变。因此，在不同的发展阶段，企业要采用不同的股权激励模式，以保证激励效果最大化。例如，企业初创期与企业上市后要选择不同的股权激励模式。

3.2.3 企业各发展阶段的激励模式

股权激励模式并非固定的，非上市公司的股权激励模式包括股票期权、限制性股票、虚拟股票等，为公司提供了多元化的选择。通常而言，非上市公司选择股权激励模式时，需要结合激励对象人数、公司发展阶段、公司所有权性质、公司经营状况、现有股东权益等进行考虑。

我国现行《公司法》明确规定了有限责任公司股东在50人以内。所以，当非上市公司是有限责任公司时，就要考虑以激励对象需要持股的激励模式（如股票期权、限制性股份等）进行激励是否会导致股东总人数超过这一限制。为了避免出现这种问题，公司可以采用虚拟股权激励、股份增值权激励等激励模式。股份有限公司的股东人数没有上限，股权激励模式选择更为灵活。

非上市公司实施股权激励后，如果激励对象成为持股股东，会在一定程度上稀释现有股东股权，从而改变公司股权结构，使现有股东之间的平衡状态被打破。当现有股东不愿意打破这种平衡状态时，股权激励方案可能会遭到他们的反对，此时，采用虚拟股权激励模式是更为合理的选择。

公司经营状况的差异也会对激励模式选择产生一定影响。如企业经营存在一定问题，未来发展存在较高不确定性时，激励对象对未来股权收益持消极态度，更愿意公司直接提高其薪酬待遇，如果还要其出资购买股权，会进一步削弱其接受股权激励的意愿。此时，公司可以选择虚拟股权、股份增值权等带有福利补充性质的激励模式，员工不需要出资购买股权，就能得到一定收益。

公司不同发展阶段对股权激励模式的选择也会产生较大影响，下面对其进行具体分析，如图3–4所示。

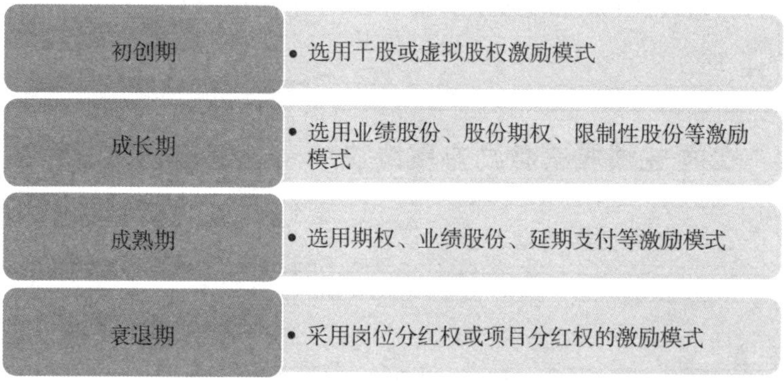

图 3–4　企业发展不同阶段激励模式的选择

（1）初创期的激励模式选择。公司规模相对较小，层级较少，上下级之间的沟通较为方便，管理难度较低，甚至很多初创公司不设置明确的规章制度。该阶段公司的重点是产品研发和市场拓展，存在前景不明、资金短缺等问题，长期性激励难以产生预期效果，比较适合采用干股或虚拟股权激励模式。

（2）成长期的激励模式选择。公司扩大市场份额、提高品牌影响力、完善管理体系，从而加快企业规模扩张和业绩增长。由于公司处于上升期，未来前景较为明朗，实施股权激励也容易得到激励对象的支持。此时，选择业绩股份、股份期权、限制性股份等激励力度较大的激励模式是更合理的选择。

（3）成熟期的激励模式选择。公司市场份额与用户群较为稳定，经营风险较低。为了实现利益最大化，并避免被后来者淘汰，企业需要加强成本控制、提高企业运行效率，激励的目的更多地偏向于保持核心团队稳定性，提高团队工作积极性，同时，要避免股权激励给企业现金流带来较大压力，影响成本控制，因此，此阶段采用期权、业绩股份、延期支付等激励模式是更为合理的选择。

（4）衰退期的激励模式选择。公司业绩下滑，产能过剩，利润较低甚至连年亏损，员工士气低下。此时，公司裁员并转型是很正常的事情，但转型是需要果断、有责任心、有战略眼光的人才来驱动的，采用岗位分红权或项目分红权的激励模式更为合理。

3.3.4 公司业绩股票激励方案协议

【范本】公司业绩股票激励方案协议书

甲方：（公司）　　　　　　　　　　乙方：（激励对象）

法定代表人：　　　　　　　　　　　身份证号：

根据《××公司业绩股权激励方案》和《××公司业绩股权激励实施细则》的有关规定，按照甲方股东大会（董事会）的有关决议，就甲方赠予乙方业绩股票订立如下协议。

一、资格

乙方自______年____月____日起在甲方服务，现担任____________一职，属于公司（高级管理人员/中层管理干部/业务技术骨干/特殊人才），经甲方薪酬委员会按照甲方《××公司业绩股权激励方案》和《××公司业绩股权激励实施细则》的有关规定进行评定，确认乙方具有被赠予业绩股权的资格。

二、业绩股权的赠予

在本协议签署后______个工作日内，甲方赠予乙方公司股权，并颁发《××公司赠予业绩股权证书》。

三、行权

1. 乙方持有的业绩股票自赠予之日起锁定两年后进入行权期。

2. 乙方在三年行权期中，第一年行权______%，第二年行权______%，第三年行权______%。乙方可在行权期结束前，把每一行权期的可行权数量依次向后叠加，但必须在第三年即第三次行权时行权完毕。

3. 甲方原则上提倡到期按时行权而不叠加。

4. 乙方自可以行权日到下一行权日，除了《××公司业绩股票激励方案》中规定的每年1月1日至年度报告公告日，每年4月1日至第一季度报告公告日，每年7月1日至中期报告公告日，每年10月1日至第三季度报告公告日，公司分红、转增、配股或增发新股时的公告日至股权登记日，重大信息披露前后五个交易日，其余日期都可以作为乙方的行权变现日。

5. 行权价为行权当日股票价的平均。

6. 当甲方发生送股、转增、配股、增发新股等影响公司总股本数量的情况时，乙方所持有的业绩股票所对应的业绩股票数量按比例做相应的调整，但涉及配股、增发需要认购的，其认购款从公司封顶预留基金中列支，不足时乙方自行支付。

7. 乙方需行权时，必须在行权日前5天内将业绩股票行权申请书和个人有效身份证复印件交给××公司董事会薪酬委员会，并由薪酬委员会统计核准后进行行权。

8. 乙方作为受益人，接受董事会薪酬委员会的通知，领取业绩股票行权变现所得。

四、乙方持有的业绩股票依法享有股东权利

五、乙方持有的业绩股票不得以任何形式转让、出售、交换、计账、抵押、担保、偿还债务等，甲方可以根据实际情况，部分或全部取消从事上述行为的业绩股票获得人以后年度业绩股票赠予资格或延长其行权期

六、业绩股票的赠予、行权变现的终止或冻结

1. 当乙方出于个人原因被辞退、解雇、离职时；当乙方严重失职、渎职、被判定刑事责任时；当乙方由于索贿、受贿、泄露甲方技术秘密（包括在正常离职后的约定时期）、损害甲方声誉等行为给甲方造成损失时，甲方均有权通过董事会薪酬委员会按照《××公司业绩股票激励方案》和《××公司业绩股票激励实施细则》的有关规定，决定乙方以后年度业绩股票赠予的取消和行权变现的终止、冻结。

2. 当甲方发生合并、分立、购并、减资等情况时，甲方有权根据具体的情况决定乙方持有的业绩股票提前加速行权变现、终止或冻结。

七、甲方出现以下情况时，乙方持有的业绩股票未行权变现部分必须终止行权并冻结

a）经营亏损导致甲方停牌、破产或解散的；b）出现重大违法、违规行为；c）股东大会做出特别决议的。

八、乙方指定乙方的继承人，继承人情况如下：

性别：______身份证号码：________________通信地址：______________电话：________________说明事项：__________________________________

九、聘用关系

甲方与乙方签署本合同不构成甲方对乙方聘用关系的承诺，甲方对乙方的聘用关系仍按照双方劳动合同的有关约定执行。

十、承诺

1. 甲方对于赠予乙方的业绩股票行权变现将遵守承诺，除非出现《××公司业绩股票激励方案》和《××公司业绩股票激励实施细则》中规定的情况，不得无故终止乙方行使变现的权利和冻结乙方所持有的业绩股票，不得终止本合同。

2. 甲方有义务向乙方提供有关本次业绩股票激励计划的实施情况、实施细则和管理办法。乙方必须了解甲方关于本次业绩股票激励计划的有关规定。

3. 乙方承诺：在本合同及业绩股票激励计划实施中所提供的资料均真实有效，并对其承担全部法律责任。

4. 乙方承诺：依法承担业绩股票激励计划实施中的纳税义务。

十一、声明

甲方本次业绩股票激励计划如果得不到股东大会审议通过或受到有关证券监管部门的强力干预或者在实施的过程中遇到有关法律、政策等的变化导致甲方无法履行本协议的，甲方不负任何责任。

十二、合同的终止

乙方违反本合同的有关规定，违反甲方关于业绩股票激励的规章制度或者国家有关的法律和政策，甲方有权视具体情况通知乙方终止本合同而不需承担任何责任。

十三、争议的解决合同中有约定的按照约定进行解决，本合同未约定的按照甲方关于本次业绩股票激励计划中相关规章制度的有关规定进行解决。均未涉及的部分，按照国家有关法律和公平合理的原则解决

甲、乙双方对于本合同执行过程中发生的争议应协商解决；协商未果的，可以向有管辖权的人民法院提起诉讼。

十四、其他

本合同经过双方协商后可以增加补充协议，补充协议的内容为本合同的一部分，具有同等的法律效力。

本合同生效后，甲方根据实际情况和管理部门的要求对本次业绩股票激励计划所制定新的规章制度适用于本合同，乙方应该遵照执行。

本合同有效期自______年____月____日始到______年____月____日止。

本合同一式两份，甲、乙双方各执一份，具有同等法律效力，合同自双方签字盖章之日起生效。

甲方：（盖章）　　　　乙方：（签字）

法人代表：（签字）

签订日期：　　年　　月　　日　　签订日期：　　年　　月　　日

3.3 确定股权授予数量

3.3.1 确定股权激励总量的考量因素

确定股权激励额度需要明确激励总额以及具体到个人的激励额，现行法律没有对非上市公司的股权激励总额进行限制，这就给企业设定股权激励额度提供了较大的操作空间。通常而言，非上市公司确定股权激励总额度时，需要考虑企业规模和净资产、激励对象范围与人数、企业整体薪酬规划、企业控制权及资本战略等因素。

个人股权激励额需要和企业现行薪酬福利水平相匹配。一般来说，成熟期公司薪酬福利水平较高，个人股权激励额度不需要太高；初创期和成长期的企业薪酬福利水平较低，而且要通过充分激发激励对象积极性来推动企业发展，个人股权激励额度可以适度提高；衰退期的公司员工薪资待遇有所下滑，既要考虑让激励对象带领公司成功转型，又要考虑不能给公司带来资金压力，个人激励额度保持在中等水平即可。

如果采用激励对象持股的股权激励模式，确定激励额度时就要考虑由此引发的原有股东股权被稀释、控制权变化等问题，同时，还要为后续引进战略投资、并购重组等留下足够的操作空间。

企业规模、净资产的差异会影响激励对象激励收益，所以，不同公司确定股权激励额度时，不必盲目跟风，要结合自身的实际情况进行选择。

为了体现公平公正，激励对象的行权条件考核目标定得越高，其个人激励额度也应该越高。同时，要结合其岗位、层级、在人才市场中的价值、现有薪酬待遇水平等进行考虑。

在行业存在一定程度产能过剩的背景下，人才之争异常激烈。企业要想留住优秀人才，必须保证提供的薪资待遇能够达到甚至超过优秀人才的心理预期。所以，公司确定个人激励额度时，也要参考竞争对手给予同类人才的激励额度，确保激励额度有足够的市场竞争力。

股权激励数量包含两方面：一是股权激励计划的总量，二是单个激励对象获得的股权激励数量。如果是分阶段的股权激励，创始人在确定股权激励数量时还要考虑公司战略及业务规划。下面我们先来分析确定股权激励总量的考量因素，如图3-5所示。

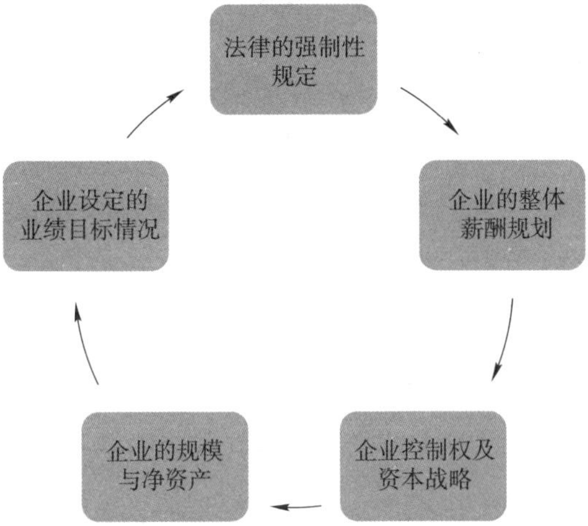

图3-5　确定股权激励总量需要考虑的五大因素

◆法律的强制性规定

公司在确定股权激励总量时，要遵守相关法律法规的强制性规定。法律法规没有明确规定股权激励总量的下限，却规定了上市公司股权激励的上限，即上市公司用于股权激励的股份总量不能超过公司总股本的10%。如果是非上市公司，由于相关法律法规没有明确规定，可以根据自身的实际情况确定股权激励的总额度。

◆企业的整体薪酬规划

在激励对象的薪酬结构中，股票期权收益是非常重要的一部分。因此，企业要根据目前的薪酬福利水平确定股权激励额度。一般来说，发展比较成熟、规模比较大的公司，员工的福利待遇比较好，企业无须拿出较大比例的股权进行激励，股权激励数量比较少；处于初创阶段或者快速发展阶段、规模比较小的公司，员工的福利待遇相对较差，为了增强员工对公司未来发展的信心，激励员工努力工作，需要多分配一些股权激励数量。

另外，企业股权激励数量的确定也要考虑激励对象的数量。如果激励对象比较多，为了保证激励效果，企业就要适当增加股权激励的总量；如果激励对象比较少，企业就可以适当减少股权激励的总量。

◆企业控制权及资本战略

企业拿出一部分股权对员工进行股权激励，必然导致原有股东的股权被稀释。因此，企业在确定股权激励总量时要注意企业控制权的问题，同时要为企业后续的融资、并购重组等留出足够的空间。

◆企业的规模与净资产

企业规模越大、净资产越多，股权的价值越高，因此，企业在确定股权激励总量时要考虑企业自身的规模与净资产状况，防止激励不足或者过度激励的情况发生。例如，一家大规模的房地产企业，股权激励总量在企业股权总份额中的占比达到5%就够了；如果是一家小型软件公司，可能要拿出20%甚至更高比例的股权用于股权激励。

◆企业设定的业绩目标情况

如果企业设置的业绩目标比较高，就要加大激励额度，鼓励激励对象付出更多努力实现业绩目标，为企业带来更大收益。因此，企业在确定股权激励总量时要考虑业绩目标设定情况，如果业绩目标设置比较高，就要适当增加股权激励总量。

3.4.2　确定股权激励总量的方法

股权激励总量会对激励力度、企业控制权等产生直接影响。如果企业确定的股权激励总量比较少，就可能起不到应有的激励效果；如果股权激励总量比较多，就可能导致大股东丧失企业控制权，对企业后续的资本运作造成不良影响。由此可见，企业只有合理确定股权激励总量，才能让股权激励计划发挥应有的效果。具体来看，企业确定股权激励总量可以采用以下三种方法。

◆将留存股票的最高额度作为股权激励总量

这种做法最简单，但有很多缺点。第一，一般来说，留存股票额度是现有股东能够容忍的股权稀释的最大限度，这个额度一旦确定，企业基本无法再从现有股东手中获取更多股权。这部分股票消耗完，就意味着企业无法再对新员工进行股权激励，股权激励的拓展空间有限。第二，因为额度有限，所以员工进入公司时间的早晚在很大程度上决定着他们获取股权数量的多少。一般来说，老员工获取的股权激励数量比较多，新员工获取的股权激励数量比较少，导致股权激励方案缺乏公平性和说服力，无法产生应有的激励效果。

◆以员工总薪酬水平为基数来确定股权激励总量

将员工总薪酬水平作为基数乘以系数就是股权激励总量，具体计算公式为：股权激励总价值=年度总薪金支出 × 系数。企业可以根据行业实践与自身的实际情况来确定系数。相关研究表明，在开展股权激励的企业，企业每年的股权支出是总薪金支出的2/100~1/10，员工工作10年以上，所拥有的股权价值是其年薪的15 倍；工作20年以上，所拥有的股权价值是其年薪的4 倍。企业根据员工总薪酬水平确定股权激励总量，不仅可以让股权激励更加灵活，而且可以让股权激励总量随着企业发展规模的扩大不断增长。

◆基于企业业绩来确定激励总量

企业可以根据业绩来确定股权激励的总量，具体操作方法如下：企业设立几个难易程度不同的业绩目标，激励对象在约定期限内完成哪类目标，就能获得相应比例的股权，这种方式更能发挥出股权激励的作用。为了保证激励效果，企业要注意业绩目标设置的合理性，如果业绩目标设置过高，就会降低员工参与股权激励的积极性；目标设置过低，又会导致股权激励无法发挥出应有的作用。

3.4.3 确定股权激励个量的考量因素

企业面向员工进行股权激励，确定股权激励的总量固然重要，制定股权个量分配方案同样重要。下面我们对企业股权激励个量分配需要考虑的因素进行分析，为企业制定股权个量分配方案提供参考，如图3-6所示。

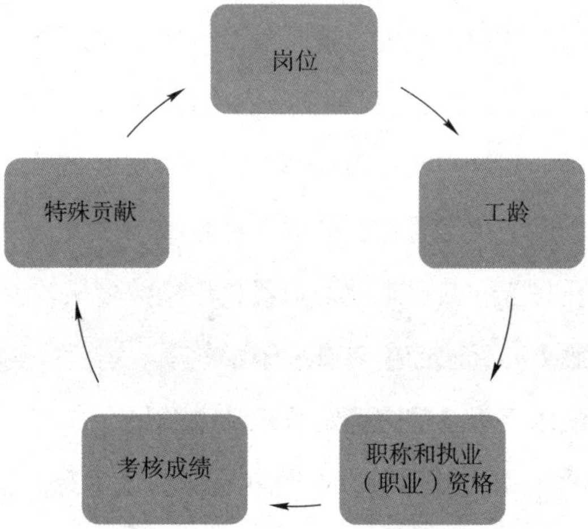

图3-6 制定企业股权激励个量分配方案需要考虑的五大因素

◆岗位

岗位包括岗位层级与岗位的工作性质。企业要根据员工个人的价值贡献为其分配股权，而衡量个人价值贡献的主要依据就是岗位。一般来说，在同一类岗位中，高层管理人员的贡献比中层管理人员的贡献大，所分配的股权也比中层管理人员多。

◆工龄

企业在为员工分配股权的过程中，不仅要考虑岗位，还要考虑工龄。一般来说，在同一个岗位上，员工的工龄越长，对企业的贡献越大。另外，员工的工龄越长，对企业文化和价值观的认同度越高，应该分配更多的股权以示激励。

◆职称和执业（职业）资格

如果企业对职称和执业（职业）资格要求不高，就只会将其作为选拔人才的一个标准，不会考虑分配股权；如果企业对职称和执业（职业）资格要求比较高，就会将其视为股权分配的标准，为有某个职称或者执业（职业）资格的员工分配更多股权。

◆考核成绩

从理论层面来讲，企业在分配股权时首先要考虑的就是业绩，但在实际操作过程中，企业经常将业绩作为行权或解锁的条件，很少根据业绩确定股权激励个量。因为很多企业没有进行业绩考核，或者业绩考核流于形式，考核结果不被大家认可，无法作为股权个量分配的参照。

◆特殊贡献

不同的企业需要考虑的特殊贡献不同，有的企业要考虑技术专利因素，有的要考虑特殊资源人才，有的要考虑与企业共患难的特别人员等。企业要根据自己的实际情况参照特殊贡献制定股权个量分配方案。

3.4.4　确定股权激励个量的方法

（1）价值评估法。企业要对岗位价值进行评估，根据评估结果确定股权个量分配权重。如果薪酬体系设计与股权激励同时进行，企业可以考虑使用岗位价值评估法。如果只进行股权激励，就不太适合采用岗位价值评估法。

（2）等差法、等比法、百分比递增法。这三种方法都要先确定岗位层级。等差法，各个层级之间的差距比较平均，喜欢平均分配的企业可以采用这种方法；等比法，各个层级之间的差距不一样，层级越高，差距越大，适用于大多数企业；百分比递增法，各个层级之间的差距不一样，层级越高，差距越大（与等比法相比，差距更大），喜欢拉大分配差距的企业可以使用这种方法。

（3）经验法。经验法虽然缺乏科学依据，但如果创始人对激励对象的情况比较了解，采用经验法反而可以提高股权个量分配的科学性，让各方满意。这种方法比较适用于小微企业，企业在考虑关键人才和特殊贡献因素时也可以采用这种方法。

企业在制定股权激励个量分配方案时，无论考虑什么因素，采用什么方法，都要与企业特点相契合，得到激励对象的普遍认可，保证方案可以顺利地落地实施。

3.4.5 【案例】授予股票数量要保持合理性

股权激励计划实施过程中，上市公司明确激励对象后，还要进一步确定授予股权的比例，授予太少则无法产生激励效果，授予太多则造成利益分配不公平，使股票流通受阻等。

业界在分析股权授予规模时，经常会提到海南海药股权激励案例。海南海药实施股权激励计划后，该公司发布的2007年年报中出现了3390.44万元的巨额亏损，引发了业界对股权激励制度的质疑。根据《企业会计准则第11号——股份支付》的相关规定，股权激励费用应当计入管理费用，这会让实施股权激励的上市公司承担较高的财务压力。海南海药股权激励会出现这种情况，和其授予股票规模相对较高存在一定关联，《上市公司股权激励管理办法》规定的股权激励授予股票规模最高为10%，而海南海药授予激励对象期权共计2000万份，在其总股本中占比达到了9.88%，已经逼近上限。

当然，海南海药并非个例，当时，报喜鸟、泛海建设、中化国际、金发科技、宝新能源等多家已经实施股权激励的上市公司也存在授予股权比例偏高的问题。

当授予股权比例偏高时，会产生计算相应权益工具的公允价值总额过高、股权激励成本过高问题，影响上市公司业绩表现，这是因为股份支付是以权益进行结算的，股权激励成本=授予日公允价值× 可行权数量最佳估计，一般情况下，授予份额越高，可行权数量最佳估计越高，股权激励成本就越高，而按照会计法，股权激励成本又要被纳入管理费用，从而导致上市公司财报中出现亏损，影响投资者对上市公司的信心。

股票授予规模的确定应该在满足法律法规要求的前提下，做到切合自身的实际情况，不能盲目跟风，原则上能够产生足够的长期激励效果即可，比如，2006年万科实施的股权激励方案股票授予规模仅占总股本的0.93%，但万科股本价值较高，即便不足1%也对激励对象产生了良好的长期激励作用。

此外，为了避免过度激励，防范国有资产流失，我国对国有控股上市公司激励对象的股权激励收入在其总薪酬中的占比也进行了严格限制，比如，在股权激励计划有效期内，国有控股境内上市公司激励对象预期中长期激励收入不得超过薪酬总额的30%，而国有控股境外上市公司激励对象的这一限制比例为40%。

3.4　确定股权激励价格

3.4.1　股权激励定价考虑的四个因素

企业对员工进行股权激励，股权价格直接决定着员工获得股权的成本，直接影响着员工持股后的收益以及员工参与股权激励计划的意愿。可见，为了保证股权激励计划顺利实行，企业要科学定价，既要保证公司股价的合理性，又要保证员工的接受度。企业在实施股权激励时，如何设定一个比较合理的价格？事实上，股权激励的定价主要考虑以下几个因素，如表3-5所示。

表 3–5　股权激励定价需考虑的四大因素

因素	具体内容
公司性质及发展阶段	企业处在不同的发展阶段，面临的经营风险不同，要采取不同的定价方式也不一样。如果是处在创业初期的公司实施股权激励，要按照注册资本或者初始投入进行股权定价；如果是处在发展阶段的公司实施股权激励，要按照公司的净资产进行股权定价；如果企业引入了投资机构，进行股权定价时要参考外部投资机构的意见
员工收入水平（出资能力）	员工是否愿意参与股权激励计划，在很大程度上并不完全取决于员工的出资能力。如果员工出资能力偏低，企业可以调整员工出资方式，例如，股东提供借款、分期付款等。在实践过程中，只有一小部分员工会因为资金困难拒绝参与股权激励计划，大部分员工只要看到企业未来广阔的发展前景，就会积极参与股权激励计划，以便将来获得更好的回报
员工入股后投资收益	从员工的角度看，股权价格只是影响其参与股权激励意愿的一方面，另一方面就是投资收益。如果收益较低，员工自然不愿意参与；如果收益过高，企业又会存在过度激励的问题，如何平衡两者之间的关系是一门学问。经研究发现，员工投资的最佳年收益率应该为20%~50%。从收益额来看，员工每年分红收益为3~12个月的月薪比较合理
如果公司处于拟上市阶段，需考虑股份支付的影响	对于处在拟上市阶段的公司来说，如果授予员工的股权价格比市场价格低，就需要做股份支付处理，不会对公司现金流造成影响，但会对公司上年的净利润造成影响。如果公司股份支付在报告期最后一年，会直接对公司报表利润造成影响，进而对公司上市及上市后的市值造成影响

3.4.2　确定股权激励标的价格的三种方法

激励标的价格是激励对象想要得到激励标的需要付出的资金，为了实现利益最大化，激励对象当然想要尽可能地降低该价格，但如果价格过低，可能会影响现有股东权益。所以，在确定股权激励标的价格时，要让激励对象和现有股东达成一致。

非上市公司没有股票价格进行参考，给确定激励标的价格造成了一定阻碍。目前，主流的非上市公司确定激励标的价格的方法包括以下三种，如表3–6所示。

表 3–6　非上市公司确定激励标的价格的三种方法

方法	计算方式
净资产评估定价法	在笔者提供的三种定价方法中，净资产评估定价法是最为简单的一种定价方法。使用该方法时，首先评估公司各项资产，得到各项资产的公允价值，以及公司总资产价值，其次计算出公司净资产（计算方式为总资产价值减去各项负债公允价值之和），最后用公司净资产除以总股数，便能得到公司每股价格，用该价格乘以激励标的股数即可得出激励标的价格

续表

方法	计算方式
模拟股票上市定价法	该方法又被称为市盈率定价法，是通过模拟上市公司上市定价方法，来对激励标的进行定价。使用该方法时，首先要计算公司总收益、统计公司总股数，其次用公司总收益除以总股数即可得到每股收益，再次用市盈率（参考同类上市公司上市时的市盈率）乘以每股收益得出每股价格，最后用每股价格乘以激励标的股数计算出激励标的价格
综合定价法	该方法综合考量公司有形资产和无形资产（或者销售收入、净利润、净资产），来计算出公司总价值，然后用公司总价值除以总股数得到每股价格，进而得到激励标的价格

3.4.3　股权激励定价需要注意的问题

（1）员工对公司股权的价值判断。在某些情况下，公司的控股股东对企业的未来发展前景、预期收益非常有信心，于是为了降低股权激励成本制定了较高的股权价格。对于这种定价方式，员工会认为股东没有诚意，不愿意购买股权及参与股权激励计划。

（2）不建议无偿赠予。公司可以以低价将股权售卖给员工，但不要无偿赠予，其原因主要有以下两点。

第一，公司无偿赠予员工股权，如果没有签署明确的协议，很容易留下隐患，引起法律纠纷。

第二，从心理层面看，人对于免费获得的事物往往不会珍惜，股权也是一样。在这种情况下，实施股权激励就失去了意义，无法发挥出应有的作用。

（3）同一批次股权激励价格应一致。同一批次的股权激励应该遵循同股同价的原则。如果企业以不同的价格向激励对象授予股权，很容易使激励对象对股权激励方案的公平性产生怀疑，导致部分员工不愿意参与股权激励。如果公司想要加大对高级别员工的股权激励力度，可以对高级别员工授予较多数量的股权，级别越高，授予股权的数量越多，同样可以达到激励效果。

（4）公司如无亏损，后续实施股权激励的价格要比前一批高。公司在发展过程中规模会不断壮大，净资产会不断增加，盈利能力会不断提升，公司估值也会不断提升。因此，为了体现对现有股东的公平，后续股权激励的价格要比前期股权激励的价格高，这种定价方式可以有效激发员工参与股权激励的积极性。

3.5 股权激励行权安排

作为一种长期的制度安排，股权激励需要划分为几个不同的阶段进行，合理设置时间点，既要让员工看到希望，通过努力就能获得激励，又要达到长期激励的效果。一般来说，股权激励涉及的时间点有很多，具体包括股权激励计划的有效期、授予日、等待期、行权期、行权窗口期、锁定期等。下面我们首先对有效期进行简单阐述。

3.5.1 股权激励计划的有效期

有效期指的是从股权激励计划经股东大会或者证监会批准生效开始，到最后一批激励股权行权或解锁完毕，股权激励计划终止的这段时间。股权激励计划有效期是自股权激励计划生效到最后一批激励标的股份行权或解锁完毕的时间。它需要和企业完成阶段性目标预估时间相一致，如果有效期比该时间短，难以对激励对象进行充分激励，反之，又会影响激励对象获得激励回报，也无法实现预期激励目标。具体来看，股权激励计划有效期的设置需要考虑以下因素，如表3–7所示。

表 3–7　股权激励计划有效期设置需考虑的三大因素

因素	具体内容
法律的强制性规定	对于上市公司的股权激励，法律规定股权激励的有效期不能短于1年，不能超过10年。对于非上市公司的股权激励，法律没有做出强制性规定，企业要根据自己的实际情况确定

续表

因素	具体内容
企业阶段性战略目标期限	企业要根据阶段性项目或者阶段性战略目标的期限确定股权激励计划的有效期。如果企业阶段性战略目标的完成期限是3年，那么股权激励计划的有效期最好设置为3~4年，以便企业准确判断激励对象的努力是否达到了战略目标的要求。如果股权激励的有效期比战略目标的完成期限短，企业就只能在阶段性战略目标完成之前进行股权激励。因为员工获得激励之后可能有所松懈，导致企业的阶段性战略目标无法顺利完成
激励对象的劳动合同有效期	企业要根据激励对象的劳动合同有效期设置激励计划的有效期，以免发生激励对象的劳动期满、股权激励仍未结束的情况

3.5.2　股权激励计划的授予日

授予日指的是激励对象获得股权激励权益的日期，其基础是股权激励的生效日。生效日指的是公司的股权激励计划经公司股东大会审议通过的日期，只不过上市公司的股权激励计划在提交股东大会审议之前，还要上报证监会备案，证监会无异议才能进入股东大会审议程序。

授予日指的是股权激励计划经股东大会审议生效后，由董事会制定的股权授予日期。在整个股权激励计划实施过程中，授予日是一个关键节点，因为等待期、行权期、锁定期等都要以授予日为基础进行计算。

激励对象被授予激励股权（包括股票期权、虚拟股票、限制性股票等）的日期，也就是股权激励计划正式实施的日期。在确定等待期、行权期、失效期等时点时，通常是根据授权日而不是生效日计算。

3.5.3　股权激励计划的等待期

股权激励对象获得股权激励标的之后，要等之前约定的条件都完成之后，才能获得激励股权或者激励标的的完整处置权，这段时间就是股权激励的等待期。

企业设立股权激励等待期的主要目的有两个：第一，留住员工，将激励对象与企业长期绑定在一起；第二，激励员工完成既定的业绩目标，获得激励标的的完整权益。企业在设置股权激励的等待期时，要考虑阶段性战略目标的完成时间，原则上这个时间不能少于1年。具体来看，股权激励计划的等待期的设置可以采用以下三种方式，如表3–8所示。

表3–8 股权激励计划的等待期设置的三种方式

等待期	设置方式
一次性等待期	激励对象在等待期满后一次性获得激励标的的所有权益，这个等待期就是一次性等待期。一次性等待期激励力度较大，尤其适合那些希望在一定时间内提高公司业绩的情况。例如，某公司规定，激励对象可以在股票期权授予日起3年后一次性获得所有股票，这3年就是一次性等待期
分批等待期	公司与激励对象约定分批行权，激励对象分批次获取激励标的的部分处置权益，这个等待期就是分批等待期。例如，某公司规定，激励对象完成约定条件后分四批获取激励标的，每次获取激励标的的25%，每次等待时间为1年。分批等待期可以将激励对象与企业长期绑定，而且可以防止激励对象做出短期获利行为，适用范围比较广
业绩等待期	业绩等待期指的是在股权激励计划有效期内，激励对象完成既定的业绩目标就可以获得激励标的的所有权益。业绩等待期的时间不是固定的，需要根据业绩目标的完成情况来确定。例如，使公司市场份额增加5%、提高10%的净利润等。如果激励对象能力强且全身心投入工作，可能在较短时间内就能达成业绩目标，比较适合那些急于摆脱发展困境的公司

3.5.4 股权激励计划的行权期与锁定期

◆股权激励计划的行权期

行权期指的是等待期满的次日到有效期满当日这段时间。从理论上讲，在行权期内，在满足行权条件的情况下，激励对象在每一个交易日都能行权，获得激励标的的处分权。行权期满后，公司会对未行权的激励标的进行处理，或作废注销，或回购。

进入行权期之后，激励对象可以在任何一个交易日行权，但为了避免上市公司的激励对象利用内幕消息操控股价，牟取私利，证监会设置了行权窗口期，激励对象只能在窗口期行权。对于非上市公司，证监会无法设置行权窗口期，但因为股权变更必须到工商管理机构办理相关手续，公司可以在行权期内以年为单位设置窗口期，要求激励对象在窗口期内统一行权，为办理股权变更备案提供方便。

现行法律没有对非上市公司的股权激励行权期进行限制，公司可以灵活选择。需要注意的是，非上市公司中的股权激励对象得到股权时，必须到公司所在地工商登记部门进行注册备案，如果不同激励对象在不同时间行权，就需要多次办理工商股权登记，流程烦琐、时间成本过高。所以，可以设置一段时间让不同激励对象集中行权。

◆股权激励计划的锁定期

锁定期指的是激励对象在行权后必须持有激励标的的一段时间内，不能对激励标的进行转让、处置，防止激励对象为了获取短期利益做出损害公司利益的行为。相关法律法规对上市公司股权激励的锁定期做出了明确规定，非上市公司可以根据具体情况自行设定。

3.5.5　股权激励计划的有效期和行权安排

有效期与行权安排是影响股权激励效果的两大重要因素，行权有效期是指自股权生效日到股权失效日的时长，通常而言，有效期越长，长期激励效果越好，股东更倾向于延长股权激励有效期，但激励对象也追求利益回报，有效期较长意味着不确定性较高，从而使激励效果大打折扣，当然，有效期也不能过短，否则很容易引发激励对象为了变现而做出损害企业长期利益的短期行为，也就是说，必须设置合理的有效期，才能产生良好的激励效果。我国法律对股权激励有效期进行了明确规定，规定股权激励有效期应该在3~10年。

在行权安排方面，上市公司对激励对象进行股权激励时，为了确保产生长期激励效果，会对激励对象一定时间内的股权交易行为进行限制，也就是设置行权期或解锁期，该段时间内，激励对象可以根据自身需求，在达成相应考核指标的前提下分批行权或交易股票完成变现。以伊利2006年12月底公布的股权激励方案为例，其股权激励方案有效期为生效期后的8年时间，生效期1年后为可行权日，满足考核标准的激励对象可以分期行权，首期行权不得超过所获期权的

25%，首期行权1年后，可以在期权有效期内自主行权。

对伊利的行权安排进行分析不难发现，其行权安排对长期激励是较为不利的，股权行权限制期时间较短（仅有1年的时间）。当然，伊利并非个例，很多国内上市公司的股权行权限制期为1~2年，当激励对象被授予期权后，上市公司便很难拿回其手中持有的股票，激励对象所受限制较小，可以利用二级市场来出售股票从而获得大量资金。伊利股权激励方案的激励对象第二年便可出售25%的被授予股权，第三年时便可全部出售，8年的有效期看似时间较长，但大部分激励对象可能早已将股权通过二级市场全部卖出，能够产生的激励效果是相当有限的。

所以，早期国内上市公司的股权激励是以福利性为主，而非激励性为主，为了有效解决这一问题，国务院国资委于2008年6月发布《关于规范国有控股上市公司实施股权激励有关问题的补充通知（征求意见稿）》，对股价偏高导致行权收益明显超出预期收益的激励对象行权收益进行限制，境内上市公司及境外H股激励对象行权收益在其总薪资中占比要在40%以内，而境外红筹股公司这一限制比例为50%。

以某位年薪120万元的国内上市公司总经理为例，按照40%的上限计算，该总经理股权激励收益最高为48万元。当股权激励收益超出48万元时，激励对象应该将超出收益上交公司，或者停止行使尚未行权的股票期权或股票增值权。

按照我国现行股份支付会计法律法规，如果上市公司股权激励行权安排不当，导致限制期较短，很容易让上市公司在股权激励初期背负较为沉重的资金压力，影响上市公司的业绩表现，如伊利公布其股权激励方案后，引发了大量投资者质疑，其股价明显下滑。同时，我国政府职能部门应该加强对上市公司行权安排的监管，引导上市公司的激励对象分批次行权，合理延长行权限制期，并将行权收益控制在收益上限以内。

3.6　确定激励股票来源

确定激励股票来源有两层含义：一是激励股票的来源，二是购买股票的资金来源。激励股票来源会对原股东的权益、控制权、公司现金流等产生直接影响，行权资金来源会对经理人能否行权产生直接影响，因此，这两个“来源”设计是否合理在很大程度上影响着股权激励计划的实施效果。

在2006年之前，激励股票来源是制约我国上市公司实施股权激励的一个关键问题。过去的《公司法》规定公司不能回购本公司的股票并库存，现在的《公司法》严禁公司在发行新股票的时候预留股份，导致上市公司想要实行股权激励却苦于没有股票来源。

2006年，我国出台了一系列法律法规，为激励股票来源问题提供了解决方案，其中证监会在《上市公司股权激励管理办法》中规定了三种解决标的股票来源的方法：第一，向激励对象发行股份（定向增发）；第二，回购本公司的股份；第三，法律、行政法规允许的其他方式。同时，《证券法》和《公司法》也做出了相应调整，允许上市公司回购股票用于对员工的股权激励，无须注销。

根据我国法律法规的相关规定，企业可以通过五种方式获取股票来源，分别是回购股票、定向增发、大股东转让、以他方名义回购、组合方式。下面依次进行分析。

3.6.1　回购股票

回购股票指的是公司需要多少股票用于股权激励，就直接从二级市场回购，将回购的股票放入库存股票账户，按照股权激励计划在未来某个时间段内将股票授予激励对象，这种方式常见于美国的上市公司。

在我国，虽然新的《公司法》允许企业回购股票用于股权激励，但有时间限制。新《公司法》规定，如果公司要“将股份奖励给本公司职工”，可以回购本公司的股份，但回购的股份不能超过公司已发行股份的5%，而且必须在1年内将回购的股份转让给员工。虽然这一规定导致企业无法灵活安排股权激励计划的等待期，但相较于之前来说已经有了很大进步，为公司通过回购股票解决股票来源问题提供了有效的法律依据。在这一条款的限制下，公司在确定股权激励的授予时间时，可以采取多次授予的方式，适当缩短股权激励计划的等待期，减少每次股权授予的数量。

3.6.2 定向增发

定向增发指的是公司向证监会申请一定数量的定向发行额度，以满足激励对象未来行权需要。定向增发可以不通过发审委的审批，由公司直接向证监会提交申请，获得批准之后召开股东大会进行审议，按照交易所的规定及时发布公告。

在实际操作过程中，为了满足企业未来发展的需要，一些上市公司采取一次审核分批发行，或者采取预留的方式。以七匹狼公司为例，根据七匹狼公司在2010年3月发布的股权激励方案，授予股票期权总数为370万股，在总股本中的占比为1.31%，其中预留给激励对象的有30万股，占比0.11%。对于上市公司来说，定向增发是解决激励股票来源问题的一个重要渠道，但在行权期间，公司必须不断办理注册资本变更登记。

根据我国工商登记制度规定，如果公司的总股本发生变动，要在资金到账后30天内向当地工商局申请注册资本变更登记并公告备案，工商局要根据会计师事务所出具的验资报告对公司的股本结构进行调整。因为激励对象人数众多，在特定的时间段内可以随时行权，所以只要有激励对象行权，公司每个月都要请会计师事务所出具验资报告，去工商局办理注册资本变更登记。

想要解决这一问题，公司可以采用以下两种方法。

方法一：规定行权时间，例如，在股权激励合同中规定激励对象只能在某两周内行权，但是这样一来就在一定程度上剥夺了激励对象自由行权的权利。

方法二：向当地的工商部门申请豁免30日内办理注册资本变更的义务，然后在股权激励合同中约定，如果激励对象行权导致公司股份发生变动，公司应当在当年工商年检期间向当地的工商部门申请办理注册资本变更登记。

3.6.3　大股东转让

大股东转让指的是持有较高股权比例的大股东，在不影响其对公司控制权的前提下，向激励对象转让一部分股权。这种方式虽然可以解决激励股票来源问题，但公司可能无法通过这种方式持续获得股票来源。美国上市公司的股票来源主要有两个，一是库存股份，二是回购股份，其实施主体都是上市公司。大股东转让的实施主体是大股东，对于激励对象来说，这种方式存在一定的风险。

以大股东转让作为激励股票来源，如果大股东破产或者因为财务问题将股票转让给他人，那么公司的股权激励计划就无法开展下去。而股权激励不是短时间内就能完成的，大多需要5~10年。在这么长的时间内，大股东因自身财务问题抛售股票的情况极有可能发生。为了规避这一风险，我国证监会在《股权激励有关事项备忘录2号》中做出了相关规定："股东不得直接向激励对象赠予（或转让）股份。股东拟提供股份的，应当先将股份赠予（或转让）上市公司，并视为上市公司以零价格（或特定价格）向这部分股东定向回购股份。然后，按照经证监会备案无异议的股权激励计划，由上市公司将股份授予激励对象。"

3.6.4　以他方名义回购

这里的"他方"指的是信托公司、股票经纪公司等第三方，以他方名义回购指的是公司委托信托公司、股票经纪公司等第三方从二级市场回购一定的股票用于股权激励。这种方式在2006年之前使用非常广泛，2006年之后，随着法律法规的调整，放开了对股票回购和定向增发的限制，一些公司开始通过这种方式对股权激励的操作进行规范，还有一些公司通过这种方式规避股权转让的时间限制，不用按照《公司法》的规定在一年内向激励对象转移股权。公司委托信托公司回购股票的操作步骤具体如下。

- 公司将股权激励计划交给经理人，并签署股权激励合同。
- 公司向信托机构支付一笔资金用于购买公司股票，这笔资金可以是公司的公益金、税后利润提成、预提资金。如果是用预提资金购买股票，要在财务年度结束后，根据当年的年度报告以及通过审计的财务报告确定公司是否达到了业绩标准，据此确定是否执行年度股权激励计划，明确激励基金的数额，决定是追加买入还是部分售出。
- 信托机构从转让方获得股票并持有。股票转让方可以是大股东转让、二级市场购买等。如果是上市公司，大多会选择从二级市场直接购买。
- 等待期满之后，激励对象可以从信托公司获得股票或者增值收入。
- 如果在股权激励计划有效期结束之后，激励对象没有达到行权标准或者没有行权，信托机构要将股票抛售，将资金返还公司。

相较于其他几种获得激励股票来源的方式，公司委托信托机构购买股票具有很多优点，具体如表3–9所示。

表3–9　公司委托信托机构购买股票的优点

优点	具体内容
制度成本低	委托信托机构购买股票，公司不用按照《公司法》的规定在一年内将股票转让给激励对象，而且不需要经过监管部门审批，只需要通过公司股东大会批准，上报证监会与证券交易所备案即可
具有可持续性和稳定性	只要上市公司不破产、不倒闭，具有稳定的盈利能力，委托信托机构通过二级市场购买股票，可以持续、稳定地获得所需数量的股票用于股权激励
能够保证激励对象行权自由	信托公司的股票账户可以将公司从各个渠道获取的股票保存起来，相当于一个股票仓储中心，可以随时为激励对象提供所需数量的股票，保证激励对象可以随时行权

虽然这种方式有很多优点，但执行起来并不完美，最大的缺点就是会增加股权激励的财务成本与激励成本。首先，公司要提前向信托机构支付一大笔资金，无论这笔资金的来源是什么，都会让公司承担较高的财务成本；其次，公司委托信托机构购买股权，需要支付较高的服务费与佣金，而且在交易过程中还要支付手续费、印花税等，也会在一定程度上增加股权激励的成本。

3.6.5 组合方式

在上述获得激励股票的各种方式中，无论单独使用哪种方式，都可能面临一些问题。对于公司来说，最理想的激励股票来源应该具有可行、经济、可持续的特点。可行指的是激励股票的来源符合现行法律法规的要求，容易执行；经济指的是企业需要付出的成本低；可持续指的是公司可以长期、稳定地获得所需股票，不会过多地受到外部因素的干扰。在实践过程中，公司最好采用两种或者两种以上获取激励股票的方式，具体操作步骤如表3-10所示。

表3-10 通过组合方式获取股票

步骤	具体内容
预留库存股	根据《公司法》的规定，企业不能留存库存股，但大股东可以。上市公司在第一次公开发行股票之前，大股东可以多认购一些股份，将其中的一部分用于将来的股权激励计划。例如，大股东认购45%的股份，将其中的10%用来对员工进行股权激励
定向增发	公司每次增发新股之前，大股东可以多认购一些股份用于股权激励
委托薪酬委员会管理	大股东委托薪酬委员会对用于股权激励的股票进行管理，并签署委托书
以他方名义回购	公司委托信托机构从二级市场购买股票用于股权激励
行权安排	信托机构将购买的股票直接转让给有行权需要的激励对象。如果是由大股东赠予或者转让的股票，大股东要先将股票赠予或转让给公司，然后再由公司将股票赠予或者转让给激励对象

这种组合方式保证了股权激励来源可行、经济、可持续，尤其是预留库存股与定向增发皆由大股东认购，直接降低了股权激励的财务成本，操作更加简单、便捷。

3.7 设定业绩考核指标

3.7.1 设定股权激励的考核标准

企业在制定股权激励方案时，对于激励对象的选择、股权分配比例的确定通常会感到比较棘手。如果企业拥有比较成熟、完善的绩效考核体系，就能够提高股权激励实施的效果。

◆绩效考核与股权激励的关系

企业希望通过实施股权激励达到如下效果。

（1）赋予员工企业股东的身份，调动其工作积极性，激发员工潜能。

（2）以股权激励代替传统的收益分配方式，发挥其激励作用，使员工能够长期保持奋斗精神。

（3）让员工在分享企业利润所得的同时，能够与企业共同承担风险。为了实现这一点，企业要制定与股权激励相对应的绩效考核标准，对企业整体的绩效结果及员工个人的绩效表现进行科学、合理的评估。

对于已经实施了绩效考核的企业，要体现出绩效考核在企业股权激励中的作用，依据绩效考核结果来确定股权激励的对象，促进股权激励制度体系的完善；对于还没有实施绩效考核的企业，可以根据股权激励的内容，选择绩效考核的维度及基本框架，用于评估员工的价值贡献。企业要促进绩效管理的落地，在具体实施过程中逐渐调整、优化绩效管理制度体系，充分发挥绩效考核的导向作用，为企业的股权激励及其他工作提供有效的参考。

◆股权激励的考核条件

（1）股权激励的准入门槛。包括上市公司与非上市公司在内，企业在选择激励对象时，往往都会以员工的绩效考核结果、岗位层级、工作时间为标准。只有绩效考核结果符合标准的员工，才有可能进入企业的股权激励范围。具体而言，企业可以对员工近几年或当年的绩效表现进行分析，选出其中表现优异者作为激励对象。

（2）行权或解除限售的触发条件。在实施股权激励时，如果企业分配的是股票期权，就会对激励对象的行权条件进行规定。在这种情况下，企业整体及员工个人的业绩完成情况是企业考虑的重点因素。如果企业分配的是限制性股票，也会以业绩完成情况为依据实施股权激励。

（3）增配股份的依据。出于持续调动员工积极性的目的，企业会以员工的业绩考评结果为主要参考依据，给贡献突出者增配股份。

（4）减持股份或注销资格的依据。如果员工的绩效考核结果不理想，企业可能选择减持股份或者不再将其列入股权激励的范围，对员工的收益所得进行调整。

（5）动态调整。实施股权激励的企业可能对具体的激励方式进行转换，以实际股份替代之前的虚拟股份或限制性股票，根据激励对象的业绩达成情况确定股票分配数量，或者为业绩良好者增配股份。

3.7.2 设定股权激励的业绩条件

◆股权激励的业绩条件设置

股权激励的业绩条件包括以下三点，如表3–11所示。

表 3–11 股权激励的业绩条件

业绩条件	具体内容
指标类型	要采用不同类型的指标，对激励对象的总体表现进行综合评估，在类型划分上，除定性与定量指标之外，财务指标与非财务指标也是一种有效的分类方式
组织绩效	以组织架构为依据，组织绩效包括公司绩效、各部门绩效、团队绩效
个人绩效	通常情况下，企业会从业绩表现、工作能力与工作态度方面对员工进行综合评定，不同的企业考核的重点不同

业绩表现：考核重点是员工在工作岗位上取得的成果，具体如任务完成进

度、完成质量、呈现出来的结果等。

能力考核：在承担所在岗位工作的前提下，员工在执行任务的过程中表现出来的创新能力、规划能力、决策能力等。

工作态度：员工的能力与态度会对最终的业绩效果产生直接的影响。

◆绩效考核如何不流于形式

（1）考核模式与公司特点相适应。根据企业本身的特征，采用适合自己的绩效考核模式，具体特征包括企业所属领域、当前发展时期、战略方向等。

（2）关键绩效指标和权重设置。根据企业的总体发展目标来选择关键绩效指标，设置不同指标的权重，体现出企业的考核重点以及对员工的不同要求。

（3）重视绩效反馈、辅导和提升。绩效反馈不应该局限在向员工说明绩效问题上。企业要保证员工明确绩效目标，通过持续性的绩效反馈促使他们在工作中不断取得进步，实现绩效能力的提升，进而促进企业的整体发展。

（4）建立绩效管理体系而非只进行简单的绩效考核。为了提高绩效管理的效果，企业应该建立完善的管理体系，分别制定企业与员工的发展目标，并保证所有员工都认同企业的整体发展方向，进而选择恰当的绩效管理方式。这种管理除了能够提升员工个人的绩效能力之外，还能将企业绩效与员工绩效结合起来，使企业的发展进入新的阶段。

在企业的绩效管理体系中，绩效评价仅为其中的组成部分，除此之外，企业还要制定绩效方案，进行绩效辅导，实施绩效考核，并将考核结果应用到股权激励中，这些都是绩效管理的重要环节。通过建立良好的闭环体系，企业的绩效管理能够逐步走向完善，提高绩效管理的效益。

（5）绩效管理要调动全员参与。企业的绩效管理并不应只停留在形式上，其作用也并不仅仅局限于公司的薪酬分配上。要想充分体现绩效管理的价值，就要将其纳入企业文化中，为此，在制定绩效目标时，要综合考虑人力资源管理人员、企业管理者及员工的意见，并据此进行目标调整与优化，解决绩效管理体系中存在的问题，促进员工提高工作能力，使全体成员为了实现企业的总体发展目标而不懈努力。

3.7.3　设定股权激励的考核指标

绩效考核指标是确定激励对象是否满足行权条件的核心要素，是股东为了确保股权激励方案达到甚至超过预期效果而对激励对象行权设置的限制条件，因此，建立完善的股权激励绩效考核指标体系也是非常重要的。

上市公司实施股权激励时，要向有关部门上交股权激励报告，报告中需要说明上市公司绩效考核评价制度及发展战略和实施计划。

原则上，上市公司实施股权激励后，股权激励业绩考核指标不能低于历史水平；行权限制期内，归属上市公司股东年度净利润及扣除非经常性损益的年度净利润，都应该高于股权授予日前近3个会计年度平均水平，且利润不能为负值。然而很多国内上市公司的股权激励计划中业绩考核指标相对较低，使股权激励方案的长期激励效果难以得到充分发挥。比如：

伊利2006年底股权激励计划的业绩考核指标要求为：激励对象首期行权时，伊利股份净利润增长率必须达到17%及以上，同时，上一年度主营业务收入增长率要达到20%及以上；首期后激励对象行权时，以2005年为基准，伊利上一年度主营业务收入复合增长率要达到15%及以上，而当时的伊利处于快速发展期，这些目标是很容易达成的，事实上，2004年与2005年，伊利年度净利润增长率都接近20%，和上一年度相比，主营业务收入复合增长率则接近40%。

但伊利将净利润增长率和主营业务增长率仅设为17%和20%，复合增长率仅设为15%，使激励对象的行权门槛大幅度降低，高管在行权期间可以通过抛售股票获得大量收益，所以，这种低门槛的业绩考核指标，与其说是股权激励，倒不如说是为上市公司高管谋“福利”。

此外，仅设置净利润、主营业务收入、复合增长率这种财务性指标，很容易对激励对象形成不计手段提高业绩表现的心理暗示，导致其过度关注企业短期业绩表现，而做出损害公司长期利益的行为。所以，增加“考核期公司平均市值水平可以达到同期市场综合指数或成份股指数的市值指标”“公司业绩指标达到同行平均水平行业比较指标”等条款是很有必要的。

具体而言，在设置股权激励计划业绩考核指标时，尤其应该重视以下几种指标类型，如表3–12所示。

表3–12　股权激励业绩考核指标

指标类型	具体内容
综合性指标	体现公司价值创造与股东回报的综合性指标，比如每股收益、经济增加值、净资产收益率等
成长性指标	体现公司市场价值、盈利能力的成长性指标，比如公司总市值增长率、净利润增长率、主营业务收入增长率等
企业收益指标	体现企业收益质量的指标，如现金营运指数、主营业务利润在总利润中占比等

毋庸置疑，长期以来，我国政府在完善股权激励法律法规方面投入了大量资源，结合市场环境变化与企业发展实际需要，对相关条款进行不断优化和完善，这将为股权激励在国内企业大规模应用并真正发挥长期激励作用，产生十分积极的影响。

监管部门要积极行动起来，加大监管力度，严格按照相关法律法规对企业的股权激励计划进行审核、监督，引导企业设置科学合理的行权门槛，让激励对象受到激励的同时，也能够推动上市公司业绩的持续稳定增长。

对于广大国内上市公司而言，应该深刻认识到股权激励的激励本质，遵守法律法规，对国内外企业股权案例进行总结借鉴，确定合适的激励对象、股票授予规模，确保股票价格能够真正体现市场价值，不能为了牟取私利而利用法律漏洞，行权业绩考核指标要可实现并具备一定挑战性，充分激发激励对象的工作热情。

建立成熟完善的股权激励机制，需要政府、企业及行业协会、投资者多方携手努力，要在对企业实际发展情况及未来发展规划进行深入分析的基础上设置个性化的股权激励方案，不能盲目复制套用；否则，不但无法达到预期激励效果，甚至会给企业造成不可挽回的重大损失。

3.7.4　股权激励计划实施考核

【范本】股权激励计划实施考核管理办法

为保证公司股权激励计划的顺利进行，进一步完善公司法人治理结构，形成良好均衡的价值分配体系，激励公司董事、高级管理人员和核心骨干人员诚信勤勉地展开工作，实现公司发展战略和经营目标，根据国家有关规定和公司实际，制定本办法。

一、考核目的

进一步完善公司法人治理结构，建立和完善公司激励约束机制，保证股权激励计划的顺利实施，并在最大限度上发挥股权激励的作用，进而确保公司发展战略和经营目标的实现。

二、考核原则

考核评价必须坚持公正、公开、公平的原则，严格按照本办法和考核对象的业绩进行评价，以实现股权激励计划与股权激励对象如工作业绩、贡献紧密结合，从而提高管理绩效，实现公司全体股东利益最大化。

三、考核范围

本办法适用于股权激励计划所确定的所有股权激励对象，但不限于公司董事、高级管理人员及董事会认定的对公司整体业绩和持续发展有直接影响的其他骨干人员，具体考核名单见下表。

姓名	职务
合计人数	共_____人

四、考核机构

公司董事会负责领导和组织考核工作，并负责对公司董事、高级管理人员以及其他核心人员进行考核。

五、绩效考核评价指标及标准

（一）公司层面业绩考核

业绩指标的选取与考核分数、财务业绩考核的指标包括：净资产收益率、净利润增长率、营业收入增长率。

本计划授予的股票期权，在行权的几个会计年度中，分年度进行绩效考核并行权，以达到绩效考核目标作为激励对象的行权条件。各年度绩效考核目标如下表所示。

行权期	业绩考核目标
第一个行权期	等待期内（A年度、A+1年度）归属于拟上市公司股东的净利润及归属于拟上市公司股东的扣除非经常性损益的净利润均不得低于授权日前最近三个会计年度平均水平且不得为负。A年净资产收益率不低于____%，以A年年度净利润为基数，公司A+1年年度净利润较A年复合增长率不低于____%，以A年年度营业收入为基数，A+1年营业收入复合增长率不低于____%
第二个行权期	A+2年净资产收益率不低于____%，以A+1年年度净利润为基数，公司A+2年年度净利润较A+1年复合增长率不低于____%，以A+1年年度营业收入为基数，A+2年营业收入复合增长率不低于____%
第三个行权期	A+5年净资产收益率不低于____%，以A+2年年度净利润为基数，公司A+5年年度净利润较A+2年复合增长率不低于____%，以A+2年年度营业收入为基数，A+5年营业收入复合增长率不低于____%

若公司发生再次融资行为，则融资当年以扣除融资数量后的净资产为计算依据。

净利润指归属于母公司所有者的扣除非经常性损益的净利润；净利润收益率指扣除非经常性损益后加权平均净资产收益率。由本次股权激励产生的期权成本将在管理费用中列支。

若行权上一年度考核不合格，激励对象当年度股票期权可行权额度不可行权，做作废处理。

（二）个人层面业绩考核

根据公司制定的考核办法，目前对个人绩效考核结果共有S、A、B、C、D五档。

若激励对象上一年度考核结果为S、A、B 档，则上一年度激励对象个人绩效考核为合格；若激励对象上一年度个人绩效考核为C、D 档，则上一年度激励对象个人绩效考核为不合格。

激励对象只有在上一年度绩效考核合格，才能全额获授档期激励股权。否则，按以下办法处理。

授予年度或等待期年度考核不合格，则取消激励对象获授资格；行权期考核不合格，则取消当期行权额度，期权份额由公司回购。

六、考核期间与次数

1. 考核期间：激励对象获授或行使股票期权、获授或解锁限制性股票的前一会计年度。

2. 考核次数：股票期权激励期间计划每年一次。

七、行权

1. 董事会根据绩效考核报告，确定被激励对象的行权资格及行权数量。

2. 将绩效考核结果作为股票期权行权或回购的依据。

八、考核程序

公司人力资源部在董事会的指导下负责具体的考核工作，保存考核结果，并在此基础上形成绩效考核报告上交董事会。

九、考核结果的反馈及应用

1. 被考核者有权了解自己的考核结果，董事会应当在考核结束五个工作日内向被考核者通知考核结果。

2. 如被考核者对考核结果有异议，可以在五个工作日内向董事会提出申诉，董事会可根据实际情况对考核结果进行复核，根据复核结果对考核结果进行修正。

3. 绩效考核结果作为股票期权行权或回购的依据。

十、考核结果归档

1. 考核结束后，董事会办公室须保留绩效考核所有考核记录。

2. 为保证绩效激励的有效性，绩效记录不允许涂改，若需要重新修改或重新记录，须当事人签字。

3. 绩效考核结果作为保密资料归档保存，该计划结束三年后由董事会办公室负责统一销毁。

十一、附则

本办法由董事会负责制定、解释及修改，自董事会审议通过之日起开始实施。

______股份有限公司
年　　月　　日

第4章　MBO的操作流程与规范

4.1　MBO的概念与运作原理

4.1.1　MBO的“前世今生”

管理层收购（Management Buy-Outs，MBO）指的是公司管理层通过收购本公司的股权，导致公司的所有权、控制权、剩余索取权、资产等发生变动，公司的所有制结构发生改变，最终使公司经营者变成公司所有者，让经营权与所有权实现统一的一种行为。

一般来说，这里的管理层指的是公司中层以上的管理者，例如，部门经理、公司总经理等在公司工作多年，对公司情况非常了解，掌握着公司的核心技术以及重要的信息资源，在公司发展过程中做出过突出贡献。

◆ MBO的起源与发展

目前，人们普遍认为管理层收购是英国经济学家迈克·莱特提出的。1980年，迈克·莱特在研究公司分立与剥离时发现，被分立或剥离的企业有很大一部分出售给公司管理层。后来，专门为这类收购提供融资的工商金融公司将这种行为称为管理层收购。

最早的管理层收购发生在美国。1976年，美国KKR公司准备收购罗克韦尔公司旗下的一个齿轮部件制造厂。为了完成收购，KKR公司向这家齿轮部件制造厂的管理层承诺，收购完成后会给予其一定比例的股权。最终，在公司管理层的配合下，KKR公司顺利地完成了收购，也兑现了承诺，向公司管理层授予公司20%的股权。5年后，KKR公司将这家齿轮部件制造厂出售，出售价格是收购价格的22倍，不仅KKR公司获得了巨额收益，原公司管理层也获得了巨额的回报。

此后，管理层收购开始在美国、英国、日本等国家流行，并逐渐向欧洲大陆及其他国家蔓延。20世纪90年代初，管理层收购在俄罗斯、东欧等国家流行，成为这些国家公司并购最常用的一种手段。

◆ MBO的特点

作为企业收购的一种方式，管理层收购与传统的企业收购存在一定的区别，主要表现在管理层收购的主体是企业管理层。具体来看，管理层收购的特点主要表现在以下三个方面，如表4–1所示。

表4–1　管理层收购的三大特点

特点	具体表现
收购主体特定	管理层收购的主体是目标企业的管理层，或者是管理层为了完成收购成立的法人组织或其他组织
收购资金来源于外部投资	管理层收购属于杠杆收购，需要通过外部融资来完成。虽然外部融资让管理层只需付出极少的个人资本就能完成企业收购，但是使管理层面临比较沉重的债务负担，对管理层的资本运作能力提出了较高的要求。收购完成后，管理层必须改进公司的经营状况，在规定期限内偿还债权人的本金和利息，以降低融资借贷风险
收购完成后，企业的控制权转移到管理层手中	一般来讲，收购完成后，目标企业的原股东要退出企业，发起收购的管理层掌握企业的控制权与所有权，实现企业经营权与所有权的统一

4.1.2　MBO模式的运作原理

通过研究分析管理层收购案例可以发现，一般来说，管理层收购的目标公司经营业绩比较差，盈利较少，或者持续亏损，现有股东出售所持股份的意愿比较强烈，但导致经营业绩差的主要原因不是产品与市场，而是公司管理与战略决策存在问题，并且管理层有能力解决这一问题，帮助公司“起死回生”，实现更好的发展。

这种逻辑看似合理，但又存在一些矛盾点。公司经营管理出现问题难道不是公司管理层的责任吗？为什么管理层完成收购，获得公司的控制权之后就能解决经营管理方面存在的问题了？其实，公司经营管理问题并不是管理层直接导致的，而是深受决策者的影响。如果决策者决策失误或者对管理层的驾驭能力不足，就会导致管理层无法充分发挥自己的能力与价值，进而导致经营失败。

管理层完成企业收购，掌握企业的控制权，让经营权与控制权相统一，就可以很好地解决这一问题。虽然管理层收购需要外部融资，但股权投资基金作为投资人，不会长期持有公司股权，更不会介入公司管理，给管理层释放价值与能力提供了广阔的空间。

◆ MBO的方式

根据国内资本市场的理论，管理层收购的目标公司与公司上市前重组关系紧密。在上海、深圳上市的企业大多采用母子公司结构，即母公司将主营业务剥离出来成立子公司完成上市，母公司对子公司绝对控股或者相对控股。因此，我国的管理层收购并不仅仅局限于上市公司，还可以面向母公司、子公司甚至母公司剥离出来的非核心资产。目前，管理层收购呈现出多元化发展趋势，理论界探讨的“反多元化”只是剥离非核心业务的一种方式而已，并没有得到广泛的应用。

◆ MBO的主体

虽然从原则上看，自然人可以作为管理层收购的主体，但是因为个人的资金能力有限，企业管理层很难凭借一己之力完成整个收购过程。因此，为了规避风险，保证收购能够顺利完成，管理层通常会寻找第三方作为收购主体，缓解外部融资给自己带来的债务压力，同时降低外界对自己的关注度。具体来看，管理层寻找第三方有以下四种途径：第一，创建职工持股会；第二，成立一家公司或者控制一家公司作为壳公司；第三，委托信托机构进行收购；第四，引入战略投资者共同完成收购。

◆ MBO的定价

在管理层收购的过程中，收购标的定价问题属于核心问题，涉及许多利益主体。如果收购定价过低，就会损害其他股东的利益；如果收购定价过高，就会加大管理层收购的风险，打击管理层收购的积极性。因此，为了保证管理层收购顺利推进，合理的定价是关键。

从目前我国管理层收购的实践来看，管理层收购价格一般会根据公司每股净资产的价格来确定，因为最初的管理层收购主要应用于国有企业改制。自2005年股权分置改革后，交易市场全面开放，呈现出全流通态势，国有股、法人股市场开始活跃，管理层收购便将能够实时反映资产价值的交易价格作为定价依据。

4.1.3 我国MBO的演变与发展

我国管理层收购是在国企产权改革的大背景下发展起来的，所以与西方发达国家的管理层收购有很大的不同。从1995年开始，国有企业相继加入改制大潮，通过管理层收购或职工持股将企业转给管理层或职工成为国有企业改制最常用的方式。正是在这一阶段，管理层收购开始在我国得到应用并发展。但由于该阶段我国金融市场尚不完善，相关的法律制度也不健全，管理层收购深受行政性政策的影响，导致管理层收购在发展过程中出现了很多问题，质疑声不绝于耳。

因此，在那个阶段，“管理层收购”在我国是一个比较敏感的词汇，企业一般不会直接使用这种方式，而是通过职工持股会间接操作。我国企业对管理层收购的初级探索发生在1997年，上市公司大众科创的管理层通过职工持股会间接地获得了公司的控制权。2001年3月，宇通客车直接实施管理层收购，成为我国第一家实施管理层收购的国有企业。2002年12月，我国出台并实施《上市公司收购管理办法》，首次对上市公司的管理层收购与员工持股问题做出明确规定。此后，管理层收购开始在国内A股上市的公司中流行。

2004年2月1日，《企业国有产权转让管理暂行办法》等规范措施出台，国有企业产权转让程序得以完善，让管理层收购变得更加规范。2004年8月，香港中文大学教授郎咸平在名为《在“国退民进”盛筵中狂欢的格林柯尔》的演讲中，指控前格林柯尔集团创始人、原科龙电器董事局主席顾雏军用管理层收购等七种方式侵吞国家财产，引发了著名的“郎顾之争”，直接改变了国企改革的走向。随着顾雏军入狱，这场争端落下帷幕，国资委明确表态，国有企业实施管理层收购违背了所有权与经营权分离的原则，背离了国有企业建立现代企业制度、推进股份制改革的主流方向，明令禁止国有企业实施管理层收购，但允许中小企业根据《关于规范国有企业改制工作意见》等文件的要求探索管理层收购。因此，2004年，我国铜峰电子、美罗药业等15 家上市公司完成了管理层收购。

2005年4月11日，国资委发布文件再次强调“大型国有及国有控股企业及所属从事该大型企业主营业务的重要全资或控股企业的国有产权和上市公司的国有股权不得向管理层转让”。半年后，新修订的《公司法》以及《国务院办公厅转发国务院国有资产监督管理委员会关于进一步规范国有企业改制工作的实施意见》放宽了对国有企业管理层持股的限制，允许国有企业的管理层持股，但对持股数量有严格管控，明确规定管理层持股总数不能达到控股数量或者相对控股数量。

此后许多年，我国的管理层收购都处在沉寂阶段，但仍有很多公司在努力探索。因为我国资本市场的融资工具短缺，而且缺乏政策引导，所以各企业在探索管理层收购的过程中将重点放在了收购主体、协议定价、运作过程等方面，出现了很多典型的案例，包括2009年发生的新浪管理层收购、2010年搜房网通过上市再融资完成的管理层收购等。

4.1.4 【案例】宇通客车MBO实施流程

宇通客车的前身是郑州客车厂，1993年改制为一家股份制公司，1997年在证券交易所上市，是国内客车行业第一家上市公司。宇通客车控股股东为郑州市国资局，根据河南省人民政府1999年9月28日印发的《省人民政府关于将宇通客车股份国家股股权划转宇通集团经营管理的批复》，宇通客车的大股东由市国资局变更为宇通集团。

◆宇通客车MBO时间和期限

宇通客车的MBO始自2001年，完成于2004年，可以分为两个阶段。第一阶段是在2001年3月至2003年10月，宇通客车向中央政府申请MBO批文，但是财政部迟迟不予核准。第二阶段是2003年12月至2004年12月，由于中央政府限制国有企业MBO的管制政策更加明确，于是在2003年底宇通客车管理层加速了收购的实质工作，并于2004年12月彻底完成收购。

◆宇通客车MBO实施过程

（1）设立收购平台。2001年3月，由23个自然人出资成立宇通创业投资（以下简称“宇通”），其中21人系上市公司宇通客车的高层管理人员，法人代表汤玉祥同时也是上市公司的原总经理（现为董事长）。

（2）协议收购。2001年6月21日公告，第一大股东宇通集团的所有者市国有资产管理局协议将所持有的宇通集团2110.3万股（占总股份的15.44%）转让给宇通，双方签订股权转让协议及股权委托管理协议，宇通代为持有宇通集团所持公司股份。协议转让价格为7元/股，高于每股净资产6.35元，另10.2%的股权转让给建业投资管理。本次股权转让的受让资金均由受让方自筹。

2004年宇通编制的《收购报告书摘要》显示：

2001年6月15日，宇通与市国资局签署股权转让协议及股权委托管理协议，并约定由宇通受让市国资局持有的宇通集团89.8%股权并呈报财政部审批，呈报期间宇通代为持有目标股权。2001年8月6日和8日，宇通向市国资局支付了约定的全部股权转让款。

2003年12月3日，因财政局既没有向宇通合法转让约定股权，也没有返还已收取的股权转让款，宇通以申请支付令方式向市二七区人民法院提起诉讼，要求财政局返还股权转让款并赔偿利息。支付令生效后，财政局未履行支付令确定的义务。20日，市二七区人民法院裁定冻结了财政局持有宇通集团的100%股权并委托拍卖总行公开拍卖。

鉴于宇通集团的股权并非上市公司直接股权，2003年12月21日，郑州拍卖总行在《郑州日报》刊登了拍卖公告。按照公告日期，郑州拍卖总行于2003年12月29日对财政局所持宇通集团100%股权进行了公开拍卖。该股权拍卖保留价为经中企华资产评估中企华评报字〔2003〕208号《资产评估报告》确定的评估值15976.42万元。为符合《公司法》关于有限责任公司要有两名以上股东的要求，宇通联合宇通发展参加竞拍。通过竞价，宇通以14850万元的价格拍得宇通集团90%的股权，宇通发展以1650万元的价格拍得宇通集团10%的股权。根据市二七区人民法院据此做出的司法裁定，宇通集团于2003年12月30日在市工商行政管理局办理了工商变更登记手续，宇通集团的股权结构变更为宇通持有90%的股权，宇通发展持有10%的股权，宇通集团的企业类型合法变更为私营有限责任公司。

由此，宇通客车管理层收购彻底完成。

（3）融资方式。公司董事会公告披露股份转让时称，受让所需资金由受让者自行筹集。但从后续公司公告内容来看，宇通客车在2000年、2001年、2003年和2004年均出现高管分红派息。而自2001年6月，宇通因实质性托管享有宇通客车利润分享权以来，从宇通客车共获得现金股利6169.665万元，占全部股款的37.39%，按此分红速度，用不了几年，现金股利足以偿还全部收购资金。可见派现是此次管理层收购资金的重要来源。

4.2 MBO方案的设计与实施

4.2.1 MBO的三种操作模式

为了解决内部激励问题，降低企业所有者与经营者之间的委托代理成本，很多企业开始探索实施管理层收购。根据被收购公司的资产结构、公司原股东的转让意愿以及管理层的收购意愿，管理层收购的操作模式可以分为以下三种，如表4–2所示。

表 4–2 管理层收购的三种操作模式

操作模式	适用范围
收购资产	收购资产指的是管理层收购目标公司的所有资产或者大部分资产，获得目标公司的所有权与控制权。当目标公司是上市公司、大集团旗下的子公司，或分支机构、公营部门或公司时，经常采用这种管理权收购模式
收购股票	收购股票指的是管理层直接从被收购公司的股东手中购买控股权益或全部股票。如果目标公司的股东数量较少，或者目标公司就是一个子公司，管理层可以直接和被收购公司的大股东谈判，商谈收购事宜，整个过程比较简单。如果被收购公司是一家公开发行股票的上市公司，收购股票的过程就比较复杂，被收购公司的管理层要通过债务融资收购公司所有发行股票。通过二级市场购买被收购公司的股票非常简单，但根据有关证券法规信息披露原则，如果购买股票的数量达到一定的比例，收购者要履行告知义务，向被收购公司的股东发出公开收购邀约。在这种情况下，很容易发生哄抬股价的行为，导致收购成本在短时间内大幅提升
综合证券收购	综合证券收购指的是管理层向被收购公司发出收购邀约后，通过现金、股票、公司债券、认股权证、可转换债券等不同组合进行出价，完成收购。这种管理层收购模式是按照出资方式进行分类的，如果管理层采用综合证券收购，可以在一定程度上减少现金支付，防止新组建的公司出现财务危机，还可以防止公司的控制权转移。鉴于这些优势，近年来，采用综合证券收购的企业越来越多。另外，收购公司还可以通过发行不享有表决权的优先股来支付收购价款，优先权虽然可以带给持股人更多股权收益，但是不会影响公司的控制权

4.2.2 MBO的四大融资途径

管理层收购涉及的资金数额比较大，仅凭管理层无力支付，需要通过外部融资筹集资金。国外的管理层收购已经进入成熟阶段，形成了三种主要的融资方式，分别是债务融资、股权融资和混合型融资。我国管理层收购正处于探索阶段，尚未成熟，目前主要有两种通用的融资方式，分别是自筹资金和股权抵押贷款。具体来看，我国管理层收购的融资途径大致有以下四种，如图4-1所示。

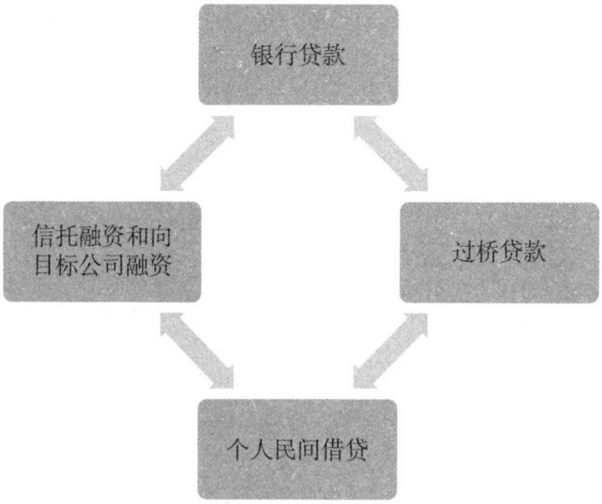

图 4-1　我国管理层收购的四大融资途径

◆银行贷款

商业银行的信用贷款业务不面向个人，管理层想要获得商业银行的贷款必须提供担保。从实践来看，管理层获得银行贷款的方式主要有两种：一种是将自己持有的目标企业的股权质押给银行，以获得银行提供的商业贷款；另一种是先寻找一家金融中介机构为其提供过桥贷款，再将所持有的目标企业的股权质押给银行，以获得贷款。但股权收购属于权益性投资，不在《贷款通则》允许的范围内，因此，在现实生活中，虽然银行贷款被普遍视为管理层收购的一种融资方式，但其合法性并没有得到明确。

◆过桥贷款

过桥贷款是在管理层与目标企业达成收购意向后，管理层凭借自身资信向投资银行或管理层收购基金申请获得所需资金的一种融资方式。在金融市场相对成熟的西方国家，管理层收购早已开始使用过桥贷款。但在我国，因为只有极少数金融中介机构能够为管理层提供融资，而且融资工具比较单一，所以过桥贷款是一种不太常用的融资方式。

◆个人民间借贷

因为银行贷款的门槛比较高，为了更快地完成融资，有些管理层会选择凭借个人信用进行民间借贷，即便民间借贷的成本要比银行贷款高很多。但根据最高人民法院《关于人民法院审理借贷案件的若干意见》的相关规定，如果民间借贷的利率超过银行同类贷款利率4 倍，则不予保护。另外，如果民间借贷的数额较多，还有可能触犯《刑法》，相关机构与个人可能构成非法集资罪或者非法吸收存款罪。因此，目前在我国向个人民间借贷这种融资方式存在较大的风险，而且不受法律保护。

◆信托融资和向目标公司融资

在管理层收购融资中，信托融资是最常用的一种方式。但在实践过程中，如果是发生在国有企业中的管理层收购，管理层可能低价收购企业股份，导致国有资产流失。针对这种情况，2005年国资委和财政部联合颁布《企业国有产权向管理层转让暂行规定》，明确规定“管理层不得通过信托或委托等方式间接受让企业国有产权”，同时明确禁止管理层向目标公司融资，以保护国有资产免受非法侵占。

4.2.3 MBO 成功的四个条件

管理层收购有一定的适用条件。企业在发起管理层收购之前要先对自身的行业属性、历史沿革、发展现状、市场发展前景等进行综合考虑，明确管理层收购的可行性，判断管理层收购在实施过程中是否会遇到阻碍，完成收购后企业能否正常运作等。一般来讲，管理层收购想要成功，必须满足以下四个条件，如图4–2所示。

图 4–2　管理层收购成功需满足的四大条件

◆**竞争性行业**

在我国，管理层收购其实是企业民营化的过程。因此，能源、电信、交通等与国计民生息息相关的能源型行业及垄断性行业不适合发起管理层收购。一旦这些行业被少数人掌控，就极有可能发生动摇国家根本、侵害人民利益的情况。相对而言，管理层收购更适用于竞争性行业。而实现经营者与所有者相统一这些行业可以得到很多好处，例如，代理成本下降、市场反应速度与决策速度加快、企业的竞争力大幅提升等。

◆**大股东支持**

管理层收购目标企业的股权，必须得到大股东的支持，因为出让股份的主要是企业的大股东。尤其是在收购国有企业股份时，大股东的支持显得更加关键。如果大股东反对，会直接增加收购成本，使收购过程无法顺利推进，甚至会导致收购无法完成。即便完成收购，也可能导致企业后期运作不顺畅。

◆**管理层对企业发展做出贡献**

管理层收购一旦发起，就说明管理层与股权出让方已经达成了一致协议，基本不会出现管理层与第三方竞价的情况。这种协议达成的基础就是管理层在企业工作多年，为企业发展做出了巨大贡献。很多企业在发展过程中会出现“企业领袖”，形成“核心决策层”，当企业决定将股权转让给员工时，会优先考虑将“企业领袖”“核心决策层”作为股权的受让方，而且会基于他们对企业发展做出的贡献制定一个更优惠的转让价格，以保证企业在完成收购后可以继续稳定运营。

◆经营现金流稳定

作为一种杠杆收购，发起管理层收购之后，管理层需要通过外部融资筹措资金，完成收购后，管理层要在很长时间内承担较大的还本付息压力。在这种情况下，管理层或者被收购的企业必须拥有其他经济资源，拥有稳定的经营现金流，以保证能够按时还本付息。这里所说的经营现金流指的是被收购企业主营业务产生的现金流。被收购企业拥有稳定的经营现金流，可以很好地规避无法按时偿还融资借贷的风险。

除此之外，企业在对管理层收购的可行性进行评估时，要对企业未来几年的资金支出压力、财务杠杆的运作空间、管理效率提升的可能性等进行综合考虑，据此制定管理层收购方案，对各个收购环节进行细化，以保证管理层收购顺利进行。

4.2.4 MBO 面临的七大风险

管理层收购是一种风险较高的资本运作方式，面临着很多风险。正因如此，在实践过程中，管理层收购的成功案例极少，很多管理层收购都以失败告终。具体来看，管理层收购风险主要表现在以下七个方面，如图4–3所示。

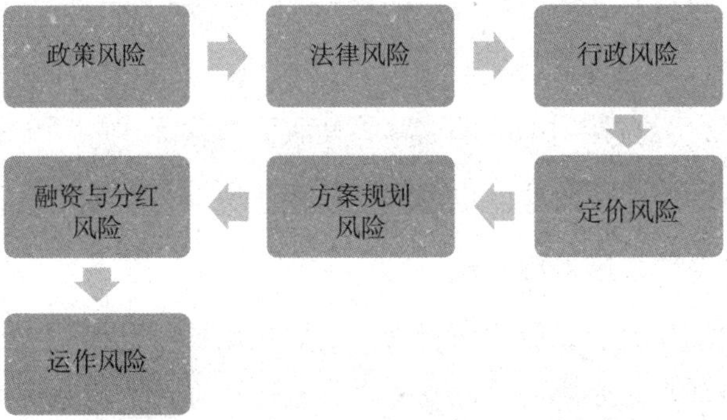

图 4–3　管理层收购面临的七大风险

◆政策风险

我国的管理层收购肩负着特殊的任务——企业产权改革，涉及很多敏感问题。目前，我国发起管理层收购的大多是国有企业，而国有企业的股权不能随意变更，必须经过财政部审批，并且在收购过程中还要严防国有资产流失，但国有资产是否流失、流失多少很难界定，这些问题导致我国的管理层收购很难推进。因为政策审批难以通过，我国的管理层收购无法正常进行，很多企业只能暗中推进。

◆法律风险

目前，我国还没有围绕管理层收购制定明确的法律法规，现有的《国有企业财产监督管理条例》《企业国有资产管理产权登记管理办法》《国有资产评估管理办法》等法律法规只对国有资产及集体资产转让的相关事宜做出了明确规定。因此，未来，我国针对管理层收购出台明确的法律法规可能给管理层收购带来一定的法律风险。

另外，由于法律法规不明确、不健全，管理层收购主体的合法性受到了一定的质疑。目前，管理层收购主体多为发起收购的管理层注册成立的新公司，资金获取也是管理层以新公司作为抵押向银行贷款，而且新公司的资金主要来源于银行贷款。根据《公司法》的规定，这类壳公司的对外投资总额不能超过公司净资产的50%，但在实际发生的管理层收购案例中，有些壳公司并没有遵守这一规定，对外投资总额远超公司净资产的50%。

除成立壳公司之外，还有些管理层收购通过职工持股会进行。但根据相关法律法规的规定，职工持股会作为社会团体法人不能从事投资活动，所以这种管理层收购模式也面临较大的法律风险。

◆行政风险

管理层收购涉及很多行政问题，例如，收购主体的确定、人员安排等。在各项行政事务中，人员安排是最复杂、烦琐的一项工作，给管理层收购带来了一定的挑战。另外，国有企业的股权结构比较特殊，管理层收购往往需要通过协议转让非流通股，而非流通股的转让必须经过行政审批，审批不通过，管理层收购就无法进行。

◆定价风险

管理层收购会引发公司股权结构变动，涉及管理层以及被收购企业大中小股东的利益，如果操作不当可能导致企业中小股东的利益受损。在定价过程中，若获取的信息不全面，可能导致定价不合理。定价过高，管理层无力承担，可能导致收购失败；定价过低，可能导致国家利益或者集体利益受损。在这个过程中，管理层可能采取很多方式获取大量利益，最常用的方式就是先将公司做亏，让公司净资产缩水，然后压低收购价格。

◆方案规划风险

管理层收购是一项系统工程，涉及方方面面，其成败直接影响企业未来的发展。因此，为了保证管理层收购顺利推进，相关团队要考虑很多的细节问题，规划一套科学严谨的收购方案。如果收购方案存在问题，极有可能导致收购失败。

◆融资与分红风险

企业收购需要大量资金，管理层收购也是如此。因为需要外部融资，所以完成收购后管理层要面临巨大的资金压力，又因为缺乏股权转让渠道，所以只能通过分红来解决这一问题。在这种情况下，管理层有可能提高分红比例，加大分红力度，减少公司现金流量，给企业后续经营与发展埋下隐患。

◆运作风险

管理层收购完成后，管理层掌控了企业大部分股权，成为企业命脉的掌控者。如果缺乏有效的监管，作为大股东的管理层可能利用非法手段侵害中小股东的利益，从而让自己的利益实现最大化。另外，管理层在收购企业时通过新设立的公司融资，导致新公司的负债率极高，给母公司造成较大的财务压力。在这种情况下，为了缓解母公司的财务压力，管理层可能通过交联交易转移企业收益，为企业未来的发展埋下隐患。

4.2.5 【案例】美罗药业MBO 操作流程

美罗集团是美罗药业的控股股东，其前身为全民所有制企业大连市医药公司，成立于1948年9月，是新中国成立后最早设立的国营医药商业企业。BMO前，美罗集团为大连市政府全资所有企业。

美罗药业MBO 发起于2004年1月控股股东美罗集团改制，至2004年末管理层改组完成后，本次MBO 结束。

根据公司2004年1月12日公告，2004年1月8日，为进一步深化产权制度改革，大连市人民政府决定对美罗集团进行改制，同意将美罗集团100%国有股权分别转让给以下受让方：

（1）将美罗集团40%的股权转让给西域投资。

（2）将美罗集团37%的股权转让给凯基投资。

（3）将美罗集团15%的股权转让给海洋药业。

（4）将美罗集团8%的股权转让给哈药集团股份。

2004年1月7日，大连市财政局、经贸委代表市人民政府与以上四家受让方签署了《股权转让协议》，股权转让总金额为人民币5767.25万元，各受让方按照受让比例承担相应的股权转让款。

2004年7月10日，国资委和商务部已批准上述股权转让。

在新的《公司章程》中，美罗集团不设股东大会，董事会是最高权力机构，决定公司的一切重大事宜。而新公司的董事长正是原美罗集团董事长、“美罗药业”董事长兼总经理成海；在新公司10个股东中，有4 人来自美罗集团。据了解，受让方之一凯基投资公司12 位股东中有11 位自然人股东是来自“美罗药业”的高层人士，他们在上市公司10 人的董事会中占有9 席。“西域投资”的主业是金融，包括为购并提供财务咨询和融资服务。该公司有可能在管理层收购中扮演融资者的角色，由其担当大股东，既可以避免管理层收购直接走向透明，又可增强控制其融资风险的能力。“海洋药业”不仅注册时间、地点均与“凯基投资”有着惊人的相似，而且两者持有美罗集团的股权之和超过了“西域投资”，可轻易达到联合控股的目的。

特点：从集团入手，降低收购成本。按照国有资产管理规定，上市公司国有股转让在不低于净资产的基础上根据盈利能力和市场表现合理定价。而实践中能获国资委审批通过的上市公司国有股转让都在净资产值基础上存在不同程度的溢价，平均溢价幅度超过了30%，相较于直接对上市公司股权进行收购，间接收购控股股东美罗集团的代价更小，如收购方直接收购“美罗药业”上市公司股权，其代价至少要超过4亿元，而四家受让方仅以5767.25万元的代价便完成对美罗集团股权的收购，同时也获得“美罗药业”7290万股国有法人股的控制权。

第5章　ESOP的操作流程与规范

5.1　知识经济时代的ESOP

5.1.1　知识经济时代的智力资本

在经济发展过程中，智力资本是非常重要的资源，必须参与收益分配。关于智力资本参与企业收益分配的方式，ESOP提供了一个有效的解决方案，因为ESOP就是一种让员工按照要素贡献参与利润分配的激励制度，具有长期性。

关于“智力资本”的概念，各派学者提出了不同的见解，其中人们比较认同的是美国学者安尼·布鲁金（Annie Brooking）给出的定义，即“智力资本指的是一种可以规范化、被掌握、落到实地以产生更高价值的资本”。具体来看，智力资本涵盖了四个层面的内容：

- 作为一种智力资源，智力资本可以规范，可以产生更高价值；
- 从企业的角度来看，智力资本=企业账面价值－市场价值；
- 智力资本带给企业更多价值增值；
- 智力资本的价格具有很大的不确定性。

◆知识经济与智力资本

历史经验证明，相较于其他资本来说，智力资本比较稀缺，且存量越多，资本价值越大，就越能得以充分发挥，越能对经济发展起到推动作用，使企业竞争力得到更大的提升。通过创新，智力资本可有效推动知识经济的发展。具体来看，智力资本对经济发展的推动作用主要表现在以下几个方面。

（1）在知识经济时代，智力资本是非常重要的资源。进入知识经济时代以来，传统产业的时空分布被彻底打破，产业结构实现了持续升级。

（2）随着时代不断发展，为满足经济发展需求，智力资本必须不断扩张，其扩张速度越快，知识经济的发展速度就越快。

（3）知识经济要求提升智力资本管理的有效性。现阶段，为了做好智力资本管理，欧美等发达国家的企业专门设置了“知识主管”“智力资本主管”等职务，以在最短的时间内获取更多有价值的知识。

（4）智力资本可以实现无限扩张，如此一来，在智力资本开发基础上形成的知识经济就具备了可持续发展特征。

◆智力资本的度量模式

目前，智力资本度量主要是人力资本的度量。因为智力资本的价值与非货币价值有着比较紧密的联系，所以要想对智力资本进行有效度量，企业不能仅使用货币衡量法，还要使用综合性量化衡量法。

现如今，在智力资本价值的货币化度量方面，企业使用的是比较传统的市场法、收入法、成本法，这些方法各有优点与缺点。

在经济学领域，市场法是一种比较基本的测量方法，与经济学的价值观相契合，缺点在于无法对比；收入法使用量化的成本与收入流对智力资本的价值进行测量，是仅次于市场法的一种测量方法，缺点是外行人无法使用这种方法；成本法的缺点是在测量的过程中忽略了市场价值，无法对间接支出的分配进行解释。

由于智力资本具有长期收益性、无形性、增值性且不可直接继承等特点，所以智力资本参与企业剩余价值分配不能使用单一的度量方法、分配方法，要创建一种长效激励机制，让企业经营者与所有者的利益实现统一，尽可能地提升企业价值，不再单纯地关注企业的短期利益。在ESOP的作用下，企业与员工之间就形成了这种长期激励关系。

5.1.2　ESOP的概念与起源

根据美国员工持股协会的定义，员工向所服务的企业进行投资，从中获得收益，或者说通过持有公司股票而获益的方式即为ESOP，也就是企业实施的股权激励计划。从根本上来说，ESOP 是企业实施的一种内部机制，在这种制度下，企业员工在遵循相关法律规定的基础上，获得公司分配的企业股份。从企业的角度来分析，企业为管理层人员提供的股票期权、随意股或其他形式的股票，以及为广大员工提供的股票购买权，都属于ESOP的范畴。

◆ ESOP的概念

ESOP 是企业面向内部人员实施的一种长期绩效奖励计划，员工可获得其所在公司的股票和期权，从中获得长远收益并受到激励。作为一种员工收益机制，在这种制度模式下，企业员工能够成为雇主企业的股票持有者。

从根本上来说，ESOP 指的是：企业内部人员出资认购本公司的部分股权，将这部分股票的运作管理工作以委托方式交给以员工持股会为代表的法人机构，这个机构可作为股东参与董事会，拥有企业的经营权，同时可以凭手中掌握的股份份额获得公司的利润分成，在这种激励机制下，员工不仅是企业的劳动者，还成了企业的所有者，能够更加积极地投入到自己的工作中。

ESOP可以看作股份期权激励的延伸，是以生产要素参与企业利润分配为基础，通过持续发展形成的分配模式，分配依据是员工对企业所做的贡献。ESOP是一种新型的产权形式，指的是企业员工认购企业股份，将股份交由某法人机构托管运营，该法人机构代表持股员工进入董事会，参与到企业日常经营管理中来，享受企业利润。

与其他的激励方式相同，员工持股计划也是欧美等发达国家为了给知识员工一定的福利，使其享受税收优惠，从而刺激其努力工作，提高生产率，创造出来的一种激励方式。实践证明，ESOP 是一种比股票期权更有效的激励措施。在我国，受计划经济思维模式的影响，企业的员工激励机制比较落后。随着改革开放不断深化，企业必须对员工激励的方式、方法进行有效探索。目前，在知识型企业中，企业对员工的智力资本激励主要是通过授予拥有智力资本产权的员工一定的股份制期权实现的。

◆ ESOP的起源与发展

ESOP的诞生要追溯到1958年，提出者为美国律师路易斯·凯尔萨，自此之后，许多国外企业都实施了ESOP，并取得了显著的成效。如今，国内企业也引进了ESOP。20世纪末21世纪初，以金陵股份、天津泰达为代表的国内上市企业都实施了股权激励，不仅如此，国内知名科技企业四通集团、联想集团也积极实施股权激励，带动了其他企业也纷纷加入其中。

为促进上市公司建立、健全股权激励机制，中国证监会于2006年1月出台《上市公司股权激励管理办法（试行）》，2006年9月，国务院国有资产监督管理委员会和财政部印发《国有控股上市公司（境内）实施股权激励试行办法》，在政府部门的引导及政策性支持下，以万科、中兴为代表的国内企业都推行了ESOP，引发了业内人士的广泛关注。

5.1.3 ESOP的三种模式

◆员工持股会模式

员工持股会模式在实际操作过程中可细分为两种：一种是由地方主管部门主导，对员工持股会进行监管，在这种模式下，员工持股会需要到民政部门登记，以社团法人的身份参与到企业发展过程中；另一种是把员工持股会当成企业的构成部分之一，员工持股会要接受企业工会的监管，不具备社团法人的身份，如果在运营过程中涉及法人处理的事务，则交由工会解决。

由于国内相关法律机制并不完善，员工持股会模式在实施过程中可能遇到阻力，而要解决制度性障碍，就要加快建设并完善我国的法律及政策体系。

◆**公司法人模式**

公司法人模式，是指企业ESOP的实施对象建立新的公司或进行公司收购，并经由该公司获得原公司的股份。但根据《公司法》的要求，除非投资公司或控股公司得到国务院的支持，否则公司在对其他公司进行投资时，投资规模需控制在自身净资产的半数以下。《公司法》还规定投资公司注册资金需超过1000万元，这些规定都限制了公司法人模式的实践。1000万元给员工持股主体设置了一个比较高的门槛，只能用总资产中的50%进行投资更是向企业提出了挑战。除此之外，企业还要承担公司所得税与个人所得税。

◆**自然人账户模式**

在参与企业ESOP的过程中，使用自然人账户不符合相关部门的规定，而且会在运营过程中出现问题，加大ESOP实施的难度。另外，这种模式对于持股人如何行使投票权和其他管理权缺乏系统性的管理，会导致ESOP的实施失去意义。

与发达国家实践的ESOP相比，这三种模式在股票获得、购买资金、持股人的权利行使等方面存在不足，企业采用这三种模式实施的ESOP往往缺乏规范性，容易在实施过程中出现问题。

5.1.4 ESOP的实施流程

通过实施ESOP，企业能够有效调动管理者及技术人才的积极性与主动性，促使他们为企业做出更大的贡献，提高企业可持续发展。在意识到ESOP的重要性之后，很多企业都将其应用到自身经营过程中，致力于对原有组织结构进行调整，提高自身的人才竞争实力。

◆ESOP的主要特征

ESOP具有以下四大特征，如表5-1所示。

表5-1　ESOP的四大特征

序号	特征
1	只有本企业的员工才能认购企业股份，成为持股人
2	员工认购的企业股份不能交易、转让、继承
3	员工持股可以通过现金认购、奖励红股、使用员工持股专项贷款资金贷款认购、企业将累积的公益金转换为员工股份交给员工四种方式实现
4	ESOP参与人通过二次利润分配分享企业利润，也就是以工会或者职工代表大会法人的名义分配企业利润，或者员工持股法人机构以员工持股数量为依据分配二次利润

◆ESOP的实施流程

一般来看，企业实施ESOP要按照以下流程进行，如表5-2所示。

表5-2　ESOP的实施流程

流程	具体操作
Step 1	确定参与ESOP的股份数额与价格
Step 2	以工资为主，通过对工作岗位、工作业绩的综合考虑对员工分配股份
Step 3	托管员工股份的法人机构可以是企业内部组织，也可以是公开组织
Step 4	获得员工委托的法人机构要代表员工参与公司管理，形成“公司利润—法人机构—持股员工”的二次利润分配模式
Step 5	在达到一定的时间和条件后，员工可以将自己持有的股份出售给公司

◆ESOP的优势

推行ESOP对企业未来发展有着不可估量的优势，具体体现在以下三个方面。

（1）员工持股制度创新了企业的治理机构，对员工起到了一定的激励和约束作用。通过推行员工持股制度，企业的利益机制得到了有效调整，改变了利益分配方式，放弃了平均分配，开始推行按劳分配与按资分配相结合的利益分配制度。通过这种方式，企业与员工形成了利益共同体，在很大程度上降低了员工的流失率，让员工队伍更加稳定。

（2）通过推行员工持股制度，知识员工成为持股人，开始参与企业剩余利润的分配，其主人翁地位得以强化，归属感、责任感、凝聚力得以有效提升。当企业放弃传统的经营模式，开始推行员工持股制度的时候，领导层、管理层也好，普通员工也罢，工作热情、工作的积极性都能得到大幅提升。

（3）推行ESOP，创建职工持股大会，可使公司法人治理结构的制衡作用得到有效提升，让企业治理结构从“单一治理”转变为“共同治理”。

5.1.5　ESOP的注意事项

身处知识经济时代中的企业，要提高对人力资本的重视程度。人力资本能够对企业的发展产生深刻的影响，是所有企业管理者都不应忽视的重要资产力量。如今，很多企业都面临人才短缺的问题，其中专业技术人才及优秀管理者的短缺问题最为严重，而这两类人才掌握的专业知识与丰富的工作经验能够对企业发展起到重要的推动作用。所以，企业要采取有效的措施来激励员工，与其他众多员工激励方式相比，ESOP在长期激励方面更为有效。

调研结果显示，在美国，推行股权激励的企业能够有效提高员工留存率，通过调动员工的积极性，使企业的利润率比其他未实施股权激励的企业高出50%，同时将员工的薪资水平提高25%~60%。

美国大部分企业都实施了股权激励制度。这种制度模式能够将企业的所有者与经营者联结成一体，找到管理层人员、专业技术人才的个人利益与企业利益之间的结合点，促进企业股东与经营者之间的交流沟通，减少企业优秀管理者及核心技术人才的流失，促使经营者从更加长远的角度看待企业的发展，解决企业经营过程中出现的问题，既能降低企业的激励成本，又能推进企业可持续发展。

然而，企业在推行ESOP的过程中，需要注意以下几个问题。

（1）创建与企业内部员工持股有关的规章制度，使ESOP得以有效完善，这些规章制度对ESOP在美国的成功推行产生了强有力的推动作用。

（2）企业在对内部职工股进行划分时最好量化到具体的员工身上，以员工的工龄、职务、岗位、对企业的贡献等因素为依据确定量化标准，并采取一定方法将股份在一定时期内转移给员工。在我国，企业产权归属不清问题由来已久，并且引发了一系列问题，比如，员工退休之后股份如何划分、如何量化等，要解决这些问题，企业还需做很多的工作。

（3）推行企业内部员工持股制度的方法一定要灵活。为了更好地推行员工持股制度，美国为推行该制度的企业提供贷款扶持。当然，因为国情不同、社会制度存在差异，我们不能奉行“拿来主义”，照搬美国的做法，但可以学习借鉴美国推行员工持股制度的思路，丰富持股手段与方法。

（4）企业要对内部职工股的权利范围予以限制。比如，企业可以制定以下规则：内部职工股享有利润分配权和重大事项投票权，但不能转让自己的股份，以免员工随意转让股份导致股票市场发生混乱。

（5）企业要根据自己的实际情况确定内部员工持股制度改革的重点与难点，确定内部员工持股制度的适用范围。欧美等国家企业的实践经历告诉我们，小企业更适合实施员工持股制度。因为小企业的员工数量比较少，企业经营状况在很大程度上取决于员工个人的努力程度，通过推行员工持股制度，员工工作的积极性、主动性得以大幅提升。

5.1.6 企业员工持股方案

【范本】企业员工持股方案实施办法

第一章　总则

第一条　内部员工持股制度是指由企业内部员工认购本企业的股份，委托员工持股委员会作为托管运作机构，按股份享受红利分配的新型股权形式。

第二条 推行内部员工持股制度，目的在于通过员工持股，使员工同企业形成财产关系，与企业结成利益共同体，增强员工对企业的认同感和对企业资产的关切度；调动员工关心企业长远发展的积极性，提高员工对企业经营管理的参与度；加强员工对企业运营的监督，从而形成一种新的资本运作机制。同时，推行内部员工持股制度，还有利于充分体现员工在企业利润形成过程中的能动性与创造性，建立起科学、合理的企业分配制度。

第三条 本方案采取预留股份设计，用于供新增员工购买和奖励公司有突出贡献的员工，以保证内部员工持股制度的连续性，充分发挥内部员工持股制度的激励作用。

第二章 员工持股总额和来源

第四条 本公司在实施股份有限公司改制的股权设置中，初期设计25%的股份作为内部员工持股股份总额。另外24%作为预留股份，用于奖励公司优秀员工、供符合持股资格的公司新增员工认购以及原持股员工增加持股额的认购。员工持股股份按照公司实行员工持股时的净资产价值计算，在公司实行员工持股时，请第三方审计公司对公司资产进行清查并进行公示。

第五条 员工持股的认购及公司回购依照公司每股账面净资产值进行计算。

第三章 持股资金的来源

第六条 首批持股员工按规定程序和标准出资认购公司股份，至于所需资金，依照个人自愿出资和多渠道集资相结合的原则，对认购股份的员工，采取以下措施：

1. 员工个人最低出资额度占出资总额的20%以上；

2. 剩余的80%由公司划出专项资金，借给员工，利率按同期贷款较低利率计算，借款本息在每年分红或工资中直接扣除。

第七条 公司每年提取上年度5%左右可分配利润作为奖励红股资金。

第四章　管理机构及职责

第八条　内部员工持股由员工持股管理委员会（以下简称“管委会”）作为托管运作机构这是专门从事公司员工持股管理运作的日常工作机构。

第九条　公司管委会工作人员设置本着精干、高效的原则，由3~7 人的单数组成。成员须为持股员工，并应具有企业管理经验操作能力。

第十条　管委会负责人由所占股份数额最多的人员担任，其余组成人员的选举、罢免均由持股员工民主产生，管委会对持股员工负责。

第十一条　管委会组成人员受全体持股员工委托，作为股东代表依照法定程序进入公司董事会，并充分代表持股员工利益，反映持股员工的意见和要求，参与公司重大经营决策和行使相应的表决权，以保障企业资本的安全增值和持股员工依法获得收益。

第十二条　管委会的重大事宜必须召集持股员工代表大会讨论决定，运作内容定期向持股员工报告，并接受持股员工的质询和监督。

第十三条　管委会设立内部员工持股股份管理手册，详细、清楚、准确地登记内部员工持股、分红及股权变化等情况。

第十四条　管委会负责对公司重大决策和重要信息及时向持股员工予以通报，并在公司完成年度审计报告30天内，将经确认的公司财务状况、经营成果、资产情况向持股员工公布，将分红方案在经管委会批准后30天内向持股员工公布。

第五章　员工持股资格

第十五条　内部员工持股股份只限于以下人员购买和持有：

1. 在公司任职3年以上的员工；

2. B 层级以上的员工；

3. 在公司中表现优异，有突出贡献的员工；

4. 董事会认可的员工。

第十六条　凡不符合上述条款的公司员工，一律不得持有本公司内部员工股份。

第十七条　员工持股资格的认定时间为每年年中和年底。

第六章　员工个人持股额度确定

第十八条　内部员工个人持股数额的分配按照员工所负责任、个人能力、贡献大小，本着效率优先、兼顾公平的原则，采取“打分制”量化并经董事会予以确定。

第十九条　内部员工持股认购在每年持股资格认定以后进行。

第二十条　内部员工持股的认股程序如下：

1. 管委会发出员工持股认购通知；

2. 员工向管委会索取员工持股申请及认购表；

3. 持股资格审查——员工持股资格由管委会进行初审，并经董事会复审后予以确认；

4. 持股员工到管委会确认持股额并缴款，办理个人贷款手续，签订认购协议；

5. 管委会统一设立员工个人持股股本账户，发放员工持股股权证书。

第七章　股份分红

第二十一条　员工持股股份的分红，依据公司的经营效益原则上每年分配一次至两次，具体分配方案由管委会按规定程序决定。

第二十二条　管委会作为托管运作机构，依法按股享受公司利润分配，再按员工个人持股数额进行二次分配。

第八章　准备金来源及用法

第二十三条　管委会每年提取一定比例的预留股份红利作为准备金。

第二十四条　准备金用于维持预留股份的运作，包括回购离职员工股份。

第九章　股份的回购及再分配

第二十五条　公司员工因职务调整，其持股额度按调职后的职务打分（仅限于聘任职务变动），根据本方案第十八条进行打分，其中：

1. 员工升职后，根据增加分数算出其增加股份，认购方法同新增员工，按第二十二条进行；

2. 员工降职后，根据减少分数算出其减少股份，由管委会回购，回购方法按本方案第二十八条进行。

第二十六条　股份的回购办法：

内部员工持有的股份，在持有人脱离本公司（包括退休、自动离职、被解聘、被开除等）或死亡等情况下，不再参与内部员工持股，其已持有的股份由管委会回购。

第二十七条　股份的回购程序：

1. 员工个人或法定继承人填写回购申请单；

2. 经理室向管委会提供该员工的工作交接清单；

3. 管委会按工作交接日（或实际离开公司当天）所在月份上一个月公司账面每股净资产值，回购其个人出资部分；

第二十八条　新增员工认股按本方案程序，以公司每股账面净资产值认购股份，其出资办法和借款本息偿还办法按本方案第十二条执行。

第十章　风险与责任

第二十九条　持股员工与公司利益同享，风险共担。员工个人用所持股本作为借款抵押，承担借款风险。

第三十条　持股员工以其所持股本为限对公司承担有限责任。

第三十一条　本ESOP实施方案之未尽事宜由管委会进行补充、完善，修订时亦同。

5.2　ESOP方案设计与操作

5.2.1　ESOP存在的问题

近年来，中国的国有企业正积极进行改革创新。在新的市场经济时代下，实施股权激励机制不仅能够提高企业对市场环境的适应能力，还能加速国有企业对现有股权结构进行调整优化。

现如今，企业对股权激励的概念已不再陌生，不少企业正在深入实践股权激励制度。《上市公司股权激励管理办法》于2016年8月开始实施，为国内企业实施股权激励提供了支持，自此，上市公司实施股权激励的数量逐年增多，与此同时，国有股的占比呈下降趋势。ESOP的实施能够为公司的发展注入更多活力，使企业达到更高的业绩目标。实践结果表明，股权激励确实能够发挥重要的推动作用。

根据数据统计结果，与全部上市公司相比，推行股权激励的上市公司，无论是在净资产收益还是在每股净收益方面都遥遥领先。股权激励模式包括经营者/员工持股、管理层/员工收购、业绩股票、期权股票等，现阶段下，大部分企业不具备全面推行股票期权的实力和基础，在这种情况下，可以采用管理层/员工收购股权激励模式，通过实施ESOP调动内部人员的积极性，进而推动企业长远发展。

目前，我国企业在实施ESOP的过程中存在诸多问题，具体体现在以下四个方面，如图5-1所示。

◆法规不完善及员工持股的无计划性

虽然国内不少企业都在积极探索股权激励模式，包括北京、天津、上海等地还制定并实施了员工持股条例，但国内至今尚未出台行业性的ESOP，无法为企业长期推行员工持股提供有效的参考。2018年修订的《公司法》对企业实施

ESOP 进行了规定，但内容不够具体。相关法律还划定了员工持股额度的上限，要求企业在法律规定范围内实施股权激励，这些限制会挫伤员工的积极性，不利于企业的发展。

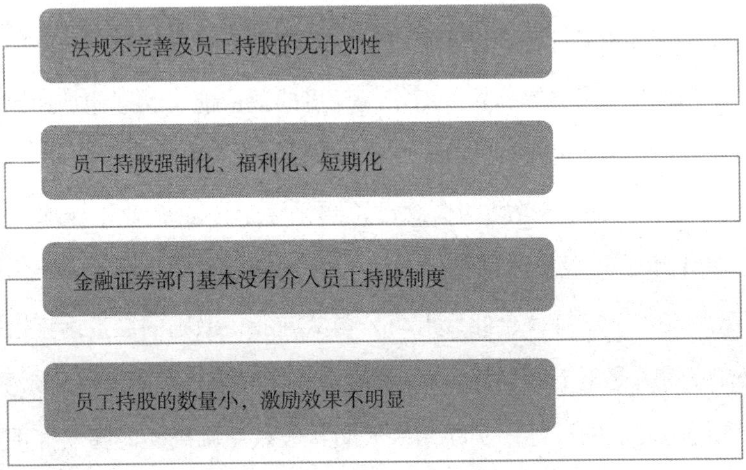

图 5–1　我国企业实施 ESOP 面临的四大问题

◆员工持股强制化、福利化、短期化

在实施ESOP 时，企业应该让员工自愿参与投资，但现实情况是，部分企业为了筹集资金，要求员工必须入股，否则就会影响其奖金分配，有些企业甚至会将不入股的员工辞退。中国社会调查事务所（SSIC）曾对640 家企业的员工持股推行方式展开调查，调查结果显示，实施员工自愿入股的企业仅占到总体的37.3%。这说明员工持股强制化是国内企业普遍存在的问题。

企业实施股权激励是为了提升组织整体的业绩能力，但在现阶段下，部分国内企业以无偿方式为员工配置企业股份，或者将企业股份视为企业给员工提供的福利。除此之外，法律允许企业员工在交易期将自己手中掌握的公司股份抛售出去，从股票交易中获利。这些方式使企业无法通过实施ESOP 来调动员工的积极性，也无法增强全体成员的团结性，只能在有限的时间范围内发挥股权激励的作用。

◆金融证券部门基本没有介入员工持股制度

西方发达国家的企业在实施ESOP时，通常会有员工持股信托基金的介入。与之不同的是，国内企业的员工持股，基本上是由企业自己成立员工持股部门，在持股员工中选出股东代表，缺少外部金融证券部门的参与，员工需要承担很高的风险。

◆员工持股的数量小，激励效果不明显

如果核心技术人员与管理者的持股数量小，则无法发挥员工持股的激励作用，也无法对持股员工的行为进行约束。根据国外的相关调查，员工持股所占比例越高，ESOP的作用就越明显。所以，企业要适当提高员工持股所占的比例。

5.2.2　员工持股的股票来源问题

企业首先要具备股票来源，然后才能在此基础上实施ESOP。从全球市场来看，企业用于实施股权激励的股票主要来源于两种渠道：一种是企业增发的股票，另一种是经由留存账户回购的股票。但是我国企业采用的是注册资本制，企业在创建时的注册资本，也就是其股本总额，并不存在“股票蓄水池”，企业本身也没有库存股票。

另外，权威商业报纸《21世纪经济报道》的数据统计结果显示，国内上市企业5%的流通市值接近2000亿元，如果上市公司能够对5%的股份进行回购，就能够改变这些资产的传统分配方式。如果不受制度方面的限制，企业将拥有更多的发展机遇。但从法律层面来分析，国内上市企业在预留股份方面无法为其实施ESOP提供足够的支持。

国内不少企业都有在未上市时发行职工股的经历，但对于已经成功上市的企业，证券管理部门禁止其发行职工股，并对其进行股份回购实施严格的监管，给上市企业实施内部ESOP带来了阻力。

国内企业在遵守相关法律及政策规定的基础上，可以通过以下五种方式获得用于实施ESOP的股票，如图5-2所示。

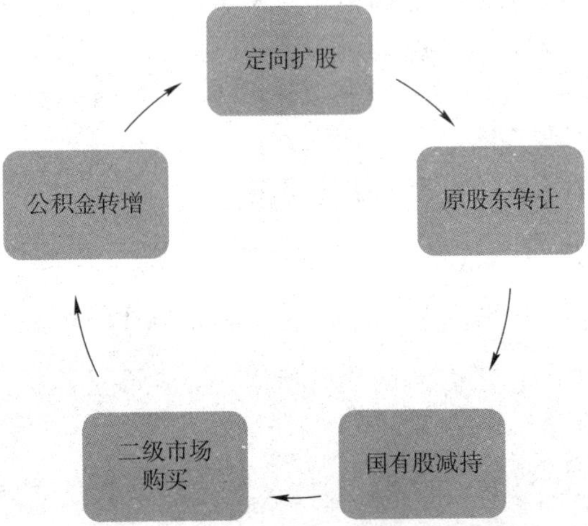

图5-2　员工持股股票获取的五种方式

◆定向扩股

定向扩股是指企业以实施内部ESOP为由增发新股。在具体操作过程中，企业可通过公开募股、发行配股等方式进行扩股，证监会需对企业的扩股行为进行管理，促使企业以定向方式为员工提供内部职工股。

◆原股东转让

原股东转让是指企业实施股份预留方案，将大股东的部分股份用于实施内部ESOP。现如今，国内已经有相关政策对企业原股东转让的方式进行了规范。

◆国有股减持

如果条件适合，企业可选择在实施ESOP的同时进行国有股的减持，进一步促进企业改革原有的股份配置方式。国内企业比较适合采用转配送股的方式，提高流通股的份额，降低国有股的比例，解决企业在实施ESOP过程中的股票来源问题。

◆二级市场购买

经由第三方机构购买企业自身的股票，以代持方式对这部分股票进行处理。经由代理机构从二级市场买来的股票，在法律方面受到的约束比较少，购买的股票数量也没有上限要求。不过，从二级市场购买的股票价值容易受市场波动的影响，这对企业的资金实力也提出了较高的要求。

◆公积金转增

采用公积金转增的方式来解决企业实施内部ESOP的资金来源问题，即上市企业通过召开股东大会，确定从公积金中拿出部分资本，转增为企业股份，用于企业推行内部ESOP。在这部分资金作为预留股份的情况下，无论股份是否被员工购买，都对应着确定的所有权人，所以不会违反工商部门的规定；另外，这部分预留股份在处理过程中无须进行股份回购，也符合《公司法》相关规定的要求。

除了用资本公积金实施“公积金转增”之外，也可以用盈余公积金实施这个方案，因为企业的盈余公积金也是一种净资产增值，所以用这部分资金作为企业实施ESOP的资金来源，也不会违反相关法律的规定。另外，盈余公积金转增资本在会计法规方面也合情合理。企业应该根据自身的情况，选择适合自己的途径解决ESOP的资金来源问题，积极改革原有的制度结构。

5.2.3 持股员工的资金来源问题

在国内，很多企业在进行国有企业改制时实施了ESOP，通常情况下，参与该计划的员工要使用现金认购公司股份，这与美国等国家存在明显的差异。但由于国内企业员工的薪资水平并不高，企业内部人员拥有的资金比较有限，而经营者与员工也无法在金融机构的帮助下解决资金问题。

立足于法律层面来分析，现阶段，国内企业参与ESOP的人，无法在银行的帮助下解决资金问题。所以，多数资金需求方通过银行进行融资时，要办理股权质押贷款的手续。另外，国内商业银行对股权质押贷款的要求比较高，只能帮助收购人解决部分资金短缺的问题。部分商业银行计划采用个人消费贷款的方式为其提供资金，满足个人购买股票的资金需求，但相关法律不允许消费贷款用于股本权益性投资，而且消费贷款的用途要提前交代清楚。另外，有的银行会给企业提供贷款，个人再从企业获得资金支持，也有的银行给壳公司提供贷款，再进行其他操作，但这种方式有打擦边球的嫌疑，实为法律所禁止。

除了参与ESOP的企业内部人员之外，企业也应该分担该计划实施所耗的资金，并依照企业自身的情况确定双方承担的比例，但现实情况是，大部分国内上市企业实施的ESOP，资金全部来源于参与计划的员工，这对员工的资金实力提出了很高的要求。目前，国内员工持股的资金来源主要包括三种，如表5-3所示。

表5-3　国内员工持股的资金来源

资金来源	具体内容
员工个人资金	员工个人出资参与公司的职工持股计划，能够培养员工的股东意识，促使员工发挥其主观能动性，企业也能够通过这种方式实现ESOP的初衷。考虑到员工的资金实力问题，企业可以尝试让员工通过分期付款的方式参与计划
借贷资金	借贷资金是指员工在参与企业职工持股计划时解决其出资问题的专项贷款，这部分资金可来源于银行，也可来源于企业。如果是向银行贷款，或者以第三方企业做担保，或者是以员工持股会手中的股份为质押物。如果是从企业的转型资金中获得帮助，则需根据企业规定的借款利率向企业还款，具体方式为企业向员工提供分红时扣除借款本息，并对员工偿还本金的时间范围进行限定
公益金和奖励基金结余等款项	综合考虑员工以往的薪资水平与经济能力，设置员工在参与企业内部职工持股计划中的出资比例，促使员工用自有资金参与到企业的职工持股计划中；如果员工的资金实力有限，可通过其他方式解决出资问题。相比于通过公益金、奖励基金或由企业担保获得的借贷资金来参与企业的职工持股计划，用员工自有资金出资，能够让员工充分意识到自己是在进行投资，而不仅仅是享受企业的福利，从而培养其股东意识，实现自身利益所得与企业整体发展之间的统一，进而增强企业内部人员的团结性

5.2.4　员工持股的管理体制问题

在我国，参与ESOP的企业内部人员，通常会用自身的积蓄加上从亲戚朋友处借来的资金认购公司股份，但持股者占有的股份比例很低，无法成为大股东，相较于行使投票表决权，他们更在意股份增值带来的利益，并希望降低自己承担的风险。所以，企业在实施ESOP中，要解决持股主体的权利行使问题。在这方面，有些国有企业通过改革建立了职工持股会，代表员工参与到企业经营过程中，这种方式不仅能够促进企业改革传统的制度框架，还能充分发掘企业内部人员的潜力，促使企业达到更高的绩效水平。

国内企业在实施ESOP的过程中，会在股票来源、资金来源、管理体制等方面遇到阻力。现阶段，信托方式是我国相关法律允许实行的方式之一，目前这种方式在发达国家的企业中比较常见，未来国内市场对这种模式的应用也会逐渐增多。不过，国内在这方面的实践仍然处于探索时期，相关的环境条件还不成熟，可能会增加企业的实施难度。

目前，我国信托投资公司的信誉普遍较低，信托财产缺乏独立性，而且很多企业在股票信托中的表决权执行方面存在问题，这导致企业在选择是否将信托方式用于实施内部ESOP时会犹豫不决。但不可忽视的是，国内的信托投资公司正趋向于正规化，尤其以中信信托员工持股信托、北京国际信托ESOP信托为代表的信托投资公司出台了相对成熟的ESOP信托项目，能够为上市公司实施ESOP提供相关的金融服务，帮助企业解决财务、持股贷款融资等方面的问题。尽管国内将信托方式应用于ESOP的实践还处于探索阶段，但我们仍要客观地看待国内信托机构的快速发展，并认识到信托方式在ESOP中应用与发展的潜力。

现阶段，国内上市公司正在进行股权配置等方面的改革，与此同时，相关法律法规也对企业的ESOP进行了规范，能够为国内上市企业ESOP的实施提供良好的法律及政策环境。在此期间，企业面临的市场竞争越来越激烈，而要想提高自身的竞争优势，就要提高内部人员对公司的忠诚度，促使他们更加积极地投入到工作当中，并充分发挥自身的潜能。所以，通过实施股权激励计划调动员工积极性的企业数量不断增多。

不过，国内上市企业对ESOP的实践还不成熟，在具体操作过程中会遇到包括股票来源、参与ESOP所需的资金、股票管理等方面的阻力。与西方发达国家相比，国内企业的发展历程不同，所处的市场环境也不同，因此，国内上市公司在实施ESOP的过程中遇到的问题与国外企业是存在区别的。

5.2.5 不同类型员工的持股形式

在实施ESOP时，企业应该从长远发展角度出发，使员工与企业之间达成稳定的合作关系。为了促进自身的发展，企业应该提高优秀员工的留存率，体现自身的竞争优势。员工之间是存在一定区别的，其需求也不尽相同，因此，企业应根据员工的具体情况采用不同的持股形式。

◆高层管理者的持股计划

一定程度上，企业可以用经营者持股金额在经营者年薪金额中的比重，来评估企业股权激励的强度，通过适当提高经营者持股金额的比例，将企业经营者与企业所有者的利益紧密结合起来，让经营者获得更多的报酬。管理层人员的工作表现会对企业发展产生重要的影响，要充分利用股权激励来调动他们的积极性。

很多员工在实施ESOP的过程中采用了期权激励的方式，在这种模式下，激励对象能够在规定时间内用公司规定的价格购买一定数量的股票。这意味着企业提供给激励对象的报酬并非公司股票，也不是现金利益，而是一种特有权利，这种激励形式能够有效调动管理层人员的积极性，对企业本身而言，则能够达到筹集资金的目的。管理层人员入股之后，将获得股东身份，能够站在公司所有者的角度来考虑问题、制定决策。如此一来，企业就能通过实施股权激励获得更加长远的发展。

◆中层管理骨干和技术专家的持股计划

优秀的管理者及专业技术人员是企业宝贵的人力资本，能够为企业的发展提供必不可少的人才支撑。这些核心人才积累了诸多优秀的工作经验，或者掌握了丰富的专业知识，但经济实力不足，在实施ESOP时，企业可以按照他们的工作表现，为其提供相应数量的奖励股或股票购股权。其中，奖励股是免费分配给员工的，股票购股权则为一种期权，即企业赋予投资者在某段时间内按照预设价格购买一定数量公司股份的权利。企业成功上市后，员工可以从股票交易中获益。为了发挥员工持股的长期激励作用，不妨预设未来一段时间内，员工可以免费获得公司提供的股票。部分科技类企业推出技术入股方式，能够调动专业技术人员的积极性，体现出企业对知识资本的重视。

◆全员持股计划

全体员工都可以按低于市场价的内部价格认购企业股份的方式即为全员持股，这种方式能够体现内部公平性，但也存在明显的不足。一方面，刚进入企业的新人可以参与公司的持股计划，导致老员工的股份被稀释，会使老员工对公司产生抱怨，但不允许新员工购买股票，又无法体现公平性，无法激励新员工。另一方面，部分企业认为，让员工持股等同于给员工提供奖金，难以体现全员持股的价值。所以，在实施全员持股计划时，企业要根据具体情况进行适当的调整，如按照员工的工作年限规定他们可以购买的股票数量，处理好老员工与新员工之间的利益关系，使ESOP得到全体成员的认可，充分发挥激励作用。

第6章　上市公司股权激励的实操指南

6.1　拟首次公开募股企业股权激励实施方案

6.1.1　拟首次公开募股企业股权激励的方式

传统模式下，企业的所有权与经营权是一体的；经过改革，公司的所有权与经营权独立开来，上市公司股东与管理者之间的关系也发生了变化，股东将公司的经营与管理工作交给经理人来承担。很多情况下，股东与经理人之间的利益存在冲突，经理人如果只考虑自身利益，就会增加股东的风险，使企业发展无法遵循“股东价值最大化”的原则。针对这种情况，上市公司可以采用股权激励方式，对经理人的行为进行约束与管控。

通过实施股权激励政策，上市公司的经理人能够获得一部分公司股票或股票期权，在负责对公司实施管理的同时，还能拥有部分公司的控制权，并拥有一定的“剩余索取权”。这种方式能够对经理人的行为进行限制，防止他们只注重自身利益而增加股东承担的风险，协调管理者与股东之间的利益关系，提高公司发展的可持续性。

从表面上看，股权激励是员工激励问题，实际上，股权激励体现的是一个企业的创业文化与人才竞争战略。创业者如果想平衡团队激励与公司股权发展之间的关系，就要选择合适的激励时机与激励方式。从理论层面来讲，越早采取股权激励越有利于企业进行财务安排，股权激励的作用越能得到充分发挥，企业越能吸引私募股权投资（PE）者。至于公司划拨出多少股权进行激励，对谁进行股权激励，最好在实施股权激励之前开会讨论，聘请一个经验丰富的中介机构提供指导。

一般来讲，进入首次公开募股（IPO）阶段的企业都处在快速发展阶段。随着企业规模不断壮大，管理者会发现员工的凝聚力越来越差，团队管理越来越困难。进入IPO阶段之后，企业将面临很多挑战，非常需要员工齐心协力。要增强核心员工的凝聚力，最好的方法莫过于股权激励。但股权激励涉及很多问题，比如，股份支付税负、股份支付费用的会计化处理等，这些问题会给公司的IPO申报、股权激励的激励效果造成不良影响。

基于上述原因，处于IPO阶段的企业必须对股权激励方案的财务影响等问题进行全面考虑，设计出性价比最高的股权激励方案。

在实际应用过程中，IPO企业的股权激励经常采用以下两种方式：

第一，以较低的价格对激励对象进行定向增发，低于公允价值的这部分额度就是企业给激励对象的福利。

第二，创始人或大股东以较低的价格将一部分股权转让给激励对象。虽然从表面上看，这是创始人或大股东的个人行为，与企业无关，事实却并非如此。

从本质上看，上述两种方式都具备股份支付的特征。第一，公司以股权激励换取员工服务。第二，换取的员工服务存在一定的对价，也就是之前所说的付出，而且这种付出可以计量。简单来讲，就是激励对象支付的购买成本与外部PE价格存在一定的差值。也就是说，股权激励是一种员工薪酬，企业或大股东以较低的价格将股份转让给激励对象，自身要承担一定的隐性成本，而很多企业和大股东都没有意识到这一点。

6.1.2 拟首次公开募股企业股权激励的时机

对于企业所有者来说，股权激励所产生的影响不仅是股份稀释，更重要的是股份支付费用化处理带来的财务影响。参照《企业会计准则第11号——股份支付》的相关规定，如果IPO企业的股份激励满足股份支付条件，就要对企业实施激励的股权公允价值和受让成本之间的差额进行费用化处理，导致实施股权激励当年的利润总额有所下降。

对2010年7月重启IPO以来在上市前推行股权激励的企业的会计处理情况进行分析可发现，除创业板企业之外，其他企业都按照《企业会计准则第11号——股份支付》的相关规定，将上市前的股权激励作为股份支付进行了费用化处理，其金额少则几百万元，多则上亿元。股份支付会计处理相关法规没有对申报创业板的IPO企业做出规定，但从目前的情况看，今后，创业板IPO企业也要和主板、中小板IPO企业一样，将股权激励作为股权支付进行费用化处理。

除此之外，我国证监会“首发管理办法”还对IPO企业的财务盈利指标与成长性提出了较高的要求。虽然在实际处理过程中，证监会允许企业将股权激励产生的费用计入非经常性损益，但在IPO审核计算企业的盈利指标时会将非经常性损益扣除，查看其前后净利润的高低。如果企业的股权激励方案不合理，很有可能给企业的IPO申报造成不良影响。

那么，企业怎样才能设计出最佳的股权激励方案，实现企业、员工、股东三方共赢呢？

IPO企业要想制定出高性价比的股权激励方案，必须在制定股权激励方案时考虑其他因素，在让激励方案发挥激励作用的同时，使股东利益、企业利益得到极大的保护，真正实现共赢。

如果拟IPO企业选择的激励时机不合适，就会增加管理费用，导致企业业绩不符合上市条件，为避免这种情况发生，企业最好尽早实施股权激励。如果企业在申报期早期实施股权激励，只要公司不出现亏损，保证申报期累计利润符合申报条件，申报期的财务数据就会有比较好的表现。如果企业在申报期后期实施股权激励，比如，一年又一期的突击入股，很容易受到监管部门的怀疑，导致中介机构的核查工作量倍增，使企业的关键财务数据受到不良影响，使公司业绩难以持续提升。

当然，有企业提出上市之后再实行股权激励，但现有的监管法律对企业股权激励的行权价格、行权条件都提出了严苛的要求，无论企业是采用股票期权还是限制性股票。近三年，股价跌破行权价或业绩严重下滑导致股权激励计划无疾而终的企业不在少数，神州泰岳、中能电气、兆驰股份等企业均是如此。

所以，企业最好在IPO 改制前推出股权激励计划，时间越早越好，而且最好和PE时点保持一定的时间间隔，将对企业IPO 申报期业绩成长的影响降到最小。在实际操作过程中，如果实施股权激励计划的时间与PE 时点比较接近，同时PE 价格较高，为减少其对财务的影响，在计算股权支付时间时可采用收益现值法对股权激励时点进行评估，将评估结果作为股权支付公司的计价依据。

6.1.3　股权激励的授予价格与方式

◆授予价格

一般来讲，股权激励采用的价格都有面值、市场价格或账面净资产值。在实际操作过程中经常出现以下两种问题：第一，使用面值或以比每股账面净资产低的价格入股，会使公司每股的净资产变少，使原有股东的利益受损；第二，采用外部PE 价格入股，无法让激励对象享受到真正的实惠，将导致激励效果不佳。

由此可见，对于激励对象来说，最好的方式就是让他们以每股账面净资产或比每股净资产稍高的价格入股，授予价格相比外部PE 入股价格越低，股权激励对激励对象产生的激励效果就越好。所以，股权激励的授予价格最好介于每股净资产价格和市场价格之间，最好在申报初期就实施股权激励，因为此时实施股权激励的价格与市场价格最接近。

◆授予方式

近年来，很多创业企业都出现了上市后高管离职现象，这些离职高管很有可能减持套现，背离了企业实施股权激励的初衷。所以，为了完成股权激励，加强对激励对象的控制，防止出现激励对象不稳定的情况，很多企业都设立了持股平台。企业在选择股权授予方式时，要先对个人直接持股与通过持股平台间接持股两种方式进行全面了解，尤其是激励对象能否方便地减持套现、两种方式的限售期等。

在个人持股方式下，限售期满后，激励对象可在二级市场流通减持，当然，如果激励对象是企业董事、监事、高管，其减持行为必须根据相关法律法规进行。根据《公司法》的相关规定，企业董事、监事、高管在任期间，每年转让的股份不能高于其持有股份的25%，以公司股票上市交易首日为起点，1年内，董事、监事、高管所持公司股票不能转让交易。同时，交易所也对上市公司董事、监事、高管的股票交易，尤其是离职后的股票减持比例和期限做出了严格规定，对创业板企业更甚。

在持股平台间接持股方式下，限售期满后，激励对象要想减持股票必须经由股票平台公司进行。相较于个人直接持股来说，这种方式操作起来比较麻烦，但在这种方式下，持股平台公司转让股份的锁定期没有法律规定，是根据持股平台的上市承诺确定的，其减持行为不受其他法律法规的约束。除此之外，持股平台的股东转让平台公司股份也不受法律限制。

也就是说，平台间接持股比个人直接持股更灵活，受到的法律限制更少。但对于激励对象来说，在股票减持时，直接持股更自由，企业可以激励对象的范围、激励目的等内容为依据灵活选择授予的方式。

6.1.4 股权激励的负税与治理决策

在实际操作过程中，股票减持需要支付高额税负。股权激励实则是企业为换取员工服务支付的对价，这个对价是企业与员工博弈的结果。也就是说，未来企业减持的税负越高，企业支付的税前对价就越高。所以，企业在制定股权激励方案时必须对未来减持税负进行全面考虑。

根据现行的国家税务法规及各地方政府出台的实施意见，对个人直接持股、有限责任公司持股平台间接持股、有限合伙企业持股平台间接持股这三种持股方式下的未来减持税负进行预算可知，未来减持税负最低的持股方式是个人直接持股，在另外两种间接持股方式下，有限合伙企业持股平台间接持股的未来减持税负较低。

所以，在现行的法律法规制度下，IPO企业优先选择的持股方式就是成立有限合伙企业持股平台。在这个持股平台中，企业授权人是普通合伙人，激励对象是有限合伙人，这种方式可以让企业、创业者、激励对象均受益。

除此之外，股权还涉及控制力的问题。如果一个公司的股权过于分散，就会弱化创始人对企业的控制权，甚至使其失去对企业的控制权。从本质上看，现代企业的股权治理方式主要是民主和集中两种。民主的决策和权力的制衡有利于企业健康稳定发展，减少错误发生，但这种民主使用起来具有一定的局限性，只适合具有一定规模的企业使用。

处在发展阶段的企业首先要关注决策效率，为提升决策效率，企业必须构建一个强有力的权威核心。纵观海尔、联想、华为等知名企业的发展历程可以发现，起初，这些企业的决策都比较集中，在企业发展到一定规模之后才开始推行民主。如果股权过于分散就很难形成权威核心，企业发展过程中必将出现很多问题。所以，创业企业一开始就必须对股权问题进行全面考虑，避免这些问题的发生。

一般情况下，企业在发展过程中会遇到很多需要出让股权的情况，比如，从外面引进高水平的职业经理人、引进外部资金、对员工进行股权激励等都需要出让股权。为此，企业创始人必须制定一个长期有效的股权方案，即便企业日后进入成熟阶段，股权也不会太过分散，以免创始人失去对企业的控制权。

总而言之，股权激励是IPO企业留住核心员工，从而稳定核心团队的重要策略。股权激励在发挥激励作用的同时，企业创始人与股东也要承担股份稀释、股份支付费用化处理带来的负面影响。为将这种负面影响降到最低，让企业创始人、股东、激励对象共同受益，企业必须从实施时机、授予价格、授予方式、税负四个方面制定出性价比最高的股权激励方案。

6.1.5 上市公司股权激励退出机制

如果企业为上市公司，在员工获得股权激励后，只有当其工作年限或者工作业绩达到协议约定的条件，才能够出售拥有的股权。因此，其股权为限制性股权。此类股权的限制性主要体现在两方面：一是股权的获得条件；二是股权的出售条件。其中，股权的出售条件限制性更强，我国明确规定了限制性股权应当设置禁售期限。

不难发现，当企业为上市公司时，被激励对象所持有的股权退出机制更加复杂。具体可以参考以下四类基本的情形：

（1）未达到解除限售条件的股票价格回购。在限制性股票有效期内，企业根据协议约定可以分期解除限售。关于每期的时限以及各期解除限售的比例，企业可以根据财务情况等进行调整，但一般来说每期的时限应该在1年以上，而各期解除限售的比例应该低于其持有限制性股票总额的一半。

在未达到解除限售条件的情况下，企业应该对该部分限制性股票进行回购，且依据《公司法》的相关规定，回购价格不能比授予价格与银行同期存款利息之和更高。

（2）未达行权条件的股票期权注销。对于未达到行权条件的股票，企业有权终止被激励对象的行权资格，并将该部分期权做注销处理。

（3）出现不符合上市公司股权激励条件导致的回购。在股权激励计划实施的过程中，如果出现不符合上市公司股权激励条件的情形，企业有权终止相应的激励计划，同时不继续向被激励对象授予新的权益。如果是员工个人原因导致不符合上市公司股权激励条件，企业的回购价格不得高于授予价格。如果出现其他的情形，那么企业的回购价格不得高于授予价格加银行同期存款利息之和，具体情形如下：

- 企业最新的年度财务会计报告被注册会计师出具否定意见或无法表示意见的审计报告。
- 企业最新的年度财务报告内部控制被注册会计师出具否定意见或无法表示意见的审计报告。
- 企业上市后最近36个月内出现了未按法律法规、公司章程或公开承诺进行利润分配的情形。
- 我国法律法规规定的不得实行股权激励的其他情形。
- 中国证监会认定的不得实行股权激励的其他情形。

（4）出现不得成为上市公司股权激励对象导致的回购。企业在股权激励计划实施过程中，如果基于对被激励对象的审核认定其不得成为上市公司股权激励对象，企业需要终止激励计划的实施，且不得授予该对象其他权益。在企业进行回购时，回购价格不得高于授予价格。

- 单独或累计持有上市公司5%以上的股份的本人及其配偶、子女、父母。
- 最近12个月内被证券交易所认定为不适当人选。
- 最近12个月内被中国证监会及其派出机构认定为不适当人选。
- 最近12个月内因重大违法违规行为被中国证监会及其派出机构给予行政处罚或者采取市场禁入措施。
- 具有《公司法》规定的不得担任公司董事、高级管理人员的情形。

- 我国法律法规规定的不得参与上市公司股权激励的其他情形。
- 中国证监会认定的不得参与上市公司股权激励的其他情形。

6.2 上市公司股权激励的实施方案

6.2.1 创业板企业的股权激励实施方案

2020年4月27日，《创业板改革并试点注册制总体实施方案》《创业板首次公开发行股票注册管理办法（试行）》等文件发布并实施，为创业板改革并试点注册制搭建了制度框架，标志着我国的创业板改革正式开始。

2020年6月12日，深圳证券交易所发布《创业板股票上市规则（2020年修订）》（以下简称《上市规则》），同时出台了很多配套的规则与方案。在股权激励方面，《上市规则》针对创业板上市公司创造了一套更灵活的股权激励机制，重新修订了激励人员、激励工具、激励规模与激励定价等诸多内容，放宽了限制，具体表现如图6-1所示。

图 6-1 创业板上市公司股权激励机制的变化

◆增加新的激励工具

《上市规则》规定：创业板上市公司不仅可以选择传统的限制性股票（第一类限制性股票）及股票期权作为激励工具，还可以选择全新的限制性股票，也就是第二类限制性股票。相较于第一类限制性股票来说，第二类限制性股票的优点主要在于：在满足相关获益条件的前提下可以分次出资，并登记本公司的股票，在满足条件的情况下，登记后可以不设置锁定期，极大地减轻了激励对象的资金压力。

目前，第二类限制性股票获得了越来越多创业板上市公司的青睐，未来有可能成为最主要的激励工具。对于创业板上市公司来说，第二类限制性股票的推出为激励工具的选择提供了更广阔的空间，使公司可以面向不同的激励对象选用不同的激励工具，防止出现“一刀切”的现象，切实保证激励效果。

◆扩大激励对象的范围

《上市规则》扩大了激励对象的范围，明确规定“单独或合计持有上市公司5%以上股份的股东或实际控制人及其配偶、父母、子女以及外籍员工如果在上市公司担任董事、高级管理人员、核心技术人员或者核心业务人员，可以纳入为激励对象”。但在将上述人员确定为激励对象之前，上述公司必须说明对上述人员进行股权激励的必要性，如有必要，还要聘请独立的财务顾问站在客观、专业的角度对相关事宜发表意见，以免出现利益倾斜、损害中小股东利益的情况。

◆提高授予价格的灵活性

《上市规则》放宽了对限制性股票授予价格的限制，允许限制性股票的授予价格在市场价格的基础上打五折，甚至更多。如果公司决定执行比市场参考价格的50%更低的授予价格，就要聘请专业的财务顾问从专业角度对定价依据、定价方法、是否会损害公司利益等做出说明。从创业板上市公司对这一规定的实施情况看，上市公司可以利用更低的授予价格留住核心员工，稳定员工队伍，增强员工对公司的黏性。在具体实践过程中，公司要根据自身的实际情况确定折扣力度，切实保证股权激励效果。

◆扩大股权激励授予规模

改革后创业板上市公司股权激励的股份授予比例上限从总股本的10%提升至20%，这一调整不仅加大了激励力度，而且扩大了激励范围，更有助于激发核心员工工作的积极性，稳定核心员工队伍。

需要注意的是，创业板拟上市企业在上市前6个月不要再调整股权，股权转让、增资入股都要在申报上市前6个月之前完成。现阶段，证监会发审部正在严查企业在上市之前的“突击入股”情况。如果企业在申报上市前 6个月发生过股权转让或增资入股情况，必须提供专项说明，其内容必须包括增资入股的原因、资金来源、定价依据、新股东的背景、有无委托持股或信托持股情况，新增股东和中介机构、企业实际控制人、企业控股股东之间的关系，新增股东会对企业将来的发展产生何种影响，等等。这些情况必须由保荐机构、律师进行真实性核查，提供专项意见，创业板发审部也要根据实际情况进行调查。

创业板发审部规定：如果公司控股股东、实际控制人在上市申请材料受理前6个月转出股权，从上市之日起，这些股权要锁定3年；如果是非控股股东、实际控制人在上市申请材料受理前6个月转出股权，从上市之日起，这些股权要锁定1年。如果企业上市之后股票的限售期延长，激励对象持有股权能否增值、增值程度都会变得不确定，从而对股权激励效果产生不良影响。

6.2.2 科创板企业的股权激励实施方案

科创板企业一般具有以下特征：一是科技创新能力较强，未来成长发展空间较大；二是研发投入高，科研人员在全体员工中的占比不低于10%，高新技术产值在公司总营收中的占比不低于50%；三是公司拥有自主知识产权，而且具有新技术、新模式、新业态、新产业四大特征。相较于传统行业来说，科创板企业对高科技人才、核心人才的需求更加强烈。只有吸引、稳定核心人才，企业才能构建核心竞争力，实现稳定可持续发展。因此，对于科创板企业来说，通过股权激励吸引、留住人才是一项重要工作。

因此，我国科创板借鉴国外成熟市场的做法，围绕拟IPO企业的股权激励设计了相关制度，满足企业发展的实际需求，并给予市场主体充分的自主权，具体内容如下：

◆“闭环原则”的运作要求及推广适用

2019年3月，上海证券交易所发布的《上海证券交易所科创板股票发行上市审核问答》规定："拟在科创板上市企业的ESOP符合'闭环原则'的运作要求或者在基金业协会依法进行备案，可以按照一名股东计算人数。"如果企业的ESOP要在基金业协会备案，投资者资产、投资限额等必须满足要求，限制要素非常多，因此拟IPO企业大多选择第一种方式，让ESOP符合"闭环原则"的运作要求。

（1）员工持股平台承诺激励对象不会在公司首次公开发行股票时转让股份，会遵守自上市之日起至少36个月的股份锁定期，并在员工持股协议中对股份锁定做出明确规定。

（2）公司要在ESOP管理办法或持股平台合伙协议中做出以下规定：在公司上市之前或在上市后的锁定期内，如果员工要转让所持股份，只能转让给ESOP内的其他员工或者符合条件的员工，不能随意转让给其他员工。

（3）锁定期满后要按照ESOP的相关规定对员工股权转让事宜进行处理。

◆带期权激励计划申报模式要求及推广适用

《上海证券交易所科创板股票发行上市审核问答》规定，拟IPO企业可以携带尚未实施完毕的期权激励计划申报，具体要求如表6-1所示。

表 6–1 带期权激励计划申报条件

序号	条件
1	从原则上看，期权激励计划的股票总数不能高于总股本的15%
2	不得设置预留权益
3	在审期间不得新增期权激励计划、激励对象不得行权
4	期权激励计划应充分考虑实际控制人的稳定性，科创板审核规则对期权行权后的股份锁定及减持问题做出了更严格的规定

◆资产管理计划形式的员工持股平台的提出及推广适用

为了对科创板的经验进行推广，证监会在2020年6月发布了《关于发行审核业务问答部分条款调整事项的通知》，规定“公司实施ESOP，可以通过公司制企业、合伙制企业、资产管理计划等持股平台间接持股，并建立健全持股在平台内部的流转、退出机制，以及所持公司股权的管理机制。参与持股计划的员工因离职、退休、死亡等原因离开公司的，其间接所持股份权益应当按照ESOP章程或协议约定的方式处置”。

这一规定将科创板关于“将资产管理计划作为ESOP”的经验向其他各个板块推广应用，使其他板块纷纷将资产管理计划作为员工持股的突破，降低员工持股的成本，让员工持股架构的搭建有了更多选择。目前，虽然各个板块允许通过资产管理计划间接持股，但按照现行的法律法规，拟IPO 企业在上市之前不能使用资产管理计划等非实载体作为ESOP的载体。目前，市场上还没有出现企业在上市之前将资产管理计划作为ESOP的载体的案例，或许未来随着相关规则不断细化，这种情况会有所改变。

6.2.3 新三板企业的股权激励实施方案

一般来说，新三板挂牌企业的业务模式比较成熟，拥有较大的发展潜力，但中层管理层比较年轻，公司的现金流比较紧张。管理层年轻意味着管理团队不太稳定，核心管理人员的流失率较高。为了稳定管理团队，源源不断地吸引流动资金，企业在挂牌前实施股权激励是满足企业发展需求的重要举措。

2005年12月31日，证监会发布《上市公司股权激励管理办法（试行）》，对上市公司的股权激励进行规范。但迄今为止，我国仍没有针对新三板挂牌企业的股权激励出台有针对性的文件，只是口头上支持新三板挂牌企业的股权激励实现市场化运作，为新三板挂牌企业实施股权激励提供了较大的自由发挥空间。

对我国现有的关于股权激励的法律法规进行总结可以发现，新三板挂牌企业可以使用的股权激励方式大致有三种，如图6–2所示。

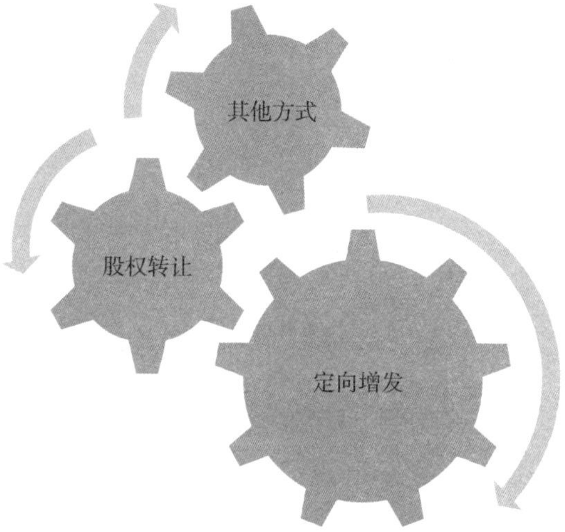

图6–2　新三板挂牌企业的三种股权激励方式

（1）定向增发。定向增发是新三板挂牌企业向员工实施股权激励最常用的一种方式。由于新三板股权激励门槛相对较低，所以定向增发实施起来更加方便。新三板挂牌企业的定向增发必须符合《业务规则》和《非上市公众公司监督管理办法》的相关规定，发行对象中的公司董事、监事、高级管理人员、核心员工以及符合投资者适当性管理规定的自然人投资者、法人投资者及其他经济组织合计不得超过35名。

相较于主板来说，新三板定向增发的主要优点如表6–2所示。

表 6-2 新三板定向增发的四大优点

优点	具体表现
增发人数限制较小	新三板挂牌企业采用定向增发的方式进行员工激励，只要增发后员工总数不超过200人就无须向证监会申报备案
无特别限售要求	只要满足《公司法》的一般性规定，激励对象可以随时转让增发的股份
增发比例不受限制	新三板对股权激励的比例没有限制，体量上具有较大的弹性
发行价格没有限制	新三板挂牌企业可以自行确定发行价格

（2）股权转让。为了奖励对企业发展做出突出贡献的管理人员、董事、监事、核心技术员工等，公司大股东会从自己的股份中拿出一部分转让给这部分员工以示激励，这就是股权转让。

需要注意的是，《公司法》规定，股份公司最高发起人数量为200 人，公司正式成立后的1年内，发起人不能转让自己的股份。即使是股份公司要上市，也要遵守相应的限售规定。为此，股份公司必须先对股权激励对象的总数进行控制，不能将股权激励视为员工福利。

同时，公司必须对股权激励对象说明入股的利弊，让股权激励对象将个人的短期利益与公司的长远利益放在一起进行考虑，防止股权激励对象在公司上市前退股等情况发生。企业管理者必须明白一点，股权激励不是简单地将股权授予激励对象，它有一套严格的制度体系。激励对象也不能随随便便获得股权，只有在完成特定的业绩目标之后才能获得股权。另外，股权激励是长期激励，其收益具有不确定性。如果企业的信誉不好，股权激励就会失去可信度，不仅无法对员工产生激励作用，还有可能适得其反。除此之外，如果一个企业全员持股，就很有可能被证监会怀疑为非法集资。

（3）其他方式。新三板股权激励最显著的特点就是激励方式多元化，定向增发、股权转让这两种激励方式可以细分为定向增发直接持股、定向增发间接持股（合伙企业持股）、发行限制性股权、股票期权、虚拟股票、股票收益权等多种激励方式。

目前，我国新三板股权激励正处在探索阶段，相关模式与规则尚不完善。对于在新三板挂牌的大中型企业来说，员工持股平台的破灭对于其采用定向增发开展股权激励未必是坏事，定向增发是否必须提交证监会审核尚无定论。除此之外，限制性股票、股票期权等已经出现了很多应用案例，虚拟股票和股票增值权的使用则需要继续探索。

6.2.4　上市公司股权激励的六个关键点

◆控制激励股权的比例，谨防实际控制权转移

一般来说，在一个公司的总股份中，激励股的占比要尽量控制在15%以内，若公司的股本规模大，这个比例可以进一步降低。如果激励股所占比例过大，不仅会增加股东利益受损的可能性，还有可能增加公司面临的法律风险。如果公司计划给1人激励股，那么这个激励股占比最好在8%~10%；如果公司计划给多人激励股，那么主要负责人持有的激励股在总激励股中的占比最好在30%以上。意思就是，如果公司准备拿出15%的股份作为激励股，就要将其中的5%交给主要负责人。

企业之所以要对股权激励比例进行限制，原因有两个：一是国家法律在这方面有相关规定；二是防止企业出现“内部人控制”问题。企业一旦上市，原始股东、大股东持有的股份必然会被稀释。据调查，美国上市企业原始股东、主要股东持有的股票份额在总股票中的占比都只在5%以上，股权高度分散。如果企业拿出很多股权用于员工激励，就会在很大程度上增加公司控制权转移风险，出现“内部人控制”问题。

◆禁止使用信托、代理持股等方式开展股权激励

代理持股指的是投资人向企业注资，但用其他人的名义或投资公司的名义登记成为公司股东的行为。我国推行的是实名登记，认为投资人代持股的目的是规避法律，所以如果投资人代持股，对其股东身份可以不予承认。如果某公司有代持股东，监管机构很有可能认为公司存在权属纠纷，可以不通过它的上市申请。

虚拟持股指的是投资人向公司注资，公司发给投资人股权证明，但公司不对投资人的这部分股权进行工商登记。因为没有工商登记，所以投资人和企业之间的关系不明，可以是股权关系，也可以是债权关系，在这种情况下，如果投资人与企业发生纠纷，就会对企业上市造成阻碍。

为了获得证监会的认可，稳定公司股权，如果有上市计划的企业已经采用了信托持股的方式，就要根据《信托法》与信托协议终止信托计划，按照相关的法律法规清算，将股权转让给实际受益人，登记到自然人名下，最终让众多股东联合在一起成立公司，发起上市申请，成功执行上市计划。如果公司股权太分散，很有可能导致公司的经营活动面临较大风险，所以需要一些主要的公司高层管理人员向证监会承诺将股权锁定3年，并在管理层持股协议上签字。在公司正式上市之前，管理层持股协议会自动终止。

◆设立高管持股

准备上市的企业如果在上市之前实行股权激励，赋予高管一定的股权，就很有可能产生以下问题，需要特别关注：

- 高管辞职、离职或辞退后的股权处理问题。
- 高管拥有较多股权成为股东之后的管理方式问题。
- 无法对高管产生长期激励。
- 公司为新引入的高管颁发股权，股权来源于何处？
- 企业没有履行或者终止原来的承诺，导致高管对企业失去信任。
- 企业单方面终止履行承诺之后，如果不能给出令高管满意的补偿，很容易使高管产生对抗心理，使其工作积极性受到不良影响。
- 高管死亡或者离婚或者面临刑事处罚的情况下，股权能否继承？

◆公司要在上市之前制订股权激励计划

公司在上市之前制订股权激励计划，一定要将该计划的制订与之后的上市活动联系在一起，并且要以上市为时点，在上市之前确定激励对象的权利，让激励对象签订一系列行为协议。

股权激励不能跨期，以免被视为逃避监管的行为。证监会有监管上市公司之责，在监管上市公司方面有一套完整、系统的措施，但无法对没有上市的公司进行监管，当然国有企业除外。所以，如果还没有上市的公司对上市之后的公司股权进行安排，在提交上市申请时，这一行为会被证监会视为逃避监管，不会予以通过。所以，准备上市的公司最好采用实物股权奖励进行股权激励，且要在股权转让协议中体现出来。如果股权激励只是劳动合同的附属条款，必须体现在劳动协议中。如果在劳动合同中进行了约定，证监会会予以通过。

◆对股权激励计划成本进行有效预测

无论是准备上市的企业大股东将自己的股份转让给激励对象，还是激励对象用低于其他投资者的入股价格购买股份，都必须遵照股份支付的要求进行会计处理。《企业会计准则第11号——股份支付》及其应用指南规定："在权益结算过程中，对于涉及职工的股份支付要按授予日权益工具的公允价值计入成本费用和资本公积，不确认其后续公允价值变动。"

如果是直接授予（一次性增资或大股东转让股权），增资价格、股权转让价格和股权正常价值之差要计入当年的损益情况，如果企业设置了考核期，就要在考核期结束之前逐步摊销。股权激励产生的费用要放在企业上市之前的成本费用之中，对于创新型企业来说，股权激励费用对其盈利情况的影响极大。如果股权激励费用的数额比较大，就会在很大程度上影响企业报道期内的利润，进而对企业上市计划与进程产生不良的影响。

◆股权激励要注意税务问题

企业推行股权激励必须注意税收等相关事宜的合法性问题，股权激励对象要根据具体情况纳税。比如，如果赠与股权要参与企业分红，就要缴纳红利税。从理论上讲，股权赠与也要缴税，但在实际生活中，很多股权赠与行为都没有缴税，税务局也在很大程度上忽略了这一问题。

上市管理办法虽没有对股权激励方式做出统一规定，但对股权的清晰性、明确性提出了较高要求，并严禁企业存在潜在的股权纠纷。企业必须根据这一规定对已有的股权激励机制进行规范。

6.3 完善上市公司的股权激励机制

6.3.1 营造良好的资本市场环境

从20世纪90年代至今，国内股权激励制度经历了30多年的发展。这些年，我国推行股权激励的上市公司数量超过100家，但不同公司的具体实施效果存在明显的不同。中国证监会于2006年1月开始实施《上市公司股权激励管理办法》，旨在促进国内上市公司通过实施股权激励改革，优化自身的治理结构，促进市场健康、稳定发展。尽管我国在股权激励领域经过了20多年的探索，但仍然与发达国家之间存在明显的差距。

对于现代企业来说，推行股权激励有利于创建长期的股权激励机制，使企业治理结构得到有效改善，使企业员工的忠诚度、企业的经营效率和竞争力得到切实提升。随着我国的证券市场向外国投资者开放，随着在境外上市的中国企业越来越多，基于对投资人负责的原则，为了更好地应对国际市场的竞争，我国企业必须实行股权激励。

下面，我们针对上市公司在推行股权激励过程中存在的一些问题，阐述股权激励机制的完善对策与建议，如图6-3所示。

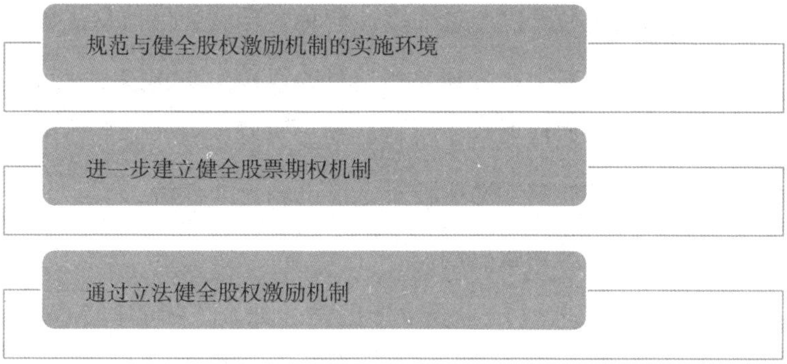

图 6–3　完善股权激励机制的对策

◆规范与健全股权激励机制的实施环境

国内资本市场的发展尚未进入成熟时期，市场本身还存在许多问题，股票市场的发展也不完善。身处这样的市场环境中，上市公司的股票价格难以体现公司的实际价值。如果只以上市公司的股票价格为判断标准，就无法对公司的真实发展水平做出科学有效的评估。针对这个问题，要想促进国内公司实施股权激励政策，就要从环境层面出发，通过建立相关的制度、政策促进资本市场的健康、稳定发展。

只有当资本市场发展到一定程度时，才能为公司实施股权激励政策提供良好的环境支持，充分体现股权激励的价值。但在现阶段，国内资本市场的发展还不完善，上市公司信息公开程度较低，存在许多内幕交易。在这种情况下，上市公司的股票价格无法真实体现公司的实际价值，也就无法通过公司的股票价格，对公司的真实经营与发展水平进行有效的评估。

另外，管理者多采取短期经营行为，甚至有些管理者凭借自身掌握的权力，通过提高公司股价来套现。在这样的情况下，上市公司实施股权激励非但无法获得持续性发展，还容易出现股价下跌的情况，给公司发展带来阻力，导致公司整体价值难以提升。

因此，证券管理部门对于上市公司公开其财务信息、交易信息等行为要加强监管，提高上市公司信息公开度与透明度，避免管理者凭借信息优势以投机方式牟取私利。此外，要注重对上市公司公布信息的审核，防止内幕交易的发生，确认有公司进行违法操作后要按照规定进行处罚。只有这样才能加快国内资本市场环境的健康发展，为国内公司实施股权激励提供有力的支持。

◆进一步建立健全股票期权机制

行权价格是股票期权收益的主要决定因素。如今，尽管国外资本市场与国内资本市场都已经推出了股票期权行权价格的相关原则，也建立了股票期权机制，但上市公司的委托代理问题依然存在于企业的发展过程中，市场推行的这些机制使企业面临着更多的挑战。因此，要切实执行关于股票期权价格确立方式的规定，促进国内上市公司实施股权激励政策。举例来说，公司在授予股票期权之前，可以对一年来的平均股价进行统计，并以此为行权价格。

◆通过立法健全股权激励机制

要在市场运行过程中发挥某种机制体系对企业发展的促进作用，就要制定并完善相关的法律法规，要求企业严格遵守。所以，要出台相关法律来促进企业股权激励机制的实施，通过提供法律保障及政策支持，促进企业实施高效的内部管理，有效保护股东的权益，避免管理者违背法律规定以权谋私，以致危害公司的长期发展。所以，政府部门要加快制定并推行相关的法律法规，并在后续发展过程中不断完善，对上市公司的相关行为进行监管。在这个过程中，上市公司可与专业的中介机构达成合作关系，及时发现公司在股权激励方面存在的问题，为股东维护自身合法权益提供支持。另外，如果确认有公司管理者违反相关法律规定，要给予严惩。

6.3.2 完善企业的内部治理结构

股权激励是一种长效性激励机制，只有以完善的治理结构为依托，其应有的效用才能发挥出来，但因为我国企业缺乏完善的治理结构，股权激励方案只能

第1章

股权激励：共享·共创·共治

股权激励基本概念与架构设计

华为股权激励计划的实践启示

股权激励：共享·共创·共治

股权激励方案设计和关注要点

1.1 股权激励基本概念与架构设计

概念与架构

- 定义与原则
  - 股权激励是企业管理者和员工借股票共享企业剩余索取权的一种激励方式
  - 采用适合企业自身的股权激励方案
- 常见方式
  - 实股　享有分红权与投票权
  - 虚拟股　享有分红权
  - 期权　指股票期权，企业为员工提供购买股票的权利
  - 期股　公司直接为员工提供的股票
- 架构设计
  - 员工直接持股
  - 员工间接持股
    - 员工持股平台是有限公司
    - 员工持股平台是有限合伙公司
  - 间接持股的第三种模式
    - 企业可以根据激励对象的不同进行平台划分
    - 适用于拥有一定规模基础的企业
- 马斯洛需求层次理论
  - 股权激励短期利益分配　预估盈利、丰富激励利益来源
  - 股权激励实施保障、预期实现　独立考核机构、客观KPI、退出机制
  - 公司归属感　增加股权激励透明度
  - 公司话语权　建立激励对象建议质询制度
  - 员工自主发展　内部孵化机制的灵活运用
- 【案例】小米
  - 小米公司员工持股情况
  - 小米公司股权分配经验
    - 客户导向，从员工入职时就开始
    - 采用多种激励模式结合
      - 购股权
      - 受限制股份奖励
      - 受限制股份单位
    - 股权资金来源
    - 退出机制
      - 5年内离职，可以收回投资本金，额外获得一笔利息
      - 工作满5年，离职后可以要求公司按照市场价格回购股份
    - 调整机制及系统性安排

股权激励方案设计和关注要点 1.2

设计要点

- 3大要素
  - 论证必要性和可行性
    - 根据企业所处的行业特点以及自身的具体情况进行综合考量，切忌盲目跟风
  - 考虑特殊性和适用性
    - 企业的发展现状及战略规划
    - 企业的发展阶段
    - 被激励员工的特殊性
  - 考虑双边属性
    - 股权激励涉及企业和被激励对象两方，并非企业的单边行为
- 5个要点
  - 被激励对象
    - 面对不同级别和岗位的被激励对象，应采取不同的股权激励政策
  - 激励工具
    - 权益性结算的股权激励
      - 限制性股权
      - 期权
    - 现金结算的股权激励
      - 虚拟股权
      - 业绩奖金
  - 激励份额
    - 考虑公司控制权以及股权池
    - 参考“二八定律”设置股权激励份额
  - 激励价格
    - 企业经过审计得出的净资产额
    - 企业经过评估的净资产额
    - 同一行业即类型的上市公司的市盈率
    - 企业的注册资本
  - 持股平台
    - 有限合伙企业作为持股平台
- 8个步骤
  - 明确股权合作内容
  - 了解股权架构
  - 以科学的方法对财务管理进行规划
  - 创建一个统一的文化体系
  - 对股份赠予要点做出明确规定
  - 权利规定
  - 对薪酬分配做出详细规定
  - 制定商业保密协议
- 税务问题
  - 不同持股方式的税收政策
    - 员工个人直接持股
      - 缴纳20%的个人所得税，按照卖出价与买入价的差额进行计算
    - 通过有限公司持股
      - 按照25%的税率缴纳企业所得税，按照卖出价与买入价的差额进行计算
    - 通过合伙企业持股
      - 激励对象按照所持股份份额，按照个体工商户的五级超额累进税率计算并缴纳个人所得税
  - 股份支付处理
    - 以权益结算支付
    - 以现金结算支付
  - 股份支付处理
    - 在股权分配阶段，员工经向主管机关备案，可暂不纳税
    - 当该部分股权进行转让时，需要按照股权转让收入与股权取得成本以及合理税费后的差额缴纳个人所得税

1.3 华为股权激励计划的实践启示

- **华为启示**
  - **股权激励计划的演进**
    - 创业期股票激励
      - 1990年，华为开始实施员工持股计划
      - 让员工优先使用年度奖金购买股权激励标的，如果年度奖金不够，公司会帮助员工向银行贷款
    - 网络经济泡沫时期的股权激励
      - “虚拟受限股”期权改革
        - 不再向新员工派发每股1元股票
        - 老员工持有的股票变更为期股
        - 固定分红在员工期权收益中占比明显降低，公司净资产增值占比显著提高
    - 非典时期的自愿降薪运动
      - 配股额较大
      - 调整兑现方式
      - 核心层被授予更多股权
      - 增加了三年的锁定期
    - 新一轮经济危机时期的激励措施
      - “饱和配股制”
      - 按照员工的不同等级设置持股额度上限
  - **人才选拔**
    - 任职资格双向晋升通道
      - 管理者路线
      - 技术专家路线
  - **利益共享**
    - 价值分配条款
      - 劳动、知识、企业家和资本创造了公司的全部价值
    - 知识资本化条款
      - 使劳动、知识以及企业家的管理和风险的累积贡献得到体现和报偿
  - **多劳多得**
    - 定期考核、实时更新，形成科学的薪酬分配体系
    - 综合考量员工的才能、品德、风险、可持续贡献等，核心人才被授予更多股权
    - 根据企业发展及市场竞争需要，对股权分配进行有效调整

第2章

股权激励模式选择与实施路径

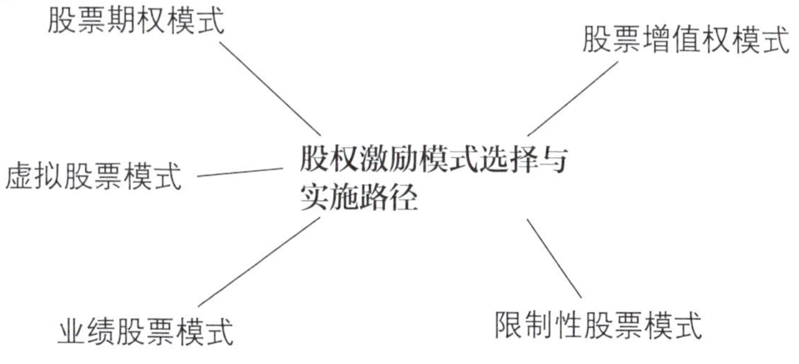

2.1 股票期权模式

- **股票期权模式**
  - **类型与基本要素**
    - 类型
      - 法定的股票期权&非法定股票期权
      - 典型股票期权&不确定股票期权
      - 期股激励模式的股票期权、虚拟股票激励模式的股票期权、奖金模式的股票期权等
    - 基本要素
      - 授予对象
      - 授予数量
      - 行权要素
      - 行权价格
      - 有效期限
  - **优势和特点**
    - 从企业层面看
      - 成本低
      - 有针对性
      - 具有长期效应
    - 从被激励对象层面看
      - 拥有比较自由的选择权
      - 承担的风险较低
  - **设计要点**
    - 设定行权价格
      - 行权价格不能低于股票的数额
      - 不能低于企业公布股权激励计划草案前1个交易日的股票交易均价，以及企业公布股权激励计划草案前20个交易日、60个交易日、120个交易日之一的股票交易均价
      - 不得低于经履行出资人职责的机构核准或者备案的每股评估价
    - 设定行权条件
      - 各个年度股东能够得到的净利润以及扣除非经常性损益的净利润都不能低于授予日之前最近的3个会计年度的平均值，而且数额不得为负
      - 确保被激励对象各个考核期的业绩不会相互影响
    - 设定期权计划的有效期
      - 上市公司期权计划的有效期一般为4到6年，不得超过10年
      - 股权期权授权与获授股权期权首次可行权日之间的间隔不得少于1年，股权期权行权的有效期不得超过5年
    - 设定期权的数量
      - 用于股权激励的股票的总数不能超过公司股票的10%
      - 任一被激励对象所获得的激励股权的累计数量不得超过公司股票的1%
    - 设定行权的期限
      - 期权的等待期不应该少于12个月
      - 在需要分期行权的情况下，每期的等待期不应该少于12个月
      - 在分期行权模式下，每期可行权的期权比例不得超过获授股票期权总额的50%
    - 设定期权的股权/股份来源
      - 公司向被激励对象发行的股票、员工回购的本公司股票，回购份额不得超过公司发行股票的10%
      - 企业在融资前预留的股份，即期权池

虚拟股票模式 2.2

虚拟股票模式

- **特点与类型**
  - 特点
    - 形式上的虚拟化
    - 股东权益的不完整性
    - 无偿性
  - 类型
    - 溢价型虚拟股票
    - 股利收入型虚拟股票
    - 内部价格型虚拟股票
- **优劣比较**
  - 优势
    - 由公司无偿赠予激励对象，无需激励对象出资
    - 享受企业分红与企业增值所带来的收益
    - 无需考虑股权来源，只要拟定内部协议即可
    - 可以对激励对象形成长期约束
    - 只享有分红权，不享有表决权、分配权等权力
    - 不用实时变化的股票价格衡量公司业绩，比较稳定
  - 劣势
    - 为了在短期内获得更多分红，可能会忽略公司资本公积金的积累，忽略公司的长期发展
    - 获取分红的意愿比较强烈，在一定程度上增加了企业的现金支付压力
- **设计流程**
  - 确定股权激励的对象及其资格条件
  - 确定虚拟股权激励对象的当期股权持有数量
    - 确定职位股
    - 确定绩效股
    - 确定工龄股
  - 确定股权持有者的股权数量变动原则
  - 确定虚拟股权的性质转化原则
  - 确定虚拟股权的分红办法和分红数额
  - 确定虚拟股权的每股现金价值
  - 确定每个虚拟股权持有者的具体分红办法和当年分红现金数额
  - 在公司内部公布实施虚拟股权激励计划的决议
- **实施要点**
  - 激励范围：包括公司高管、核心技术人员、核心业务人员、优秀员工
  - 基金来源：从企业税后净利润中提取一部分资金作为虚拟股票期权奖励基金
  - 股权分配比例：根据激励对象的业绩与需要承担的责任对股权分配比例进行设计，使用加权平均法进行计算
  - 行权时间
    - 行权等待期，例如2~6年
    - 制定行权时间表，集中在某个时间段行使期权
  - 行权方式
    - 现金行权
    - 非现金行权
  - 行权条件：激励对象完成约定业绩才可以行权
  - 转让及退出
    - 对企业发展做出过特殊贡献的人可以在提前离职后继续持有企业的虚拟股票期权
    - 持有人自动离职，终止其虚拟股票期权
    - 企业提前与行权人解除合约，可以终止其尚未行权部分的虚拟股票期权
    - 行权人的聘用期满，对于尚未行权的虚拟期权可以继续行权
    - 行权人因非正常原因导致聘用关系终止，企业可终止尚未行权部分的虚拟期权的行权
    - 行权人因曾做出违法犯罪行为被公安机关追究刑事责任，企业可终止尚未行权部分的虚拟期权的行权
- **激励机制建设**
  - 企业要采取一定的技术措施防止激励对象人为地提升业绩，制定相关的制度对激励对象的行为进行严格管控
  - 做好企业文化建设，增强激励对象对企业文化的认同，帮助激励对象实现自己的职业价值

2.3 业绩股票模式

业绩股票模式

- **特征**
  - 面向激励对象制定一个业绩目标，确定相应的股票授予数量或激励基金提取额度
  - 业绩股票的期限一般为3～5年
  - 业绩股票通常设置禁售期
  - 业绩股票有严格的限制条件
  - 设置风险抵押金
- **优缺点**
  - 优点
    - 能够激励企业员工努力工作，完成业绩目标
    - 可以每年实行一次，使激励范围不断扩大
    - 可以对激励对象形成较强的约束
  - 缺点
    - 业绩目标大多由高管制定，高管有可能弄虚作假
    - 高管可能制定比较容易实现的业绩目标，无法发挥激励作用
- **操作流程**
  - “虚拟股+实股”组合激励
    - 提前确定分配标准，按照授予标准确定激励对象与激励数量，向激励对象授予虚拟股
    - 设置业绩目标，然后设置相应的虚拟股分红规则
    - 对业绩目标的完成情况进行检查，对虚拟股分红金额进行核算
    - 企业出资购买实股，进行工商登记，向员工发放实股以示奖励
- **【案例】万科**
  - 激励对象：受薪董事、监事和中级、高级管理人员，以及总经理提名的骨干业务人员
  - 考核条件：年净利润增长率超过15%，全面摊薄的年净资产收益率超过12%
  - 基金来源：根据净利润增长率从净利润增额中提取激励基金用于股权激励

股票增值权模式 2.4

股票增值权

- **与期权的区别**
  - 股票标的的虚实不同
    - 股票增值权使用的是虚拟股票
    - 期权使用的是实股
  - 激励效果不同
    - 股票增值权的激励作用较小
- **优缺点**
  - 优点
    - 不需要向激励对象授予公司真实的股权
    - 无需考虑股票来源、回购等问题
    - 不会导致公司的控制权发生转移
  - 缺点
    - 激励对象行权对公司的现金支付能力提出了较高的要求
    - 对股票的流动性提出了较高的要求
- **实施流程**
  - 确定授予对象和资格条件
    - 主要包括公司董事、高层管理人员以及董事会认为对公司有特殊贡献的其他人员
  - 确定行权条件和兑现方式
    - 对公司业绩与个人绩效考核进行综合考虑
    - 对支付的现金总额做出规定
    - 一般为现金支付，现金不足可以转化为实股
  - 确定授予数量、期限、行权价格
    - 根据激励对象的绩效考核结果为其分配不同数量的股权
    - 行权等待期最少为1年
- **案例**
  - H集团股票增值权激励方案
    - 行权安排
      - 分三期进行
    - 行权条件
      - 公司层面
      - 个人层面

2.5 限制性股票模式

限制性股票

- **基本模式和特点**
  - 模式
    - 折扣购股型
    - 业绩奖励型
  - 特点
    - 条件明确
    - 目的明确
    - 禁售期限
  - 优点
    - 可以更好地留住激励对象
    - 股价下跌限制性股票仍有价值
  - 缺点：激励性较弱
  - 适用性：适用于发展成熟的企业
- **与股票期权的区别**
  - 需要承担的风险不同
    - 期权：不需要员工承担风险
    - 限制性股票：需要员工承担风险
  - 价值构成不同
    - 期权：内在价值和时间价值
    - 限制性股票：市场价值或者评估价值扣除授予价格
  - 制约性不同
    - 期权：对员工的制约性较差，员工可以放弃行权
    - 限制性股票：对员工的制约性较强
  - 取得企业股权的时间点不同
    - 期权：员工取得股权的时间点是未来的某一时间，具有一定的不确定性
    - 限制性股票：员工可以在当下的某一时间获得股权
  - 收益来源不同
    - 期权：收益主要来自于约定的行权价与股票市场价的差额
    - 限制性股票：收益主要来自于分红和高于市场价的转让综合得到的回报
- **案例**
  - 用友软件限制性股票激励方案
    - 股票来源及数量
    - 激励对象
    - 股票价格
    - 解锁日：设置了三个解锁期
    - 解锁条件：三个解锁期的解锁条件
    - 预留限制性股票的处理

第3章

企业股权激励的实战操作流程

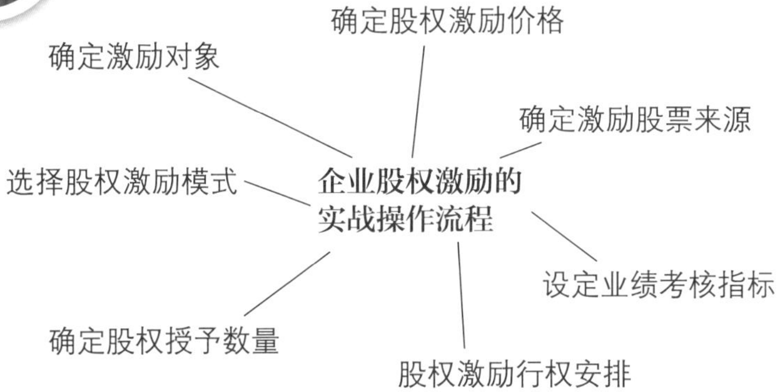

3.1 确定激励对象

确定激励对象

- **范围与模型**
  - 选择范围
    - 小范围
      - 选取对公司发展更重要的人员进行重点激励
      - 适用于初次使用股权激励工具的企业
    - 中范围
      - 将企业骨干人员纳入激励范围
      - 适用于成长壮大的企业
    - 大范围
      - 覆盖到公司全体员工
      - 理论上可行，实践不可行
  - 选择模型
    - 管理层　包括总经理、财务总监、市场总监等
    - 核心技术人员　主要知识产权和非专利技术的发明人或设计人、技术部或研发部的负责人等
    - 易产生内部人控制的职位　企业分支机构负责人、渠道管理负责人等
    - 业绩表现具有滞后性的重要职位　工程项目的投资负责人等
- **特征与确认**
  - 主要特征
    - 重要性强
      - 对企业发展具有重要价值
      - 离开对企业损失较大
    - 可替代性弱　可替代性越弱，对企业的价值就越高
    - 满足职级要求
      - 运用“岗位价值评估”对职级进行评定
      - 同一岗位或职级的成员要使用相同的激励政策
  - 确定依据
    - 岗位价值评估　包括员工所在岗位责任大小、知识技能、辛苦程度、工作环境等
    - 职级体系评估　纵向划分与横向划分
    - 服务年限评估　工作年限越长，贡献越大，对企业的忠诚度越高
    - 绩效考核评估　根据绩效考核结果筛选激励对象
    - 综合评估　综合评估比较主观，需要与绩效考核相结合
- **基本原则**
  - 企业价值最大化原则
    - 业绩评估　以结果为导向
    - 岗位评估
      - 根据企业的性质，对评估要素进行赋值
      - 通过评估要素对需要评估的岗位进行估值
      - 得出不同岗位的价值
  - 划分标准的刚性原则　例如入职三年以上、近一年内目标业绩完成率达到90%等
  - 未来人员规划原则　未来三年的营收额大约翻一番、员工数量增长一倍等
- **激励对象选择**
  - 初创期　小范围内的高级管理人员和核心技术人员等
  - 发展期　覆盖研发负责人、产品负责人、市场负责人等骨干人员
  - 成熟期　覆盖一些基层的具有潜力的员工
  - 衰退期　覆盖企业的忠实员工以及新项目参与人员

3.2 选择股权激励模式

- 激励模式
  - 尽职调查清单
    - 实施主体
      - 由专业律师负责
    - 基本内容
      - 公司成立及变更涉及到的相关文件
      - 公司章程、规章制度、议事规则等
      - 公司股权结构
      - 公司组织机构
      - 公司主营业务及经营状况
      - 公司近3年经审计的财务报告
      - 公司全体人员构成及现行的薪酬政策
      - 现行激励制度与绩效考核标准
      - 劳动合同、保密协议、竞争限制协议等
      - 实施股权激励的内部决策文件
      - 股权激励范围、对象、基本情况等
      - 股权激励的具体要求
      - 股权激励的重点问题及潜在风险
      - 股权激励的其他资料
  - 5大原则
    - 同类而不相同原则
    - 激励力度与激励期限适中原则
    - 激励与约束对等原则
    - 公正而不公开原则
    - 与时俱进原则
  - 不同发展阶段的激励模式
    - 初创期：采用干股或虚拟股权激励模式
    - 成长期：选择业绩股份、股份期权、限制性股份等激励力度较大的激励模式
    - 成熟期：采用期权、业绩股份、延期支付等激励模式
    - 衰退期：采用岗位分红权或项目分红权等激励模式

3.3 确定股权授予数量

授予数量

- **确定总量**
  - 法律的强制性规定
    - 上市公司用于股权激励的股份总数额不能超过公司总股本的10%
  - 企业的整体薪酬规划
    - 根据目前的薪酬福利水平确定股权激励额度
    - 考虑激励对象的数量
  - 企业控制权及资本战略
    - 注意企业控制权问题
    - 为企业后续融资、并购重组等留出足够的空间
  - 企业的规模与净资产
    - 考虑企业自身的估摸与净资产状况，防止激励不足或者过度激励的情况发生
  - 企业设定的业绩目标情况
    - 业绩目标比较高，要加大激励额度
- **总量确定方法**
  - 将留存股票的最高额度作为股权激励总量
    - 股权激励的拓展空间有限
    - 股权激励方案缺乏公平性和说服力
  - 以员工总薪酬水平为基数来确定股权激励总量
    - 股权激励总价值=年度总薪金支出×系数
  - 基于企业业绩来确定激励总量
    - 设立几个难易程度不同的业绩目标，激励对象完成哪类目标，就能获得相应比例的股权
- **确定个量**
  - 岗位
    - 包括岗位层级与岗位的工作性质
    - 在同一类岗位中，贡献越大，分得的股权越多
  - 工龄
    - 工龄越长，对企业的贡献越大，分得的股权越多
    - 工龄越长，对企业文化和价值观的认可度越高，分得的股权越多
  - 职称和执业（职业）资格
    - 企业要求较高，可以为相应的员工分配股权
  - 考核成绩
    - 考核成绩越高，分得的股权越多
  - 特殊贡献
    - 根据实际情况参照特殊贡献确定股权个量分配方案
- **个量确定方法**
  - 价值评估法
    - 适用于薪酬体系设计与股权激励同时进行的情景
  - 等差、等比、百分比递增法
    - 等差法：适用于喜欢平均分配的企业
    - 等比法：适用于大多数企业
    - 百分比递增法：适用于喜欢拉大分配差距的企业
  - 经验法
    - 适用于小微企业
    - 适用于考虑关键人才和特殊贡献因素的企业

确定股权激励价格 3.4

确定激励价格

- **定价因素**
  - 公司性质及发展阶段
    - 创业初期　按照注册资本或者初始投入进行股权定价
    - 发展阶段　按照公司的净资产进行股权定价
    - 引入投资机构　参考外部投资机构的意见
  - 员工收入水平，即出资能力　如果员工出资能力偏低，企业可以调整员工出资方式
  - 员工入股后投资收益
    - 员工投资的最佳年收益率应该为20%～50%
    - 员工每年分红收益为3～12个月的月薪比较合理
  - 如果公司处于拟上市阶段，需考虑股份支付的影响　如果授予员工的股权价格比市场价格低，就需要做股份支付处理
- **定价方法**
  - 净资产评估定价法　最简单的一种定价方法
  - 模拟股票上市定价法　又被称为市盈率定价法，通过模拟上市公司上市定价方法对激励标的进行定价
  - 综合定价法　对公司有形资产和无形资产（或者销售收入、净利润、净资产）进行综合考量
- **注意事项**
  - 员工对公司股权的价值判断
  - 不建议无偿赠与
    - 容易留下隐患，引起法律纠纷
    - 股权激励无法发挥出应有的作用
  - 同一批次股权激励价格应一致
  - 公司如无亏损，后续实施股权激励的价格要比前一批高

3.5 股权激励行权安排

股票行权安排

- **有效期**
  - 法律的强制性规定
    - 上市公司：股权激励的有效期不能短于1年，不能超过10年
    - 非上市公司：企业根据自己的实际情况确定
  - 企业阶段性战略目标期限：股权激励的有效期要比阶段性战略目标期限长
  - 激励对象的劳动合同有效期：股权激励的有效期要比劳动合同的有效期短
- **授予日**
  - 授予日指的是激励对象获得股权激励权益的日期
  - 由董事会确定
  - 等待期、行权期、锁定期等都要以授予日为基础进行计算
- **等待期**
  - 目的
    - 留住员工
    - 激励员工
  - 方法
    - 一次性等待期：激励力度较强，适合希望在一定时间内提高业绩的企业
    - 分批等待期：可以将激励对象与企业长期绑定，防止激励对象做出短期获利行为，适用范围比较广
    - 业绩等待期
      - 适合急于摆脱发展困境的公司
      - 时间不固定，需要根据业绩目标的完成情况来确定
- **行权期与锁定期**
  - 行权期
    - 等待期满的次日到有效期满当日这段时间
    - 进入行权期之后，激励对象可以在任何一个交易日行权
    - 为防止激励对象谋取私利，证监会设置了行权窗口期，激励对象只能在窗口期行权
  - 锁定期
    - 激励对象在行权后必须持有激励标的的一段时间内，不能对激励标的进行转让、处置
    - 防止激励对象为了获取短期利益做出损害公司利益的行为
    - 上市公司有明确的法律规定，非上市公司根据实际情况确定
- **有效期和行权安排**
  - 有效期
    - 自股权生效日到股权失效日之间的时长
    - 有效期越长，长期激励效果越好
    - 有效期较长也意味着不确定性较高
    - 法律规定股权激励有效期在3到10年之间
  - 行权安排
    - 设置行权期或解锁期
    - 限制期较短，上市公司会在股权激励初期背负较为沉重的资金压力
    - 上市公司让激励对象分批次行权，合理延长行权限制期

3.6 确定激励股票来源

激励股票来源

- **回购股票**
  - 企业从二级市场回购股票
  - 回购股份不能超过公司已发行股份的5%
  - 必须在1年内将回购的股份转让给员工
- **定向增发**
  - 公司向证监会申请一定数量的定向发行额度
  - 一次审核分批发行，或者采取预留的方式
  - 在行权期间，公司必须不断办理注册资本变更登记
- **大股东转让**
  - 持有较高比例股权的大股东向激励对象转让一部分股权
  - 如果大股东破产或者因为财务问题将股票转让给他人，公司的股权激励计划就无法继续开展
  - 股东拟提供股份的，应当先将股份赠予（或转让）上市公司，由上市公司将股份授予激励对象
- **以他方名义回购**
  - “他方”指的是信托公司、股票经纪公司等第三方
  - 优点
    - 制度成本低
    - 具有可持续性和稳定性
    - 能够保证激励对象行权自由
  - 缺点
    - 会增加股权激励的财务成本与激励成本
- **组合方式**
  - 巧妙预留库存股：企业不能留存库存股，但大股东可以
  - 定向增发：公司每次增发新股之前，大股东可以多认购一些股份用于股权激励
  - 委托薪酬委员会管理：大股东委托薪酬委员会对用于股权激励的股票进行管理，并签署委托书
  - 以他方名义回购：公司委托信托机构从二级市场购买股票用于股权激励
  - 行权安排
    - 信托机构将购买的股票直接转让给有行权需要的激励对象
    - 大股东赠予或者转让的股票需要经公司转让给激励对象

3.7 设定业绩考核指标

- **设定业绩考核**
  - **考核标准**
    - 股权激励的目标
      - 赋予员工企业股东的身份，调动其工作积极性，激发员工潜能
      - 使员工能够长期保持奋斗精神
      - 让员工在分享企业利润所得的同时，能够与企业共同承担风险
    - 考核条件
      - 股权激励的准入门槛
      - 行权或解除限售的触发条件
      - 增配股份的依据
      - 减持股份或注销资格的依据
      - 动态调整
  - **业绩条件**
    - 业绩考核的三大条件
      - 指标类型
        - 定性与定量指标
        - 财务指标与非财务指标
      - 组织绩效
        - 公司绩效、各部门绩效、团队绩效
      - 个人绩效
        - 业绩考核
        - 能力考核
        - 工作态度
    - 防止绩效考核流于形式
      - 考核模式与公司特点相适应
      - 优化关键绩效指标和权重设置
      - 重视绩效反馈、辅导和提升
      - 建立绩效管理体系而非简单的绩效考核
      - 绩效管理要调动全员参与
  - **考核指标**
    - 综合性指标 — 体现公司价值创造与股东回报 — 比如每股收益、经济增加值、净资产收益率等
    - 成长性指标 — 体现公司市场价值、盈利能力 — 比如公司总市值增长率、净利润增长率、主营业务收入增长率等
    - 企业收益指标 — 体现企业收益质量 — 比如现金营运指数、主营业务利润在总利润中占比等

第4章

MBO的操作流程与规范

1 2 3 5 6 7

MBO的概念与运作原理

MBO的操作流程与规范

MBO方案的设计与实施

4.1 MBO的概念与运作原理

运作原理

- **起源与特点**
  - 起源与发展
    - 最早的管理层收购发生在美国
    - 之后，管理层收购开始在美国、英国、日本等国家流行
    - 20世纪90年代初，管理层收购在俄罗斯、东欧等国家流行
  - 主要特点
    - 收购主体特定
    - 收购资金来源于外部投资
    - 收购完成后，企业的控制权转移到管理层手中
- **运作原理**
  - 收购方式
    - 管理层收购呈现出多元化的趋势
  - 收购主体
    - 自然人可以作为管理层收购的主体，但不可行
    - 管理层通常会寻找第三方作为收购主体
      - 创建职工持股会
      - 成立一家公司或者控制一家公司作为壳公司
      - 委托信托机构进行收购
      - 引入战略投资者共同完成收购
  - 收购定价
    - 根据公司每股净资产的价格来确定
    - 将能够实时反映资产价值的交易价格作为定价依据
- **演变与发展**
  - 我国管理层收购是在国企产权改革的大背景下发展起来的
    - 1995年，国有企业相继加入改制大潮，管理层收购开始在我国流行并发展
    - 1997年，我国开始对管理层收购进行初级探索
    - 2001年，宇通客车实施管理层收购，成为我国第一家实施管理层收购的国有企业
    - 2002年，《上市公司收购管理办法》发布，管理层收购开始在国内A股上市的公司中流行
    - 2004年，《企业国有产权转让管理暂行办法》等规范措施出台，管理层收购变得更加规范
    - 2005，国家放宽了对国有企业管理层持股的限制，允许国有企业的管理层持股，但对持股数量有严格管控
    - 此后许多年，管理层收购处于沉寂状态
  - 因为我国资本市场的融资工具短缺，而且缺乏政策引导，所以各企业在探索管理层收购的过程中将重点放在了收购主体、协议定价、运作过程等方面，出现了很多典型案例
- **【案例】宇通客车MBO实施流程**
  - 两个阶段
    - 第一阶段：向中央政府申请MBO批文
    - 第二阶段：加速开展管理层收购
  - 实施过程
    - 设立收购平台　由23个自然人出资成立宇通创业投资
    - 协议收购　编制《收购报告书》
    - 融资方式　受让所需资金由受让方自行筹集

MBO方案的设计与实施 4.2

设计实施

- **操作模式**
  - 收购资产
    - 管理层收购目标公司的所有资产或者大部分资产，获得目标公司的所有权与控制权
    - 适用于对上市公司、大集团旗下的子公司或分支机构、公营部门或公司的收购
  - 收购股票
    - 管理层直接从被收购公司的股东手中购买控股权益或全部股票
  - 综合证券收购
    - 管理层向被收购公司发出收购邀约后，通过现金、股票、公司债券、认股权证、可转换债券等不同组合进行出价，完成收购
    - 可以减少现金支付，防止新组建的公司出现财务危机，防止公司的控制权转移
- **融资途径**
  - 银行贷款
    - 将自己持有的目标企业的股权质押给银行，以获得贷款
    - 先寻找一家金融中介机构为其提供过桥贷款，将所持有目标企业的股权质押给银行，获得贷款
  - 过桥贷款
    - 管理层与目标企业达成收购意向后，管理层凭借自身资信向投资银行或管理层收购基金申请获得所需资金
    - 西方国家常用，我国不常用
  - 个人民间借贷
    - 管理层凭借个人信用进行民间借贷
    - 风险较大，且不受法律保护
  - 信托融资和向目标公司融资
    - 信托融资是最常用的一种方式
    - 如果发生在国有企业，管理层可能低价收购企业股份，导致国有资产流失
- **成功收购的条件**
  - 竞争性行业
    - 管理层收购更适用于竞争性行业
    - 不适用于能源型行业与垄断性行业
  - 大股东支持
    - 出让股份的主要是企业的大股东
  - 管理层对企业发展做出贡献
    - “企业领袖”“核心决策层”是股权的受让方首选
  - 经营现金流稳定
    - 管理层或者被收购的企业必须拥有稳定的经营现金流，以保证能够按时还本付息
- **面临的风险**
  - 政策风险
    - 政策审批难以通过，导致我国的管理层收购无法正常进行，很多企业只能暗中推进
  - 法律风险
    - 我国针对管理层收购出台明确的法律法规可能给管理层收购带来一定的法律风险
    - 由于法律法规不明确、不健全，导致管理层收购主体的合法性受到了一定的质疑
    - 有的管理层收购会通过职工持股会进行，但根据相关法律法规的规定，职工持股会作为社会团体法人不能从事投资活动
  - 行政风险
    - 管理层收购涉及很多行政问题
    - 审批不通过，管理层收购就无法进行
  - 定价风险
    - 定价过高，管理层无力承担，可能导致收购失败
    - 定价过低，可能导致国家利益或者集体利益受损
  - 方案规划风险
    - 如果收购方案存在问题，极有可能导致收购失败
  - 融资与分红风险
    - 管理层可能提高分红比例，加大分红力度，减少公司现金流量，给企业后续经营与发展埋下风险
  - 运作风险
    - 如果缺乏有效的监管，小股东利益可能受损
    - 为了缓解母公司的财务压力，管理层可能通过交联交易转移企业利益，为企业未来发展埋下隐患

第5章

ESOP的操作流程与规范

1 2 3 4 6 7

知识经济时代的ESOP

ESOP的操作流程与规范

ESOP方案设计与操作

知识经济时代的ESOP 5.1

员工持股计划

- **智力资本**
  - 内涵
    - 作为一种智力资源，智力资本可以产生更高价值
    - 智力资本=企业账面价值–市场价值
    - 智力资本带给企业更多价值增值
    - 智力资本的价格具有很大的不确定性
  - 对于经济发展的作用
    - 传统产业的时空分布被彻底打破，产业结构持续升级
    - 智力资本的扩张速度越快，知识经济的发展速度就越快
    - 知识经济要求提升智力资本管理的有效性
    - 智力资本可以实现无限扩张，赋予知识经济可持续发展特征
  - 度量模式
    - 智力资本度量主要是人力资本的度量
    - 要使用综合性量化衡量法
    - 要创建一种长效激励机制，让企业经营者与所有者的利益实现统一，尽可能高地提升企业价值
- **概念与起源**
  - 概念
    - 企业面向内部人员实施的一种长期绩效奖励计划
    - 可以看作股份期权激励的延伸
    - 是一种比股票期权更有效的激励措施
  - 起源
    - 1958年，美国律师路易斯·凯尔萨最先提出员工持股计划
    - 20世纪末及21世纪，我国一些上市企业开始实行员工持股计划
    - 2006年1月，我国出台《上市公司股权激励管理办法（试行）》
    - 2006年9月，我国发布《国有控股上市公司(境内)实施股权激励试行办法》
- **三种模式**
  - 员工持股会模式
    - 由地方主管部门主导，对员工持股会进行监管
    - 员工持股作为企业的构成部分，接受企业工会的监管，不具备社团法人的身份
  - 公司法人模式
    - 企业员工持股计划的实施对象建立新的公司或进行公司收购，并经由该公司获得原公司的股份
    - 门槛较高，不易实施
  - 自然人账户模式
    - 使用自然人账户，不符合相关部门的规定
    - 对持股人如何行使投票权和其他管理权缺乏系统管理，导致员工持股计划失去意义
- **实施流程**
  - 员工持股计划的特征
    - 只有本企业员工才能认购企业股份，成为持股人
    - 员工认购的企业股份不能交易、转让、继承
    - 员工持股有四种实现方式
    - 参与人通过二次利润分配分享企业利润
  - 员工持股计划的优势
    - 创新企业的治理机构，对员工产生一定的激励和约束作用
    - 知识员工成为持股人，参与企业剩余利润的分享，主人翁地位得以强化
    - 使公司法人治理结构的制衡作用得以有效提升，让企业治理结构从“单一治理”转变为“共同治理”
  - 实施流程
    - 确定参与员工持股计划的股份数额与价格
    - 以工资为主，通过对工作岗位、工作业绩的综合考虑对员工分配股份
    - 托管员工股份的法人机构可以是企业内部组织，也可以是公开组织
    - 获得员工委托的法人机构要代表员工参与公司管理，形成二次利润分配模式
    - 在达到一定的时间和条件后，员工可以将自己持有的股份出售给公司
- **注意事项**
  - 创建与企业内部员工持股有关的法律法规，完善员工持股计划
  - 企业在对内部职工股进行划分时最好量化到具体的员工身上
  - 推行企业内部员工持股制度的方法一定要灵活
  - 企业要对内部职工股的权利范围予以限制
  - 根据实际情况确定内部员工持股制度改革的重点与难点，确定内部员工持股制度的适用范围

5.2 ESOP方案设计与操作

方案设计与操作

- **存在的问题**
  - 法规不完善及员工持股的无计划性
  - 员工持股强制化、福利化、短期化
  - 金融证券部门基本没有介入员工持股制度
  - 员工持股的数量小，激励效果不明显
- **股票来源**
  - 定向扩股
    - 公开募股、发行配股等
    - 证监会要加强监管
  - 原股东转让
    - 将大股东的部分股份拿出来用于实施内部员工持股计划
    - 相关政策做出了规范
  - 国有股减持
    - 采用转配送股的方式，提高流通股的份额，降低国有股的比例
  - 二级市场购买
    - 在法律方面受到的约束比较少，购买的股票数量也没有上限要求
    - 容易受市场波动的影响，对企业的资金实力要求较高
  - 公积金转增
    - 从公积金中拿出部分资本，转增为企业股份，用于公司推行内部员工持股计划
    - 不管股份是否被员工购买，都对应着确定的所有权人
    - 预留股份在处理过程中无需进行股份回购
- **资金来源**
  - 员工个人资金
    - 支持员工分期付款
    - 可以培养员工的股东意识
    - 实现员工持股计划的初衷
  - 借贷资金
    - 可以来源于银行，也可以来源于企业
    - 银行贷款，需要企业作担保，或以股份为质押物
    - 企业贷款，企业向员工提供分红时扣除借款本息，并对员工偿还本金的时间范围进行限定
  - 公益金和奖励基金结余等款项
- **管理体制**
  - 建立职工持股会，代表员工参与企业经营管理全过程
  - 成熟的信托市场为员工持股计划提供相关的金融服务，帮助企业解决资金问题
  - 国内上市公司正在实施股权配置等方面的改革，相关法律法规也对企业员工持股计划进行了规范
- **持股形式**
  - 高层管理者的持股计划
    - 适当提高经营者持股比例，利用股权激励调动他们工作的积极性
  - 中层管理骨干和技术专家的持股计划
    - 奖励股，免费分配给技术骨干
    - 股票购股权，赋予技术骨干在某段时间内按照预设价格购买一定数量的公司股份的权利
    - 技术入股，调动专业技术人员的积极性
  - 全员持股计划
    - 优点
      - 体现内部公平性
    - 缺点
      - 导致老员工的股份被稀释，会使老员工对公司产生抱怨
      - 全员持股等同于给员工提供奖金，难以体现全员持股的价值

第6章 上市公司股权激励的实操指南

1 2 3 4 5 7

上市公司股权激励的实操指南

- 拟首次公开募股企业股权激励实施方案
- 完善上市公司的股权激励机制
- 上市公司股权激励的实施方案

6.1 拟首次公开募股企业股权激励实施方案

拟首次公开募股企业股权激励

- 股权激励方式
  - 以较低的价格对激励对象进行定向增发，低于公允价值的这部分额度就是企业给激励对象的福利
  - 创始人或大股东以较低的价格将一部分股权转让给激励对象
- 股权激励时机
  - 在IPO改制前推出股权激励计划，时间越早越好
  - 和PE时点保持一定的时间间隔，将对企业IPO申报期业绩成长的影响降到最小
- 授予价格与方式
  - 授予价格
    - 以每股账面净资产或比每股净资产稍高的价格入股
    - 授予价格比外部 PE 入股价格越低，股权激励对激励对象产生的激励效果就越好
  - 授予方式
    - 个人持股方式
      - 限售期满后，激励对象可在二级市场流通减持
      - 减持行为必须根据相关法律法规进行
    - 持股平台间接持股方式
      - 相较于个人直接持股来说，这种方式操作起来比较麻烦
      - 比个人直接持股更灵活，受到的法律限制更少
- 负税与治理决策
  - 负税
    - 股票减持需要支付高额税负
    - 未来减持税负最低的持股方式是个人直接持股
    - 有限合伙企业持股平台间接持股的未来减持税负比有限责任公司持股平台间接持股要低
  - 治理决策
    - 民主决策和权力制衡有利于企业健康稳定发展
    - 处在发展阶段的企业首先要关注决策效率
    - 企业发展到一定规模后再开始推行民主
- 退出机制
  - 未达到解除限售条件的股票价格回购
    - 回购价格不能比授予价格与银行同期存款利息之和更高
  - 未达行权条件的股票期权注销
  - 出现不符合上市公司股权激励条件导致的回购
    - 个人原因：企业的回购价格不得高于授予价格
    - 其他原因：企业的回购价格不得高于授予价格加银行同期存款利息之和
  - 出现不得成为上市公司股权激励对象导致的回购
    - 回购价格不得高于授予价格

上市公司股权激励的实施方案 6.2

上市公司股权激励

- **创业板企业**
  - 增加新的激励工具
    - 不仅可以选择传统的限制性股票及股票期权作为激励工具，还可以选择全新的限制性股票
    - 全新的限制性股票可以减轻激励对象的资金压力，未来有可能成为最主要的激励工具
  - 扩大激励对象的范围　单独或合计持有上市公司5%以上股份的股东或实际控制人及其配偶、父母、子女以及外籍员工如果在上市公司担任董事、高级管理人员、核心技术人员或者核心业务人员的，可以纳入为激励对象
  - 提高授予价格的灵活性　允许限制性股票的授予价格在市场价格的基础上打5折，甚至更多
  - 拓展股权激励授予规模　股份授予比例上限从总股本的10%提升至20%
- **科创板企业**
  - 特点
    - 科技创新能力较强，未来成长发展空间较大
    - 研发投入高
    - 公司拥有自主知识产权
  - 股权激励方案
    - 员工持股计划符合“闭环原则”
    - 带期权激励计划申报
    - 资产管理计划
- **新三板企业**
  - 股权激励方式
    - 定向增发
      - 增发人数限制较小
      - 增发比例不受限制
      - 发行价格没有限制
    - 股权转让
      - 股份公司必须先对股权激励对象的总数进行控制
      - 公司必须对股权激励对象说明入股的利弊
      - 激励对象不能随随便便获得股权
    - 其他方式　定向增发直接持股、定向增发间接持股（合伙企业持股）、发行限制性股权、股票期权、虚拟股票、股票收益权等
- **6个关键点**
  - 控制激励股权的比例，谨防实际控制权转移
  - 禁止使用信托、代持等方式开展股权激励
  - 设立高管持股
  - 公司要在上市之前制订股权激励计划
  - 对股权激励计划成本进行有效预测
  - 股权激励要注意税务问题

6.3 完善上市公司的股权激励机制

完善股权激励机制

- 营造良好的资本市场环境
  - 规范与健全股权激励机制的实施环境
  - 进一步建立健全股票期权机制
  - 通过立法健全股权激励机制
- 完善企业的内部治理结构
  - 公司明确治理结构，成立董事会、监事会、股东会、经理层，并明确其职责
  - 扩大外部董事在公司董事中的占比，改变“内部人控制公司”的局面
  - 创建独立的薪酬委员会
  - 增强监事会的独立性
- 建立完善的绩效考核体制
  - 选择适合自己的绩效目标、考核方法与标准、考核结果的反馈与使用等
  - 以系统诊断为基础分步推进、分层激励
  - 针对股权激励制定恰当的考核制度，对考核进行细分
  - 需要企业根据自己的实际情况不断完善
- 推进职业经理人制度建设
  - 公司可采用适当的考核方案选取合适的经理人
  - 通过社会中介机构比如会计事务所获取经理人的相关信息
  - 完善相关法律法规促进国内经理人市场发展，改善我国的资本市场，体现股权激励的价值

第7章

中小企业股权激励的实操指南

中小企业股权激励实战攻略

建立动态股权激励系统

中小企业股权激励的实操指南

搭建有限合伙持股平台

7.1 中小企业股权激励实战攻略

- **中小企业股权激励**
  - **实战操作**
    - 选择合适的股权激励模式
      - 股权激励的模式有很多，包括股票增值权、股票期权、限制性股票、虚拟股票等，企业要根据实际情况进行选择
      - 采用限制性股票方案，在激励对象达到股权激励计划的条件时，为其提供一定数量的公司股票
    - 注重股权激励的运行
      - 以员工的业绩考核结果为参考，为他们提供激励性资本回报
      - 按照企业净资产确定股票价格
      - 小企业制定股票价格时，要着重参考其盈利能力
    - 建立规范的激励方案
      - 不建议企业采用代持股与虚拟持股的方式
  - **让股权激励服务于企业战略**
    - 明确企业的战略目标并制定合理的发展规划
    - 进一步确定激励对象与对应的激励额度
      - 企业需要进行战略分析，对于企业内部的骨干员工进行准确定位
      - 先明确股权激励的总体额度，然后确定不同激励对象的激励额度
    - 从全局性角度出发，制定统一的股权规划
  - **建立多层次的股权激励体系**
    - 股权激励方式
      - 在职股权激励方式
        - 倾向于选择现金回报
        - 一种较为基础的股权激励方式
        - 面向的是在职员工
        - 能够获得企业分红但无法参与决策，也不享有继承权
      - 注册股权激励方式
        - 倾向于选择股权溢价
        - 是一种层级较高的激励方式
      - 股票期权激励
        - 明确股权激励开始实施的时间
        - 具体激励对象及对应的激励额度
        - 实施三到五年的股权锁定期，对持股人的行为进行限定
        - 实施多期股权激励，通过股份增发获得更多可用于分配的企业股份
    - 新员工入股问题
      - 股权来源问题
        - 股权退出机制
          - 未完成商业注册，员工只有在职期间才享有公司股份
          - 完成工商注册的企业，只能回购员工股权
        - 股权增发
          - 以企业的发展规模、资产实力与利润获得为基础，避免盲目增发
          - 虽然会导致老股东的股份比例被稀释，但能够使他们获得更多财富

搭建有限合伙持股平台 7.2

有限合伙持股平台

- **模式运作**
  - 搭建方式
    - 创始股东与投资人或激励对象签订协议，确定有限合伙人和普通合伙人
    - 以合伙人的身份成立有限合伙企业，进行工商登记，在企业名称中注明“有限合伙”字样
    - 通过受让创始股东的股权或者对主体企业增资扩股，成为主体企业的股东
  - 设计架构
    - 创始股东与联合股东分别持有部分股权，剩下的股权由有限合伙企业持股平台持有
    - 如果激励对象比较多，企业可能成立多个有限合伙企业作为持股平台，对主体企业间接持股
    - 创始股东与联合股东联手成立一家管理类的有限合伙企业，与有限合伙持股平台共同对主体企业间接持股
- **法律特征**
  - 在企业内部实施股权激励，让激励对象间接持有主体企业的股权，获得相应的收益
  - 出资权与经营权分离，可以实现“分钱不分权”
  - 用于股权激励的股权有两大来源
    - 主体企业的预留股权
    - 向主体企业增资获得的股权
- **四大优势**
  - 掌握控制权　投资方只享受企业发展带来的收益，不参与企业管理，可以保证创始股东对企业的控制权
  - 避免责任承担
    - 普通合伙人承担无限连带责任，有限合伙人根据其出资额承担有限责任
    - 有限合伙企业只要不开展实质性的业务，就可以避免债务生成，普通合伙人就无需承担连带责任
  - 享受税收优惠　有限合伙企业通过转让股权所获得的收益无需缴纳企业所得税
  - 灵活处理人数较多的情形
    - 有限合伙企业中的合伙人可以由自然人、法人或其他组织担任
    - 如果激励对象比较多，企业可以设立多个有限合伙持股平台
- **搭建流程**
  - 确定企业名称和经营范围
    - 企业名称体现企业的经营范围
    - 企业的经营范围包括投资管理、资产管理、投资咨询等，之后可以根据经营范围确定企业名称
  - 选择注册地点
    - 一要考虑当地的税收政策
    - 二要考虑合伙人变更登记是否方便
  - 选择合伙人，明确各自的出资比例
    - 有限合伙企业由普通合伙人与有限合伙人构成，每类合伙人至少需要一名
    - 有限合伙人会选择激励对象担任，按照股权激励计划向其发放一定数量的股权
    - 最好选择企业创始人或者决策人担任有限合伙企业的普通合伙人
  - 确定合伙企业的认缴出资额
    - 认缴出资额=企业的注册资本×激励股权在注册资本中所占比例
    - 如果企业注册资本不多，要根据合伙企业出资额在企业注册资本中所占比例分配激励股权
  - 签署合伙协议
    - 根据股权激励计划拟定与之配套的合伙协议，并向工商部门备案
    - 如果合伙协议过于复杂，工商部门拒绝接受，可以签署一个补充协议

7.3 建立动态股权激励系统

- **动态股权激励系统**
  - **动态股权激励制度**
    - 建立强有力的股权激励工作机构
      - 制定企业的股权激励管理制度，根据董事会的意见进行修改
      - 在分析员工绩效评估结果的基础上，设计并调整企业当年的股权激励方案
      - 执行企业的股权激励方案
      - 围绕企业的股权激励方案进行日常管理
      - 追踪股权激励制度的落实情况，反馈给董事会与监事会
    - 制定科学严谨的股权激励制度
      - 确立股权激励管理的流程，根据既定规则来制定股权激励管理制度
      - 制度内容符合相关法律法规的要求，避免出现违法问题
    - 严格贯彻执行动态股权激励制度
      - 对员工的业绩表现进行精准有效的评估，做好前期的绩效考核工作
      - 以《员工股权激励合同》及企业的股权管理制度为依据，为员工分配企业股权或经营红利
  - **操作流程**
    - 确定激励对象和关键岗位
    - 根据激励对象所在岗位的重要性，授予激励对象一定数量的岗位股
    - 激励对象出资购买一定数量的风险股
    - 每年度根据企业的经营情况授予员工“贡献股”
    - 动态股权激励模式中激励对象每年的收益实现
  - **“未来导向”的股权激励**
    - 将那些为企业发展做出突出贡献的骨干员工为主要激励对象
    - 在为员工分配股权时，应该设置适当的门槛
    - 企业首先要做好自身的战略和发展规划，然后再实施股权激励

给少数人带来好处，呈现出“内部人控制”局面，无法对企业经营者形成有效监管，导致监管缺失。在这种治理结构下，不仅中小股东的利益会受到一定的损害，经营者为了短期经营效益更好，会擅自更改会计报表，调整经营利润，使股票的市场价格不断增长，让企业面临较大的经营风险，使投资者的利益受损。长此以往，大股东的利益也会受到极大的损害，导致股权激励机制无法顺利推行。

在一个健全的资本市场中，企业业绩会对股票价格产生很大的影响，而企业业绩在很大程度上受激励对象努力程度的影响。如今，我国的资本市场上对股票价格产生影响的因素非常多，比如国家政策、市场投机、经济周期、公众信心等，我国的股票市场尚未成熟。

从国家政策方面来看，前几年，我国有很多国有企业上市，通过债务重组，这些国有企业将很多“烂债”“死债”变成了良好资本进入资本市场，转嫁给股民。在表面繁荣的资本市场中，很多股民都失去了理智，疯狂地参与股票买卖，希望能一夜暴富，使股票市场具有很大的投机性。除此之外，还有一些企业出现了内幕交易、欺诈上市、市场操纵、虚假披露等现象，导致企业的股票价格与企业实际运营情况不符，股票与真实价值相背离，使股权激励对象开始疯狂地追逐短期利益。

在培养投资关系方面，股权激励是一种非常有效的方式，无论企业市值高低都要推行股权激励。公司管理层作为股权激励的对象必须端正自己的心态，关心公司资产，关心投资者的利益。无论公司发展状况是否良好，企业管理层都要努力工作，与投资者建立深厚的友谊，形成战略合伙关系，构建利益共同体。

股权激励所产生的利益主要通过资本市场表现出来，而经营管理者希望通过资本市场的表现获取更多股权收益。要想实现企业融资融券良性发展必须构建一个健康的资本市场环境，从我国资本市场发展的现状看，政府要发挥监管作用，在相关法律、法规的作用下进一步深化体制改革，对企业上市条件进行规范，防止企业出现暗箱操作、哄抬股价等行为。同时，企业要建立健全信息披露体系，执行诚信约束管理办法，对预先披露和审核信息公开制度进行完善，增强各中介机构的责任感，使公司、中介机构的商务诚信水平得到切实提升。

（1）公司必须明确自己的治理结构，成立董事会、监事会、股东会、经理层，明确它们的职责，让各部门实现协调运转，形成有效制衡。

（2）扩大外部董事在公司董事中的占比，任命3名及以上独立董事，让他们履行自己的职责，改变"内部人控制公司"的局面，制定科学的企业战略目标及可行的实施方案，推动企业实现长期可持续发展。

（3）创建独立的薪酬委员会，其成员不仅要满足独立董事的一般规定，还要与公司的关联企业相互独立，与公司的法律部门、会计部门、咨询顾问等相互独立。

（4）增强监事会的独立性。监事会要与股东、管理层相互独立，其判断不能受股东及管理层的影响，其职责是对股权激励计划的实施进行有效监督，其内容包括对薪酬委员会的组织管理工作进行监督，对管理者及员工绩效考核的公正性进行监督，对股权激励计划执行程序是否符合规定进行监督等。

6.3.3 建立完善的绩效考核体制

我国企业没有创建完善的绩效考核指标体系及对经营者的约束机制，内部监督机制不健全，企业缺乏完善的业绩考核指标对经营者的业绩进行考核，无法通过考核对经营者、管理者的行为进行约束，受到股权激励的经营者、管理者、员工的绩效考核结果也得不到真实反映，导致部分管理者投机取巧牟取私利，进而引发企业内部出现不公平现象，使股票期权的激励作用被削弱。

只有建立一个有效的绩效考核制度，公司才能更好地吸引人才、留住人才。创建绩效考核制度是一个系统工程，企业需要根据自己所处的发展阶段及环境选择适合自己的绩效目标、考核方法与标准，做好考核结果的反馈与使用等。

企业的绩效考核制度需要以系统诊断为基础分步推进、分层激励，要对人力资本价值、不可取代程度、历史贡献等因素进行综合考虑之后确定激励对象，对人力资本的价值进行评估，与个人、组织业绩相结合设置合适的激励力度。

除此之外，企业还要针对股权激励制定恰当的考核制度，将考核细分为公司绩效考核、部分绩效考核、个人绩效考核。对层级较高的员工开展公司绩效考核，对层级较低的员工开展个人绩效考核。

股权激励与企业管理制度、绩效考核制度是完全不同的概念，股权激励制度的推行要建立在企业管理制度、绩效考核制度的基础上。企业管理制度、绩效考核制度、企业治理结构的构建都非常复杂，需要企业根据自己的实际情况不断完善，股权激励只能作为这些制度的补充，起辅助、协同作用。

6.3.4　推进职业经理人制度建设

要想提高上市公司发展的持续性，公司管理者在经营过程中就要着眼于企业的长期发展。然而，很多企业在实施股权激励过程中，都存在管理者采取短期经营行为的问题。

现阶段，国内上市公司大都规定了管理者的任期，且企业股东与管理者之间存在一定的利益冲突，导致管理者可能在任期中更多地考虑短期利益的获得，从自身出发而不是从企业整体发展的角度出发来选择经营行为。这种行为方式显然不利于促进公司的可持续发展。为了实现公司短期利润的增加，有些经营者削减了企业的研发经费，甚至改动公司的利润所得数据，通过提高公司股价来谋求自身利益，成为公司本身及整个国内资本市场的长期发展的不稳定因素。

西方发达国家已经拥有较为成熟的经理人市场，相较之下，国内经理人市场的发展还处于早期探索阶段。现阶段，选择从经理人市场聘任管理者的上市公司仅为少数，企业更倾向于选择通过上级委派或内部培养方式任命管理者。另外，国内经理人市场输出的管理者无法实现自身利益、企业发展之间的有效统一，导致职业经理人在公司发展过程中体现的价值比较有限，使上市公司无法充分意识到经理人的作用。这些因素都导致国内经理人市场发展缓慢。

然而，立足于资本市场的层面来分析，上市公司应该通过完善的经理人市场选出优秀的管理者，并对其实施股权激励，从这个角度来说，要加快发展国内的经理人市场。在具体执行过程中，公司可采用适当的考核方案，选择合适的经理人，促进企业未来的发展。另外，也可以通过社会中介机构比如会计师事务所，对经理人的相关信息进行全面的获取，了解其个人绩效、工作能力、为企业发展做出的贡献等。参考这些信息资料，实施综合性的考核与评估，将考核结果进行公开发布。

上市公司实施股权激励，能够更好地处理股东与管理者之间的关系，从各个方面来评估公司管理者的持股情况及其在企业发展过程中起到的作用，了解企业承担的风险与未来的发展前景，帮助企业制定更加合理的发展规划。目前，国内上市公司的股权激励实施还处于探索阶段，很多方面还不完善。要加快国内资本市场成熟化，为公司实施股权激励提供有力的环境支持；不断完善股票期权机制，通过完善相关法律法规促进国内经理人市场的发展，从而改善我国的资本市场，进一步体现股权激励机制的价值。

第7章　中小企业股权激励的实操指南

7.1　中小企业股权激励实战攻略

7.1.1　中小企业股权激励实战操作

对企业发展起到重要推动作用的因素包括三项：资金、产品与人才。企业要想获得发展，就要打造自主品牌的产品，在保证产品质量的同时逐步拓宽产品的销售渠道。要实现这一点，企业就要引进专业的技术人才，发挥优势人才对自身发展的推动作用。因此，国内中小企业在引进优秀人才的同时，还要注重提高人才的留存率。在这方面，中小企业可通过实施股权激励来壮大自身的人才队伍，突出人才优势。

企业通过实施股权激励，可以提高核心优秀人才在企业决策制定过程中的参与度，将企业与员工联结起来，促使员工为推进公司的持续性发展而积极投入到工作当中。企业通过实施股权激励计划，能够处理好企业、企业股东、骨干人才之间的利益关系，有效提高优秀人才的留存率，将公司股东、管理层人员及员工的奋斗目标统一起来，为公司的发展而不懈努力，增强整体的凝聚力。实践表明，股权激励确实能够帮助企业实现成本控制，提升管理水平，优化治理结构，巩固企业的市场地位。

◆选择合适的股权激励模式

股权激励的模式多种多样，企业应用较多的有股票增值权、股票期权、限制性股票、虚拟股票等，在选择过程中，中小企业需要结合自身特点及具体发展情况进行取舍。

对中小企业而言，人力资源是公司最大的资产。企业的发展有赖于优秀人才的支撑，所以，这类企业要采取有效措施避免骨干人才的流失。企业领导者可以为骨干人才配置一定比例的公司股份，使员工对公司产生归属感，将自己视为公司的主人，积极投身于公司的发展中，优化整体的管理模式，提高企业决策制定的科学性与准确性。在这种情况下，中小企业可以采用限制性股票方案，在激励对象达到股权激励计划规定的条件时，为其提供一定数量的公司股票。

◆注重股权激励过程中股票价格的制定

采用股权激励方案的中小企业，应该以员工的业绩考核结果为参考，为他们提供激励性资本回报，业绩状况良好的员工得到的激励性资本回报要高于其他表现一般的员工。如此一来，员工不仅能够得到公司发放的工资、奖金，还能够依靠自身的价值得到资本回报，进一步提高自身收益。

在实施股权激励的过程中，股票价格制定是中小企业不能忽视的一个环节。在为员工分配公司股份时，中小企业往往按照企业净资产制定股票价格。一些企业并不具备大规模的固定资产，但凭借优秀的人才队伍，其盈利能力通常高于其他行业。所以，小企业在制定股票价格时，要着重参考其盈利能力。在这方面，有些企业会计算出每股净资产，结合同类上市公司的盈利率，制定自己的股票价格，这种方式是比较合理的。

◆建立规范激励方案

大部分实施股权激励的中小企业都有上市计划，为了后期顺利上市，企业必须提高股权激励方案的规范化程度。如上文所述，从规范性角度来分析，不建议企业采用代持股与虚拟持股的方式。因为如果企业选择的股权激励方案不规范，容易在后期受到法律的限制，影响中小企业的整体发展，增加企业上市的难度，而且企业还要依据法律规定承担责任，从长远角度来看，这些因素都会成为企业后期发展过程中的阻力。

7.1.2　让股权激励服务于企业战略

很多企业对战略梳理都未给予足够的重视。通过股权激励，企业能够与员工形成关系密切的共同体，而要实现企业与员工的双赢，就要充分发挥股权的价值，真正推动企业的战略发展。而要实现这一点，就要做好之前的准备工作，明确企业的战略目标并制定合理的发展规划。

另外，只有员工认可企业的战略规划时，企业实施股权激励才有意义。反之，若企业的战略规划无法得到骨干员工的认同，或者这些在企业发展过程中起到关键性作用的员工不清楚自己在企业战略中的定位，股权激励所发挥的作用就比较有限。

概括来说，企业实施股权激励是为了在企业与骨干员工之间建立联盟关系，在这个过程中，股权激励发挥着重要的联结作用，而要体现其价值，企业就要着眼于自身的持续性发展，制定合理的发展战略。

明确战略制定在企业股权激励中发挥的作用后，要进一步确定激励对象与对应的激励额度。股权激励是面向在企业战略中发挥重要推动作用的骨干员工实施的。在确定激励对象时，企业需要进行战略分析，对于企业内部的骨干员工进行准确定位。在确定激励额度时，先要明确股权激励的总体额度，并分析员工在企业战略实施过程中发挥的作用，根据这两个要素，综合制定针对不同激励对象的激励额度。在这个环节中，企业可以使用海氏评估法或对偶比较法对激励额度进行确认。

股权结构涉及企业的控制权问题，所以企业在实施股权激励的过程中，应该从全局角度进行规划。从企业长期角度来分析，由谁掌握企业的控制权，会对企业可持续发展产生重要影响。

中小企业应该确定自己的控制人，保证企业控制权掌握在某个大股东手里。在进行公司股权规划的过程中，如果股东要引进战略投资者，就要确保企业的控制权仍然掌握在大股东手里。当企业保持静态股权结构时，其发展通常不会受到影响，如果要引进战略投资或是实施股权激励，公司的原有股权结构就会被改变。在这种情况下，企业要从全局角度出发，制定统一的股权规划，为公司引进战略投资、实施股权激励做准备。如若不然，就可能导致公司骨干员工难以持有与其职位相匹配的股份，无法发挥股权激励的作用。

综上所述，企业在实施股权激励时要进行统筹规划，注重战略梳理，提前确定激励对象与激励额度，并进行有效的层次划分，按照明确规定来执行，发挥其法律效力。要避免盲目地进行股权划分，不然企业只能暂时性地发挥股权激励的作用，在后续发展过程中会因为这种盲目行为陷入困境，给企业发展带来负面的影响。

7.1.3 建立多层次的股权激励体系

在选择股权激励方式时，企业应该依据员工的不同需求，选择适当的方式。根据不同的分类标准，股权激励能够分为多种不同的方式。企业倾向于选择现金回报，对应的是在职股权激励方式；倾向于选择股权溢价，对应的则是注册股权激励方式。

在职股权激励属于一种较为基础的股权激励方式。当公司还没有制定长期发展规划，缺少成熟的盈利模式时，员工通常更加重视当期现金收益，在这种情况下，企业可以选择在职股权激励方式。这种股权激励方式面向的是在职员工，也就是说，员工在在职期间能够获得企业的分红但无法参与决策，也不享有继承权，员工离职后则不再享有股权。

相较于在职股权激励，注册股权激励是一种层级较高的激励方式。通常情况下，上市公司会遵循制度规定，推行股票期权模式；非上市公司虽然无法制定清晰的市场股价，但是可以选择更多的股权激励方案，不必受太多市场因素的影响。非上市公司，可以选择类似于股票期权模式的股权激励模式。

（1）明确股权激励开始实施的时间、具体激励对象及对应的激励额度，以及注册股权的时间，从股权激励开始实施一直到注册这段时间里，对员工进行考核。另外，以企业战略为依据，确定针对不同员工的考核标准，并将激励额度与考核结果联系起来，确定最终的激励额度。确定员工如何获得股权，是否需要认购，如果需要，确定具体的定价方式。

（2）股权注册后，企业可以规定3年到5年的股权锁定期，对持股人的行为进行合理限定，并明确离职员工的股权处理方式，从而将企业与员工联系起来，降低企业承担的风险。

（3）企业在了解自身发展进度的基础上，可以实施多期股权激励，通过进行股份增发获得更多可用于分配的企业股份。

◆解决骨干员工成长与新员工进入问题

伴随着企业的发展，会有新一批的骨干员工成长起来，企业也会吸纳更多员工，因此，企业在实施股权激励的过程中，需要解决股权来源问题，在这方面，股权退出机制、增资扩股能够为企业提供有效的解决方案。

通过股权激励获得公司股份的员工，如果退休、离职、死亡或是丧失劳动能力，就不能再持有公司股份。实施在职股权激励的公司，未完成工商注册，公司在开始实施股权激励时就公开声明，员工只有在职期间才享有公司股份，因而能够迅速完成此类股份的处理工作。如果公司此前进行了工商注册，要想收回员工手中的股份，就要采取回购方式，按照企业估值的一定比例完成股份回购，并对这部分股份的处理方式进行规定，具体包括将股份分配给股东，或者由公司在后期实施股权激励时利用。

企业也可以通过增发方式获得股权激励来源。在进行股权增发时，要根据企业的具体情况加以实施，以企业的发展规模、资产实力与利润获得为基础，避免盲目增发而损害老股东的利益。合理的股权增发虽然会导致老股东的股份比例被稀释，但能够使他们获得更多的财富。如此一来，企业的股权激励才能得到老股东的认可，避免企业与员工之间发生冲突，影响整体的发展。

7.1.4 如何设计股权激励退出机制

企业股权激励的实施与很多法律问题息息相关，具体包括公司治理结构、股东权利与义务、公司股份注册等，在具体执行过程中要严格遵守相关规定。如果不注重公司股权退出机制的设定，就容易出现前述“在职员工创造的利润最终流向退休员工手里”的问题，针对这种情况，企业应该制定明确的退出机制，并以法律文本的方式对股权注册、股权获得等加以规范，维持企业与员工之间的和谐关系。不仅如此，企业还要确保上述规范符合《公司法》与《企业章程》的规定，由专业的法律机构或相关人士对企业的规定加以审核，确保其具备法律效力。

◆退出机制的意义

对企业来说，股权激励虽然具有重要的价值，但也需要具备完善的退出机制。这一方面是因为企业中会存在正常的人员流动，当面临员工离职等情形时，股权激励的基础便也不复存在，对应的股权激励方案便应做失效处理；另一方面则是因为利益冲突等方面的因素，股东之间可能产生纠纷，也需要合理的股权退出机制，避免给企业带来潜在的危机。

完善的股权退出机制应该包括退出事由、回购价格等相关内容。与股权退出相关的条款也应该在执行股权激励计划时由被激励对象签字确认，以保证其知情权和协议的法律效力。

◆强制退出的事由

根据股权激励的退出机制，在一些情况下，被激励对象持有的股权需要转让给公司指定的成员。强制退出的事由主要包括以下情形：

- 员工出于个人原因辞职。
- 员工退休或离休。
- 员工出于个人原因违反法律，导致被追究刑事责任或人身自由被限制；
- 员工死亡。
- 员工出于个人原因造成严重失职、重大失误，或者因渎职造成公司重大损失。
- 员工利用职务便利为自己或者他人牟取属于公司的商业机会。
- 员工自己或与他人共同经营和公司存在竞争关系的业务。
- 员工出于个人原因泄露甲方商业秘密或者损害甲方声誉，给甲方造成损失的。
- 员工因严重违反公司制度或劳动合同被公司解除劳动合同的。
- 其他员工持股方案规定的导致持股前提条件丧失的情形。

◆员工离职，已授期权的处理

用于股权激励的工具也可以是期权，即依据企业与员工之间的协议，员工在某一特定日期或该日之前的任何时间以固定价格购入企业股份的权利。但当员工离职时，已经授权的期权则需要企业给出相应的处理对策，具体如表7–1所示。

表7–1　已授期权的处理方式

期权状态	处理方式
对于已经行权的期权	已经行权的期权，实质上是员工购买股票的正当行为。如果企业已经上市或者被并购，这部分股权通常不需要再回购；如果企业还处于创业期，那么拥有股票的已离职员工也是企业的股东，可能影响企业发展的独立性，因此在签订股权激励协议时，企业可以事先与被激励对象约定其离职后公司有权回购员工持有的股票
对于已成熟，但未行权的期权	当员工做出离职决定后，如果企业许诺的期权已经成熟，但尚未行权，本质上与上述提到的情形类似，相当于员工已经付出了相应的工作，那么员工自然拥有行权的权利。因此，员工既可以选择行权，按照协议约定的价格购买公司的股票；也可以选择不行权，由公司出资进行期权回购

续表

期权状态	处理方式
对于未成熟，也就是不符合行权条件的期权	当员工做出离职决定后，如果企业许诺的期权还未成熟，也就是说，行权条件已经不具备，那么，企业有权将其全部收回

◆回购价格

在企业制定的股权激励方案以及与员工签订的股权激励协议中，都需要注明股权回购价格的计算方法。如果出于员工方面的原因需要支付违约金，也需要注明支付违约金的情形以及违约金的计算方法。

在员工并非因自己的过错而需要退出时，企业应该按照约定的价格对股权进行回购。回购价格的计算应该以回购股权价值判定基准日、所有权收益和评估机构三要素为基础。在员工方犯错而需要强制其退出时，所签订的协议中的回购价格可以低于原始价格或者由企业无偿进行回购。

7.2　搭建有限合伙持股平台

7.2.1　有限合伙持股平台的模式运作

在人力资本时代，股权激励已经成为激发企业活力，释放员工潜力，稳定核心员工与骨干员工，推动企业实现可持续发展的重要工具。面对瞬息万变的市场以及激烈的人才竞争，无论成熟的上市企业，还是处在发展过程中的中小企业都开始推行股权激励。近年来，有限合伙企业作为持股平台成为企业实施股权激励最常见的方式。有限合伙持股平台指的是将投资人或者激励对象作为主体成员成立有限合伙企业，然后通过有限合伙企业购买主体企业的股票，持有主体企业的股权，让投资人或者激励对象间接地持有主体企业股权。

◆有限合伙持股平台的模式运作

有限合伙持股平台可以清晰地界定股权的权属，避免产生股权纠纷。目前，有限合伙持股平台有五种模式，分别是合伙企业、企业制、私募基金、信托计划、资管计划。下面我们对有限合伙持股平台的搭建方式进行具体分析。

（1）创始股东与投资人或激励对象签订协议，确定有限合伙人和普通合伙人。

（2）创始股东与投资人或激励对象以合伙人的身份成立有限合伙企业，进行工商登记，登记时要在企业名称中注明“有限合伙”字样。

（3）有限合伙企业通过受让创始股东的股权或者对主体企业增资扩股成为主体企业的股东。如果直接受让创始股东的股权，可能会导致创始股东的股权被稀释，为了掌握对企业的控制权，创始股东不得不在有限合伙企业中增加出资。如果对主体企业增资扩股，就需要在工商部门进行变更登记。

◆有限合伙持股平台的设计架构

有限合伙持股平台的架构比较简单，需要注意的是，根据我国《合伙企业法》的相关规定，如果有限合伙企业的股东只有一个人，那么他只能是自然人或者法人，也就是说，有限合伙企业无法成为一人有限合伙企业的唯一股东。

有限合伙企业持股平台的架构不是一成不变的，它会随着企业的发展不断调整。目前，有限合伙企业持股平台的架构设计主要有三种。

第一种：创始股东与联合股东分别持有部分股权，剩下的股权由有限合伙持股平台持有，具体如图7–1所示。

第二种：如果激励对象比较多，企业可能成立多个有限合伙企业作为持股平台，对主体企业间接持股，典型代表就是初期的蚂蚁金服，如图7–2所示。

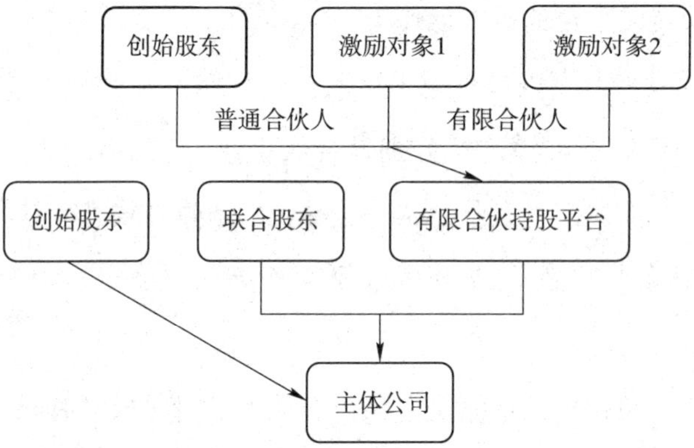

图 7–1　创始股东与联合股东分别持有部分股权模式

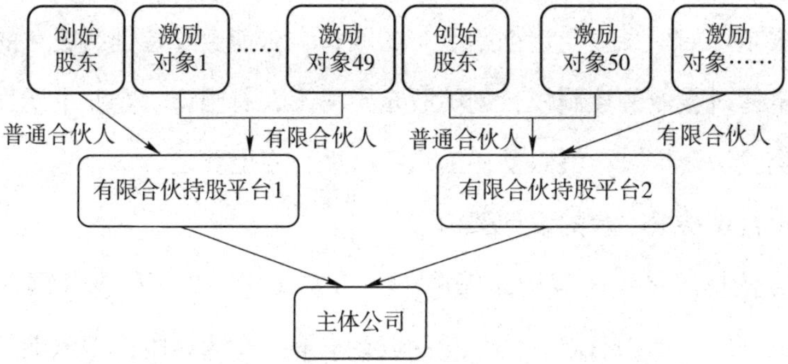

图 7–2　蚂蚁金服的有限合伙持股平台架构

第三种：创始股东与联合股东联手成立一家管理类的有限合伙企业，与有限合伙持股平台共同对主体企业间接持股，如图 7–3 所示。

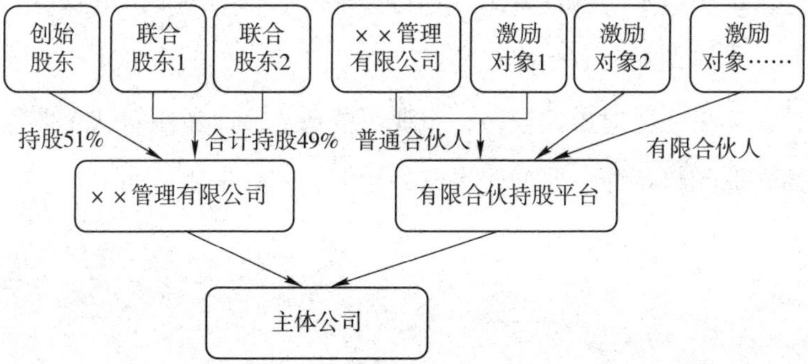

图 7–3　两企业共同持股模式

7.2.2　有限合伙持股平台的法律特征

◆有限合伙持股平台的法律特征

有限合伙企业由普通合伙人和有限合伙人组成。根据《企业法》的相关规定，对于有限合伙企业的债务，普通合伙人承担无限连带责任，有限合伙人按照其出资额承担有限责任。另外，在企业日常经营与管理方面，普通合伙人享有合伙事务的执行权，有限合伙人无权参与合伙事务的管理与处置。这就表示，有限合伙企业的出资权与经营权分离，可以帮助企业在实施股权激励时实现“分钱不分权”，保证企业控制权牢牢掌握在企业创始人手中。具体来看，有限合伙持股平台的法律特征如下。

（1）有限合伙持股平台成立的主要目的是在企业内部实施股权激励，让激励对象间接地持有主体企业的股权，获得相应的收益，从而增强激励对象对企业的黏性，充分释放激励对象的工作能力与潜力，达到股权激励的目的。

（2）有限合伙企业的出资权与经营权分离，可以实现“分钱不分权”，为了做到这一点，主体企业的实际控制人往往是普通合伙人，享有合伙事务的执行权，对有限合伙企业享有控制权；激励对象则是有限合伙人，间接地持有主体企业的股权，只享受企业发展红利，不参与企业经营与管理，不享有企业控制权。

（3）有限合伙持股平台用于股权激励的股权主要有两大来源。一是主体企业的预留股权。有些企业在第一次分配股权时会预留一部分股权用于员工激励，这部分股权往往会由企业的大股东代持。在成立有限合伙持股平台准备实施股权激励时，大股东将代持的股权转让给持股平台。二是有限合伙持股平台向主体企业增资获得股权。如果主体企业是股份有限企业，有限合伙持股平台可以回购企业的股份用于对员工进行股权激励。

◆有限合伙持股平台与其他持股形式的比较

股权激励的持股方式主要有三种：一是有限公司作为持股平台间接持股，二是有限合伙企业作为持股平台间接持股，三是激励对象直接持股。近年来，越来越多的企业选择第二种持股方式，即有限合伙企业作为持股平台间接持股。

为什么会出现这种情况？相较于其他两种持股方式，这种持股方式有什么特点？下面从实际控制人的控制方式、股权流动性等方面对上述三种持股方式进行分析，对有限合伙企业作为持股平台间接持股的优点进行探究，如表7–2所示。

表 7–2　三种持股方式对比

项目	持股平台（有限公司）	持股平台（有限合伙）	激励对象直接持股
类别	间接持股	间接持股	直接持股
能否保留股份作为未来激励的份额	可以	可以	不可以
实际控制人的控制方式	为确保对持股公司的绝对控制，实际控制人需持有绝对多数股权（51%及以上），因此持股平台持有的主体公司股权远高于实际用于股权激励的股权，剩余部分为实际控制人直接持有，从而导致持股公司需持有股权激励所需股权的2倍或者更多	通过合伙协议约定，由普通合伙人执行合伙事务，实际控制人仅需持有少量份额即可实现对平台的控制	除激励对象出具的关于服务期的承诺函外，实际控制人无法直接控制相应股权的转让等事项
股权流动性	股权转让需经其他股东同意，实际控制人通过《公司章程》、管理层承诺函、股东会中的多数表决权实现控制	实际控制人可以作为普通合伙人直接约束其他合伙人的财务份额转让，合伙协议较《公司章程》更自由	除法律、法规规定的限制流通情况及自我承诺限售义务外，可自由流动

7.2.3　有限合伙持股平台的四大优势

相较于有限公司作为持股平台间接持股、激励对象直接持股这两种持股方式，有限合伙企业作为持股平台间接持股有四大优点，如图7–4所示。

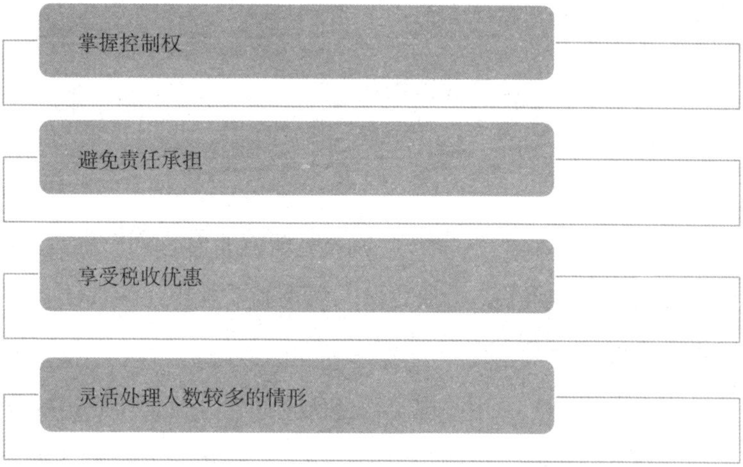

图 7–4　有限合伙持股平台的四大优势

◆掌握控制权

想要控制企业持股平台，需要持有较大比例的股权，在董事会中占据更多席位，或者约定决策权与分红权分离等。为此，企业需要设立股东会、董事会、监事会，对这三大部门的权力与责任进行明确划分，从而保证对持股平台的控制权，整个过程非常复杂。

在有限合伙企业中，企业创始人作为普通合伙人来管理企业的各项事务，投资方作为有限合伙人只享受企业发展带来的收益，不参与企业管理。在这种模式下，有限合伙企业既可以引进资本，又可以保证创始股东对企业的控制权。

◆避免责任承担

根据《合伙企业法》的相关规定，对于有限合伙企业的债务，普通合伙人承担无限连带责任，有限合伙人根据其出资额承担有限责任。也就是说，普通合伙人在掌握企业控制权、管理权、执行权的同时，也承担着更多的责任。但同时《合伙企业法》也规定，只有在以下三种情形中，普通合伙人才承担无限连带责任：

- 合伙企业不能清偿到期债务的；
- 合伙企业注销后仍存在债务的；
- 合伙企业依法被宣告破产，存在未偿还债务的。

也就是说，有限合伙企业只要不开展实质性的业务，就可以避免债务生成。只要有限合伙企业不产生债务，普通合伙人就不需要承担连带责任。

◆享受税收优惠

根据《企业所得税法》的相关规定，合伙企业对外投资所获得的股息、红利属于合伙人个人所得，按照20%的税率缴纳个人所得税，不计入企业收入。投资者从企业制持股平台分红，所获得的股息、红利属于免税收入，不需要缴纳企业所得税，只需要按照20%的税率缴纳个人所得税。因此，在享受税收优惠方面，这两种平台相差无几。

但在股权转让方面，根据现行的《企业所得税法》，有限合伙企业通过转让股权所获得的收益无须缴纳企业所得税，个人合伙人按照“先分后税”的原则，以5%~35%的五级超额累进税率缴纳个人所得税；企业制持股平台通过转让股权获得的收益需要缴纳企业所得税，然后个人股东再根据所获得的税后利润缴纳个人所得税。

也就是说，对于股权转让所获收益，企业制持股平台需要缴纳两次税，有限合伙持股平台只需要缴纳一次，优势显著。

◆灵活处理人数较多的情形

《合伙企业法》规定，有限责任企业的股东不能超过50 人。如果将有限合伙企业作为持股平台，有限合伙企业只能作为一名股东。如果股权激励计划的激励对象比较多，企业可以设立多个有限合伙持股平台。

《合伙企业法》规定，有限合伙企业的股东（包括普通合伙人与有限合伙人在内）不能少于2 人，不能超过50人。因此，当有限合伙企业作为持股平台间接地掌控主体企业的股权之后，有限合伙企业合伙人与主体企业的股东总数不能超过50人。需要注意的是，根据《合伙企业法》，这里的“合伙企业”指的是“自然人、法人和其他组织依照本法在中国境内设立的普通合伙企业和有限合伙企业”。也就是说，有限合伙企业中的合伙人可以由自然人、法人或其他组织担任，为有限合伙企业作为持股平台提供了法律依据。

总而言之，相较于其他持股方式来说，有限合伙持股平台可以有效保障创始股东对企业的控制权，减少税负，对投资人与激励对象的职权进行科学划分，在企业初期股权设计与中期股权调整有广阔的应用空间。

7.2.4　如何搭建有限合伙持股平台

从本质上看，搭建一个有限合伙持股平台就是成立一家有限合伙企业，需要确定企业名称、选择注册地点、规划经营范围、确定1名普通合伙人与1名有限合伙人并明确各自的出资比例、明确认缴出资额、签署合伙协议。具体来看，有限合伙持股平台的搭建流程如图7–5所示。

图7–5　有限合伙持股平台的搭建流程

◆ Step1　确定企业名称和经营范围

一般情况下，企业名称会体现企业的经营范围。如果企业的业务中有投资业务，企业名称往往会包含“投资”字样。因为持股平台成立的主要目的就是持有目标企业的股权，即便设立投资业务也不会开展经营活动，所以企业的经营范围可以设定为投资管理、资产管理、投资咨询等，之后可以根据经营范围确定企业名称。目前，一些地区的工商部门针对“投资管理”类企业的注册推出了一些限制性条件，持股平台设立时要详细了解当地的政策法规，在规划经营范围时可以规避“投资管理”，改为“企业管理咨询”等。

◆ Step2　选择注册地点

持股平台注册地点的选择要考虑两大因素：一是当地的税收优惠政策有哪些，二是未来合伙人变更登记是否方便。

持股平台的股东（包括合伙人与其他激励对象）转让股票获利或退出时需要缴纳一定的税费，为了减少这笔费用，要尽量选择一个可以享受税收优惠政策的地点，即税收洼地。目前，国内一些地区推出了返税等税收优惠政策，但这些政策与税收法定原则相悖。从2014年开始，在国务院的要求下，我国开始大范围清理各类税后优惠，导致税收优惠政策的稳定性、持续性较差。因此，在选择税收洼地时要充分了解当地的税收优惠政策，与当地税务部门沟通，避免持股平台成立后无法享受税收优惠的情况发生。

◆ Step3　选择合伙人，明确各自的出资比例

有限合伙企业由普通合伙人与有限合伙人组成，每类合伙人至少需要一名，确定方法如表7–3所示。

如果后期计划通过股权转让向激励对象授予股权，那么可以先预留出一部分股权交给合伙人代持。至于选择普通合伙人代持还是选择有限合伙人代持，企业可以咨询当地的税务机关，找到一种税率更低的方式。如果普通合伙人与有限合

伙人代持的税率相同，最好由普通合伙人代持。后期向激励对象授予股权时，由代持股份的普通合伙人将代持的股份转让给新增的激励对象。

表 7–3 有限合伙企业合伙人的选择

合伙人类型	选择方式
普通合伙人	为了保证创始人对有限合伙企业的控制权，最好选择企业创始人或者决策人担任有限合伙企业的普通合伙人。因为有限合伙企业的普通合伙人享有执行事务的权力，可以代表企业做出决策。另外，可以成立有限责任公司担任普通合伙人，进一步降低企业运营风险。据统计，在现有的有限合伙企业中，有35%由企业高管担任普通合伙人，剩下的65%都是由实际控制人与实际控制人控制的企业共同担任普通合伙人
有限合伙人	一般来说，有限合伙企业的有限合伙人会选择激励对象担任，按照股权激励计划向其发放一定数量的股权。有限合伙人不参与有限合伙企业的经营与管理，按照其持有的股份对企业承担有限的责任

◆ Step4 确定有限合伙企业的认缴出资额

有限合伙企业的认缴出资额可以通过企业的注册资本激励股权在注册资本中所占比例计算。假设企业的注册资本为100万元，有限合伙企业作为持股平台所占股权为20%，那么有限合伙企业创始人受让的企业注册资金就是20万元，认缴出资额就是20万元。如果企业注册资本不多，那么可以不按照上述方法计算合伙企业的认缴出资额，但要根据合伙企业出资额在企业注册资本中所占比例分配激励股权。

◆ Step5 签署合伙协议

持股平台设立的同时要签署合伙协议，如果没有及时拟定合伙协议，可以直接使用工商版本的合伙协议。但一般情况下，企业会根据股权激励计划拟定与之配套的合伙协议，并向工商部门备案，以配合股权激励计划的实施，明确激励对象的进出规则以及企业财产处置方案。如果合伙协议过于复杂，工商部门拒绝接受，那么可以在签署工商版本的简单协议之后再签署一个补充协议。

7.3 建立动态股权激励系统

7.3.1 制定科学的动态股权激励制度

什么是“动态股权激励”？即中小企业在经营与发展过程中，筛选出企业内部的核心岗位（包括管理岗、技术岗、经营岗、销售岗等），对这些岗位的员工为企业发展做出的贡献进行评估，采用按劳分配、按贡献分配、按资本分配相结合的方式，将公司当年的净资产所得依据员工贡献进行配置。在用工方面，中小企业可以采用竞争上岗的方式发挥股权激励的作用，调动员工的积极性，推动公司的持续发展，促进企业资本在现有基础上进一步增值。

中小企业要保证其主营业务蕴藏着巨大的发展潜力，能够独立进行产品开发并完成产品生产，在技术、人才方面能够得到有力的支持；中小企业管理者要有野心，能够从长远角度看待企业的发展，对人才给予足够的重视，增强内部团结性；在选择激励对象时，要保证被激励者认可企业的发展战略，并为此积极奋斗，切实履行自己的责任与义务，在长期发展过程中与企业风雨同舟。

◆建立强有力的股权激励工作机构

为了提高动态股权激励方案的实施效果，中小企业应该在内部设置专门的工作机构，将企业的相关工作交给股权激励工作机构来承担。该机构的人力资源配置工作则由董事会来完成，在企业财务、经理、人力资源管理者、第三方顾问、董事、监事、股东中选择股权激励小组成员，带队者要由董事长亲自任命。

股权激励工作机构要承担以下任务：制定企业的股权激励管理制度，根据董事会的意见进行修改；在分析员工绩效评估结果的基础上，设计并调整企业当年的股权激励方案，根据董事会的意见进行完善；执行企业的股权激励方案；围绕企业的股权激励方案进行日常管理；实时追踪股权激励制度的落实情况，并反映给董事会与监事会。

◆制定科学严谨的股权激励制度

对中小企业来说，只有建立规范化的股权激励管理制度，才能保障动态股权激励方案的有效落地。在具体实施过程中，要根据《中小企业股权激励管理制度》来实施企业内部的股权激励，以此为核心展开各项股权激励相关工作。企业要将该制度的制定工作交给专业机构，明确该机构的职责范围，确立股权激励管理的流程，根据既定规则来制定股权激励管理制度。

在制定股权激励制度时，中小企业要保证其制度内容符合相关法律法规的要求，避免出现违法问题。法律要求中小企业的股东人数不得超过200人，有些中小企业试图通过代持方式来解决这个问题，但股票代持会导致中小企业无法成功上市，还容易导致企业与投资者、代持人之间产生股权纠纷。

为了避免这些问题的出现，中小企业必须保证其股权激励管理制度的内容符合我国相关法律法规的要求，从而减少企业在后期经营发展过程中的阻力。为此，中小企业的股权激励制度制定者要充分了解并把握我国现行法律法规的相关内容，依据政策规定来设计股权激励管理制度，避免企业在后期的经营及发展过程中出现违规现象。

◆严格贯彻执行动态股权激励制度

要严格依照既定制度来实施股权激励。在具体执行过程中要注重以下两点：一是对员工的业绩表现进行精准有效的评估，企业要想提高动态股权激励的实施效果，就要做好前期的绩效考核工作；二是企业到年底时应该兑现诺言，以《员工股权激励合同》及企业的股权管理制度为依据，为员工分配企业股权或经营红利。为了体现对员工股东身份的认可，企业要及时到工商部门进行股东登记。另外，在为员工分配企业股权的同时，也要赋予其相应的股东权利，让其参与企业的决策制定，通过这种方式来增强员工的归属感，进而调动他们的工作积极性，促进企业的长期发展。

很多中小企业发展到一定阶段后，在管理方面都会遇到难以克服的阻力。通过实施股权激励制度，中小企业能够优化自身结构，完善组织体系，提高企业的管理能力。国内中小企业在经营管理方面受限较少，可以根据自身的发展需求设计股权激励制度并加以实施，所以，中小企业可以从股权激励方面着手来获得持续、健康、稳定的发展。

7.3.2 动态股权激励模式的操作流程

动态股权激励模式是采用按劳、按资、按贡献“三位一体”的分配制度，面向企业管理、销售、技术等关键岗位人员进行股权激励，将股东所有权与盈亏分配权分离，辅之以人才竞争上岗等制度，让股东与经营团队共享企业发展成果的一种股权激励模式。

从目的上看，动态股权激励模式与其他股权激励模式相同，都是为了改变企业按资分配剩余利润的不合理状况，吸引人力资本与金钱资本共同参与剩余利润分配，刺激人力资本即企业的核心员工提高工作的积极性，全面释放工作能力与潜力，增加企业的剩余价值，使金钱资本投资获利。

动态股权激励模式的操作流程如图7–6所示。

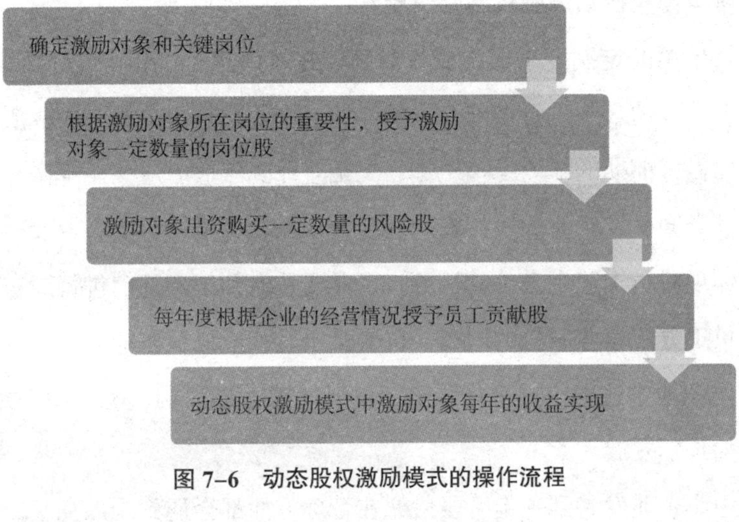

图7–6 动态股权激励模式的操作流程

◆确定激励对象和关键岗位

动态股权激励与其他股权激励一样，不是将企业所有员工作为激励对象，而是要选择一部分核心员工、骨干员工进行股权激励。因此，动态股权激励的第一步就是确定激励对象，即企业的关键人员，大致包括董事会成员、经理层、核心业务人员和核心技术人员，然后根据激励对象确定其所在的关键岗位。

◆根据激励对象所在岗位的重要性，授予激励对象一定数量的岗位股

（1）企业根据注册资本、净资产等确定岗位股的数量，明确各个岗位准备分配的股权数量。

（2）企业根据每股净资产确定每股抵押金的数额，激励对象根据自己所获股权数量缴纳岗位股抵押金。

（3）岗位股是一种虚拟股权，持有者只享有表决权与分红权，离岗时要退还岗位股股份，同时获得企业返还的抵押金。

◆激励对象出资购买一定数量的风险股

（1）风险股属于企业实际股份，激励对象购买风险股之后享有分红权、表决权、处分权等依法享有的所有权利。

（2）企业根据每股净资产的价格确定风险股的价格。

（3）企业根据激励对象持有岗位股的数量确定其可以购买的风险股数量。

（4）激励对象可以自筹资金，也可以向银行借款来购买风险股。

◆每年度根据企业的经营情况授予员工贡献股

（1）从本质上看，贡献股是一种业绩股，由企业根据实际经营业绩确定。

（2）贡献股是面向对企业发展做出突出贡献的员工发放的一种奖励性质的股份，免费授予激励对象，无须激励对象出资购买。

（3）持有贡献股的员工享有分红权、表决权、处分权等所有合法权利。

◆动态股权激励模式中激励对象每年的收益实现

在动态股权激励模式下，激励对象每年可以获得三大类收益，分别是基本工资收益、持股分红收益和贡献股收益。

（1）基本工资收益指的是激励对象与企业签订的劳动合同中规定的企业每月应支付给激励对象的基本薪资。无论企业收益如何，都要按时支付。

（2）持股分红收益指的是企业综合实际可分配利润与激励对象所持有的岗位股、风险股与贡献股的股份，向其分配的红利。

（3）贡献股收益指的是企业每年按照一定的比例从企业净利润中提取一部分资金，折算成贡献股授予激励对象。

下面通过一个案例对贡献股收益进行详细解释。

某企业决定向总经理授予一定的贡献股。该企业的注册资本为1000万元，设置了岗位股、风险股与贡献股各500万股用于股权激励，其中总经理持有岗位股、风险股、贡献股各50万股，剩余的股份由其他激励对象共享。假设该企业2020年初的净资产为2000万元，2020年末的净资产为2500万元，将净资产的20%作为贡献股，那么2020年该企业的净资产增值额为500万元，贡献股的奖励金额就是500万元×20%=100万元。

根据分配系数=持股总额÷所有激励对象持股总额，总经理的分配系数=150万元÷1500万元=10%，可得贡献股的奖励资金=100万元×10%=10万元，企业每股净资产=净资产总额÷企业总股本=2500万元÷1000万元=2.5元，总经理可得贡献股数量=可得奖励资金÷每股净资产=10万元÷2.5元=4000股，也就是说，2020年总经理可以获得4000股贡献股。

综上所述，动态股权激励模式通过向激励对象授予岗位股、风险股和贡献股，增强激励对象对企业的黏性，刺激激励对象为企业发展长久地贡献自己的力量，具有明显的制度创新优势。尤其是向激励对象授予风险股，可以有效防止激励对象为了获取短期的经济利益采取激进行为，弥补了传统激励模式“只激励不惩罚”的缺陷，激励效果更好。

7.3.3　设计“未来导向”的股权激励

某企业原为国有企业，由政府部门进行管理，后实施了股份制改革，由全体员工持股。改革至今，企业经过十多年的发展，呈现出蓬勃发展态势。然而，企业在股权激励方面出现了一些问题，成为企业发展过程中的阻力。

企业在改革前的经营状态不佳，员工在企业发展过程中发挥的作用也比较小，后来企业从国有公司转变为了全员持股的股份制公司。在这些年的发展过程中，企业的很多员工退休，这批员工持有的公司股份占到总体的一半左右；与此同时，企业内也出现了一批骨干员工，但这些人在改革初期并未在企业中身居要职，手中持有的股份十分有限；近两年刚刚加入企业的员工则未得到企业分配的股份。如今企业存在如下问题：在职员工创造的利润最终流向退休员工手里，挫伤了企业在职员工，特别是骨干员工的积极性。

针对上述情况，企业也采取了一些措施，从老员工那里进行了股份回购，并计划为骨干员工分配企业股份以发挥股权激励作用，但有相当一部分骨干员工宁愿企业多提供业绩奖金，也不想自己出钱认购公司股权。由此看来，员工的关注点集中在股权分红上，除了将其视为工资之外附加的收益途径外，并未认识到股权激励的价值所在。

通过分析不难发现，该企业之所以会面临上述问题，是因为企业实施股份制改革时，在股权激励方面的考虑不周全，未制定系统化的解决方案。为了完成股份制改革，企业推行了“全员持股”方式，以企业股权来激励内部员工，而其激励对象以改革时的在职员工为主，忽略了企业在之后的发展过程中要持续实施激励措施，无法充分发挥股权激励的作用，导致企业在发展过程中出现了许多相关的问题。

无论企业采用哪种激励方式，都应该着眼于未来。实施激励是为了促使员工在今后通过努力工作获得更好的业绩，就算是对员工已经取得的成绩进行奖励，也是为了鼓励员工在今后更加努力地工作。股权激励是一种更高形式的激励措施，更要以未来为导向。通过实施股权激励，企业能够激发员工的热情和潜能，以企业的良好发展前景调动员工的积极性；员工则可通过自身努力获得相应的报酬与奖励。从这个角度来说，企业在实施股权激励时，应该将那些为企业发展做出突出贡献的骨干员工作为主要激励对象。

实施股权激励是为了推动企业的战略落地，所以，在为员工分配股权时，应该设置适当的门槛。举例来说，只有企业股价高于行权价时，股票期权的价值才能够得以体现，这就要求获得企业股权的员工为了企业的发展而不懈努力。除上市公司之外，非上市公司同样要明确股权激励的目标，其目标设定可以更加灵活，同时要把员工的目标考核成绩与其所得股权额度联系起来。

通俗来讲，如果股份“值钱”，就说明该公司的股份是有价值的，而这种价值与企业本身的发展战略息息相关。除了分红之外，企业发展产生的股权溢价更能体现出股权的价值。所以，对企业股份持有者提出要求，是为了让员工体会到企业股权的价值所在，而不是增加他们获得股权的难度。为此，企业要先做好自身的战略和发展规划，再实施股权激励，这样才能让员工认识到企业股份的未来价值，使自身的发展目标与企业的总体目标保持一致。如此一来，股权的价值才能真正体现出来，从而提高员工对其激励方式的认可度。上述案例中的企业就缺少战略规划，在企业实施股份制改革的初期，多数员工都没有认识到企业股权的价值，有的员工还以低价转让自己手中持有的企业股份，直到公司快速发展起来和上市时，才后悔自己没有把握住机会。

附　录

上市公司股权激励管理办法（证监会令第148号）

（2016年5月4日中国证券监督管理委员会2016年第6次主席办公会议审议通过　根据2018年8月15日中国证券监督管理委员会《关于修改〈上市公司股权激励管理办法〉的决定》修正）

第一章　总则

第一条　为进一步促进上市公司建立健全激励与约束机制，依据《中华人民共和国公司法》（以下简称《公司法》）、《中华人民共和国证券法》（以下简称《证券法》）及其他法律、行政法规的规定，制定本办法。

第二条　本办法所称股权激励是指上市公司以本公司股票为标的，对其董事、高级管理人员及其他员工进行的长期性激励。

上市公司以限制性股票、股票期权实行股权激励的，适用本办法；以法律、行政法规允许的其他方式实行股权激励的，参照本办法有关规定执行。

第三条　上市公司实行股权激励，应当符合法律、行政法规、本办法和公司章程的规定，有利于上市公司的持续发展，不得损害上市公司利益。

上市公司的董事、监事和高级管理人员在实行股权激励中应当诚实守信、勤勉尽责，维护公司和全体股东的利益。

第四条　上市公司实行股权激励，应当严格按照本办法和其他相关规定的要求履行信息披露义务。

第五条　为上市公司股权激励计划出具意见的证券中介机构和人员，应当诚实守信、勤勉尽责，保证所出具的文件真实、准确、完整。

第六条　任何人不得利用股权激励进行内幕交易、操纵证券市场等违法活动。

第二章　一般规定

第七条　上市公司具有下列情形之一的，不得实行股权激励：

（一）最近一个会计年度财务会计报告被注册会计师出具否定意见或者无法表示意见的审计报告；

（二）最近一个会计年度财务报告内部控制被注册会计师出具否定意见或无法表示意见的审计报告；

（三）上市后最近36个月内出现过未按法律法规、公司章程、公开承诺进行利润分配的情形；

（四）法律法规规定不得实行股权激励的；

（五）中国证监会认定的其他情形。

第八条　激励对象可以包括上市公司的董事、高级管理人员、核心技术人员或者核心业务人员，以及公司认为应当激励的对公司经营业绩和未来发展有直接影响的其他员工，但不应当包括独立董事和监事。外籍员工任职上市公司董事、高级管理人员、核心技术人员或者核心业务人员的，可以成为激励对象。

单独或合计持有上市公司5%以上股份的股东或实际控制人及其配偶、父母、子女，不得成为激励对象。下列人员也不得成为激励对象：

（一）最近12个月内被证券交易所认定为不适当人选；

（二）最近12个月内被中国证监会及其派出机构认定为不适当人选；

（三）最近12个月内因重大违法违规行为被中国证监会及其派出机构行政处罚或者采取市场禁入措施；

（四）具有《公司法》规定的不得担任公司董事、高级管理人员情形的；

（五）法律法规规定不得参与上市公司股权激励的；

（六）中国证监会认定的其他情形。

第九条　上市公司依照本办法制订股权激励计划的，应当在股权激励计划中载明下列事项。

（一）股权激励的目的；

（二）激励对象的确定依据和范围；

（三）拟授出的权益数量，拟授出权益涉及的标的股票种类、来源、数量及占上市公司股本总额的百分比；分次授出的，每次拟授出的权益数量、涉及的标的股票数量及占股权激励计划涉及的标的股票总额的百分比、占上市公司股本总额的百分比；设置预留权益的，拟预留权益的数量、涉及标的股票数量及占股权激励计划的标的股票总额的百分比；

（四）激励对象为董事、高级管理人员的，其各自可获授的权益数量、占股权激励计划拟授出权益总量的百分比；其他激励对象（各自或者按适当分类）的姓名、职务、可获授的权益数量及占股权激励计划拟授出权益总量的百分比；

（五）股权激励计划的有效期，限制性股票的授予日、限售期和解除限售安排，股票期权的授权日、可行权日、行权有效期和行权安排；

（六）限制性股票的授予价格或者授予价格的确定方法，股票期权的行权价格或者行权价格的确定方法；

（七）激励对象获授权益、行使权益的条件；

（八）上市公司授出权益、激励对象行使权益的程序；

（九）调整权益数量、标的股票数量、授予价格或者行权价格的方法和程序；

（十）股权激励会计处理方法、限制性股票或股票期权公允价值的确定方法、涉及估值模型重要参数取值合理性、实施股权激励应当计提费用及对上市公司经营业绩的影响；

（十一）股权激励计划的变更、终止；

（十二）上市公司发生控制权变更、合并、分立以及激励对象发生职务变更、离职、死亡等事项时股权激励计划的执行；

（十三）上市公司与激励对象之间相关纠纷或争端解决机制；

（十四）上市公司与激励对象的其他权利义务。

第十条　上市公司应当设立激励对象获授权益、行使权益的条件。拟分次授出权益的，应当就每次激励对象获授权益分别设立条件；分期行权的，应当就每次激励对象行使权益分别设立条件。

激励对象为董事、高级管理人员的，上市公司应当设立绩效考核指标作为激励对象行使权益的条件。

第十一条　绩效考核指标应当包括公司业绩指标和激励对象个人绩效指标。相关指标应当客观公开、清晰透明，符合公司的实际情况，有利于促进公司竞争力的提升。

上市公司可以公司历史业绩或同行业可比公司相关指标作为公司业绩指标对照依据，公司选取的业绩指标可以包括净资产收益率、每股收益、每股分红等能够反映股东回报和公司价值创造的综合性指标，以及净利润增长率、主营业务收入增长率等能够反映公司盈利能力和市场价值的成长性指标。以同行业可比公司相关指标作为对照依据的，选取的对照公司不少于3家。

激励对象个人绩效指标由上市公司自行确定。

上市公司应当在公告股权激励计划草案的同时披露所设定指标的科学性和合理性。

第十二条　拟实行股权激励的上市公司，可以下列方式作为标的股票来源：

（一）向激励对象发行股份；

（二）回购本公司股份；

（三）法律、行政法规允许的其他方式。

第十三条　股权激励计划的有效期从首次授予权益日起不得超过10年。

第十四条　上市公司可以同时实行多期股权激励计划。同时实行多期股权激励计划的，各期激励计划设立的公司业绩指标应当保持可比性，后期激励计划的公司业绩指标低于前期激励计划的，上市公司应当充分说明其原因与合理性。

上市公司全部在有效期内的股权激励计划所涉及的标的股票总数累计不得超过公司股本总额的10%。非经股东大会特别决议批准，任何一名激励对象通过全部在有效期内的股权激励计划获授的本公司股票，累计不得超过公司股本总额的1%。

本条第二款所称股本总额是指股东大会批准最近一次股权激励计划时公司已发行的股本总额。

第十五条　上市公司在推出股权激励计划时，可以设置预留权益，预留比例不得超过本次股权激励计划拟授予权益数量的20%。

上市公司应当在股权激励计划经股东大会审议通过后12个月内明确预留权益的授予对象；超过12个月未明确激励对象的，预留权益失效。

第十六条　相关法律、行政法规、部门规章对上市公司董事、高级管理人员买卖本公司股票的期间有限制的，上市公司不得在相关限制期间内向激励对象授出限制性股票，激励对象也不得行使权益。

第十七条　上市公司启动及实施增发新股、并购重组、资产注入、发行可转债、发行公司债券等重大事项期间，可以实行股权激励计划。

第十八条　上市公司发生本办法第七条规定的情形之一的，应当终止实施股权激励计划，不得向激励对象继续授予新的权益，激励对象根据股权激励计划已获授但尚未行使的权益应当终止行使。

在股权激励计划实施过程中，出现本办法第八条规定的不得成为激励对象情形的，上市公司不得继续授予其权益，其已获授但尚未行使的权益应当终止行使。

第十九条　激励对象在获授限制性股票或者对获授的股票期权行使权益前后买卖股票的行为，应当遵守《证券法》《公司法》等相关规定。

上市公司应当在本办法第二十条规定的协议中，就前述义务向激励对象作出特别提示。

第二十条　上市公司应当与激励对象签订协议，确认股权激励计划的内容，并依照本办法约定双方的其他权利义务。

上市公司应当承诺，股权激励计划相关信息披露文件不存在虚假记载、误导性陈述或者重大遗漏。

所有激励对象应当承诺，上市公司因信息披露文件中有虚假记载、误导性陈述或者重大遗漏，导致不符合授予权益或行使权益安排的，激励对象应当自相关信息披露文件被确认存在虚假记载、误导性陈述或者重大遗漏后，将由股权激励计划所获得的全部利益返还公司。

第二十一条　激励对象参与股权激励计划的资金来源应当合法合规，不得违反法律、行政法规及中国证监会的相关规定。

上市公司不得为激励对象依股权激励计划获取有关权益提供贷款以及其他任何形式的财务资助，包括为其贷款提供担保。

第三章　限制性股票

第二十二条　本办法所称限制性股票是指激励对象按照股权激励计划规定的条件，获得的转让等部分权利受到限制的本公司股票。

限制性股票在解除限售前不得转让、用于担保或偿还债务。

第二十三条　上市公司在授予激励对象限制性股票时，应当确定授予价格或授予价格的确定方法。授予价格不得低于股票票面金额，且原则上不得低于下列价格较高者：

（一）股权激励计划草案公布前1个交易日的公司股票交易均价的50%；

（二）股权激励计划草案公布前20个交易日、60个交易日或者120个交易日的公司股票交易均价之一的50%。

上市公司采用其他方法确定限制性股票授予价格的，应当在股权激励计划中对定价依据及定价方式作出说明。

第二十四条　限制性股票授予日与首次解除限售日之间的间隔不得少于12个月。

第二十五条　在限制性股票有效期内，上市公司应当规定分期解除限售，每期时限不得少于12个月，各期解除限售的比例不得超过激励对象获授限制性股票总额的50%。

当期解除限售的条件未成就的，限制性股票不得解除限售或递延至下期解除限售，应当按照本办法第二十六条规定处理。

第二十六条　出现本办法第十八条、第二十五条规定情形，或者其他终止实施股权激励计划的情形或激励对象未达到解除限售条件的，上市公司应当回购尚未解除限售的限制性股票，并按照《公司法》的规定进行处理。

对出现本办法第十八条第一款情形负有个人责任的，或出现本办法第十八条第二款情形的，回购价格不得高于授予价格；出现其他情形的，回购价格不得高于授予价格加上银行同期存款利息之和。

第二十七条　上市公司应当在本办法第二十六条规定的情形出现后及时召开董事会审议回购股份方案，并依法将回购股份方案提交股东大会批准。回购股份方案包括但不限于以下内容：

（一）回购股份的原因；

（二）回购股份的价格及定价依据；

（三）拟回购股份的种类、数量及占股权激励计划所涉及的标的股票的比例、占总股本的比例；

（四）拟用于回购的资金总额及资金来源；

（五）回购后公司股本结构的变动情况及对公司业绩的影响。

律师事务所应当就回购股份方案是否符合法律、行政法规、本办法的规定和股权激励计划的安排出具专业意见。

第四章　股票期权

第二十八条　本办法所称股票期权是指上市公司授予激励对象在未来一定期限内以预先确定的条件购买本公司一定数量股份的权利。

激励对象获授的股票期权不得转让、用于担保或偿还债务。

第二十九条　上市公司在授予激励对象股票期权时，应当确定行权价格或者行权价格的确定方法。行权价格不得低于股票票面金额，且原则上不得低于下列价格较高者：

（一）股权激励计划草案公布前1个交易日的公司股票交易均价；

（二）股权激励计划草案公布前20个交易日、60个交易日或者120个交易日的公司股票交易均价之一。

上市公司采用其他方法确定行权价格的，应当在股权激励计划中对定价依据及定价方式作出说明。

第三十条　股票期权授权日与获授股票期权首次可行权日之间的间隔不得少于12个月。

第三十一条　在股票期权有效期内，上市公司应当规定激励对象分期行权，每期时限不得少于12个月，后一行权期的起算日不得早于前一行权期的届满日。每期可行权的股票期权比例不得超过激励对象获授股票期权总额的50%。

当期行权条件未成就的，股票期权不得行权或递延至下期行权，并应当按照本办法第三十二条第二款规定处理。

第三十二条　股票期权各行权期结束后，激励对象未行权的当期股票期权应当终止行权，上市公司应当及时注销。

出现本办法第十八条、第三十一条规定情形，或者其他终止实施股权激励计划的情形或激励对象不符合行权条件的，上市公司应当注销对应的股票期权。

第五章　实施程序

第三十三条　上市公司董事会下设的薪酬与考核委员会负责拟订股权激励计划草案。

第三十四条　上市公司实行股权激励，董事会应当依法对股权激励计划草案作出决议，拟作为激励对象的董事或与其存在关联关系的董事应当回避表决。

董事会审议本办法第四十六条、第四十七条、第四十八条、第四十九条、第五十条、第五十一条规定中有关股权激励计划实施的事项时，拟作为激励对象的董事或与其存在关联关系的董事应当回避表决。

董事会应当在依照本办法第三十七条、第五十四条的规定履行公示、公告程序后，将股权激励计划提交股东大会审议。

第三十五条　独立董事及监事会应当就股权激励计划草案是否有利于上市公司的持续发展，是否存在明显损害上市公司及全体股东利益的情形发表意见。

独立董事或监事会认为有必要的，可以建议上市公司聘请独立财务顾问，对股权激励计划的可行性、是否有利于上市公司的持续发展、是否损害上市公司利益以及对股东利益的影响发表专业意见。上市公司未按照建议聘请独立财务顾问的，应当就此事项作特别说明。

第三十六条　上市公司未按照本办法第二十三条、第二十九条定价原则，而采用其他方法确定限制性股票授予价格或股票期权行权价格的，应当聘请独立财务顾问，对股权激励计划的可行性、是否有利于上市公司的持续发展、相关定价依据和定价方法的合理性、是否损害上市公司利益以及对股东利益的影响发表专业意见。

第三十七条　上市公司应当在召开股东大会前，通过公司网站或者其他途径，在公司内部公示激励对象的姓名和职务，公示期不少于10天。

监事会应当对股权激励名单进行审核，充分听取公示意见。上市公司应当在股东大会审议股权激励计划前5日披露监事会对激励名单审核及公示情况的说明。

第三十八条　上市公司应当对内幕信息知情人在股权激励计划草案公告前6个月内买卖本公司股票及其衍生品种的情况进行自查，说明是否存在内幕交易行为。

知悉内幕信息而买卖本公司股票的，不得成为激励对象，法律、行政法规及相关司法解释规定不属于内幕交易的情形除外。

泄露内幕信息而导致内幕交易发生的，不得成为激励对象。

第三十九条　上市公司应当聘请律师事务所对股权激励计划出具法律意见书，至少对以下事项发表专业意见：

（一）上市公司是否符合本办法规定的实行股权激励的条件；

（二）股权激励计划的内容是否符合本办法的规定；

（三）股权激励计划的拟订、审议、公示等程序是否符合本办法的规定；

（四）股权激励对象的确定是否符合本办法及相关法律法规的规定；

（五）上市公司是否已按照中国证监会的相关要求履行信息披露义务；

（六）上市公司是否为激励对象提供财务资助；

（七）股权激励计划是否存在明显损害上市公司及全体股东利益和违反有关法律、行政法规的情形；

（八）拟作为激励对象的董事或与其存在关联关系的董事是否根据本办法的

规定进行了回避；

（九）其他应当说明的事项。

第四十条　上市公司召开股东大会审议股权激励计划时，独立董事应当就股权激励计划向所有的股东征集委托投票权。

第四十一条　股东大会应当对本办法第九条规定的股权激励计划内容进行表决，并经出席会议的股东所持表决权的2/3 以上通过。除上市公司董事、监事、高级管理人员、单独或合计持有上市公司5%以上股份的股东以外，其他股东的投票情况应当单独统计并予以披露。

上市公司股东大会审议股权激励计划时，拟为激励对象的股东或者与激励对象存在关联关系的股东，应当回避表决。

第四十二条　上市公司董事会应当根据股东大会决议，负责实施限制性股票的授予、解除限售和回购以及股票期权的授权、行权和注销。

上市公司监事会应当对限制性股票授予日及期权授予日激励对象名单进行核实并发表意见。

第四十三条　上市公司授予权益与回购限制性股票、激励对象行使权益前，上市公司应当向证券交易所提出申请，经证券交易所确认后，由证券登记结算机构办理登记结算事宜。

第四十四条　股权激励计划经股东大会审议通过后，上市公司应当在60日内授予权益并完成公告、登记；有获授权益条件的，应当在条件成就后60日内授出权益并完成公告、登记。上市公司未能在60日内完成上述工作的，应当及时披露未完成的原因，并宣告终止实施股权激励，自公告之日起3个月内不得再次审议股权激励计划。根据本办法规定上市公司不得授出权益的期间不计算在60日内。

第四十五条　上市公司应当按照证券登记结算机构的业务规则，在证券登记结算机构开设证券账户，用于股权激励的实施。

激励对象为外籍员工的，可以向证券登记结算机构申请开立证券账户。

尚未行权的股票期权，以及不得转让的标的股票，应当予以锁定。

第四十六条　上市公司在向激励对象授出权益前，董事会应当就股权激励计划设定的激励对象获授权益的条件是否成就进行审议，独立董事及监事会应当同时发表明确意见。律师事务所应当对激励对象获授权益的条件是否成就出具法律意见。

上市公司向激励对象授出权益与股权激励计划的安排存在差异时，独立董事、监事会（当激励对象发生变化时）、律师事务所、独立财务顾问（如有）应当同时发表明确意见。

第四十七条　激励对象在行使权益前，董事会应当就股权激励计划设定的激励对象行使权益的条件是否成就进行审议，独立董事及监事会应当同时发表明确意见。律师事务所应当对激励对象行使权益的条件是否成就出具法律意见。

第四十八条　因标的股票除权、除息或者其他原因需要调整权益价格或者数量的，上市公司董事会应当按照股权激励计划规定的原则、方式和程序进行调整。

律师事务所应当就上述调整是否符合本办法、公司章程的规定和股权激励计划的安排出具专业意见。

第四十九条　分次授出权益的，在每次授出权益前，上市公司应当召开董事会，按照股权激励计划的内容及首次授出权益时确定的原则，决定授出的权益价格、行使权益安排等内容。

当次授予权益的条件未成就时，上市公司不得向激励对象授予权益，未授予的权益也不得递延下期授予。

第五十条　上市公司在股东大会审议通过股权激励方案之前可对其进行变更。变更需经董事会审议通过。

上市公司对已通过股东大会审议的股权激励方案进行变更的，应当及时公告并提交股东大会审议，且不得包括下列情形：

（一）导致加速行权或提前解除限售的情形；

（二）降低行权价格或授予价格的情形。

独立董事、监事会应当就变更后的方案是否有利于上市公司的持续发展，是否存在明显损害上市公司及全体股东利益的情形发表独立意见。律师事务所应当就变更后的方案是否符合本办法及相关法律法规的规定、是否存在明显损害上市公司及全体股东利益的情形发表专业意见。

第五十一条 上市公司在股东大会审议股权激励计划之前拟终止实施股权激励的，需经董事会审议通过。

上市公司在股东大会审议通过股权激励计划之后终止实施股权激励的，应当由股东大会审议决定。

律师事务所应当就上市公司终止实施激励是否符合本办法及相关法律法规的规定、是否存在明显损害上市公司及全体股东利益的情形发表专业意见。

第五十二条 上市公司股东大会或董事会审议通过终止实施股权激励计划决议，或者股东大会审议未通过股权激励计划的，自决议公告之日起3个月内，上市公司不得再次审议股权激励计划。

第六章 信息披露

第五十三条 上市公司实行股权激励，应当真实、准确、完整、及时、公平地披露或者提供信息，不得有虚假记载、误导性陈述或者重大遗漏。

第五十四条 上市公司应当在董事会审议通过股权激励计划草案后，及时公告董事会决议、股权激励计划草案、独立董事意见及监事会意见。

上市公司实行股权激励计划依照规定需要取得有关部门批准的，应当在取得有关批复文件后的2个交易日内进行公告。

第五十五条 股东大会审议股权激励计划前，上市公司拟对股权激励方案进行变更的，变更议案经董事会审议通过后，上市公司应当及时披露董事会决议公告，同时披露变更原因、变更内容及独立董事、监事会、律师事务所意见。

第五十六条　上市公司在发出召开股东大会审议股权激励计划的通知时，应当同时公告法律意见书；聘请独立财务顾问的，还应当同时公告独立财务顾问报告。

第五十七条　股东大会审议通过股权激励计划及相关议案后，上市公司应当及时披露股东大会决议公告、经股东大会审议通过的股权激励计划，以及内幕信息知情人买卖本公司股票情况的自查报告。股东大会决议公告中应当包括中小投资者单独计票结果。

第五十八条　上市公司分次授出权益的，分次授出权益的议案经董事会审议通过后，上市公司应当及时披露董事会决议公告，对拟授出的权益价格、行使权益安排、是否符合股权激励计划的安排等内容进行说明。

第五十九条　因标的股票除权、除息或者其他原因调整权益价格或者数量的，调整议案经董事会审议通过后，上市公司应当及时披露董事会决议公告，同时公告律师事务所意见。

第六十条　上市公司董事会应当在授予权益及股票期权行权登记完成后、限制性股票解除限售前，及时披露相关实施情况的公告。

第六十一条　上市公司向激励对象授出权益时，应当按照本办法第四十四条规定履行信息披露义务，并再次披露股权激励会计处理方法、公允价值确定方法、涉及估值模型重要参数取值的合理性、实施股权激励应当计提的费用及对上市公司业绩的影响。

第六十二条　上市公司董事会按照本办法第四十六条、第四十七条规定对激励对象获授权益、行使权益的条件是否成就进行审议的，上市公司应当及时披露董事会决议公告，同时公告独立董事、监事会、律师事务所意见以及独立财务顾问意见（如有）。

第六十三条　上市公司董事会按照本办法第二十七条规定审议限制性股票回购方案的，应当及时公告回购股份方案及律师事务所意见。回购股份方案经股东大会批准后，上市公司应当及时公告股东大会决议。

第六十四条　上市公司终止实施股权激励的，终止实施议案经股东大会或董事会审议通过后，上市公司应当及时披露股东大会决议公告或董事会决议公告，并对终止实施股权激励的原因、股权激励已筹划及实施进展、终止实施股权激励对上市公司的可能影响等作出说明，并披露律师事务所意见。

第六十五条　上市公司应当在定期报告中披露报告期内股权激励的实施情况，包括：

（一）报告期内激励对象的范围；

（二）报告期内授出、行使和失效的权益总额；

（三）至报告期末累计已授出但尚未行使的权益总额；

（四）报告期内权益价格、权益数量历次调整的情况以及经调整后的最新权益价格与权益数量；

（五）董事、高级管理人员各自的姓名、职务以及在报告期内历次获授、行使权益的情况和失效的权益数量；

（六）因激励对象行使权益所引起的股本变动情况；

（七）股权激励的会计处理方法及股权激励费用对公司业绩的影响；

（八）报告期内激励对象获授权益、行使权益的条件是否成就的说明；

（九）报告期内终止实施股权激励的情况及原因。

第七章　监督管理

第六十六条　上市公司股权激励不符合法律、行政法规和本办法规定，或者上市公司未按照本办法、股权激励计划的规定实施股权激励的，上市公司应当终止实施股权激励，中国证监会及其派出机构责令改正，并书面通报证券交易所和证券登记结算机构。

第六十七条　上市公司未按照本办法及其他相关规定披露股权激励相关信息或者所披露的信息有虚假记载、误导性陈述或者重大遗漏的，中国证监会及其派出机构对公司及相关责任人员采取责令改正、监管谈话、出具警示函等监管措施；情节严重的，依照《证券法》予以处罚；涉嫌犯罪的，依法移交司法机关追究刑事责任。

第六十八条　上市公司因信息披露文件有虚假记载、误导性陈述或者重大遗漏，导致不符合授予权益或行使权益安排的，未行使权益应当统一回购注销，已经行使权益的，所有激励对象应当返还已获授权益。对上述事宜不负有责任的激励对象因返还已获授权益而遭受损失的，可按照股权激励计划相关安排，向上市公司或负有责任的对象进行追偿。

董事会应当按照前款规定和股权激励计划相关安排收回激励对象所得收益。

第六十九条　上市公司实施股权激励过程中，上市公司独立董事及监事未按照本办法及相关规定履行勤勉尽责义务的，中国证监会及其派出机构采取责令改正、监管谈话、出具警示函、认定为不适当人选等措施；情节严重的，依照《证券法》予以处罚；涉嫌犯罪的，依法移交司法机关追究刑事责任。

第七十条　利用股权激励进行内幕交易或者操纵证券市场的，中国证监会及其派出机构依照《证券法》予以处罚；情节严重的，对相关责任人员实施市场禁入等措施；涉嫌犯罪的，依法移交司法机关追究刑事责任。

第七十一条　为上市公司股权激励计划出具专业意见的证券服务机构和人员未履行勤勉尽责义务，所发表的专业意见存在虚假记载、误导性陈述或者重大遗漏的，中国证监会及其派出机构对相关机构及签字人员采取责令改正、监管谈话、出具警示函等措施；情节严重的，依照《证券法》予以处罚；涉嫌犯罪的，依法移交司法机关追究刑事责任。

第八章　附则

第七十二条　本办法下列用语具有如下含义：

标的股票：指根据股权激励计划，激励对象有权获授或者购买的上市公司股票。

权益：指激励对象根据股权激励计划获得的上市公司股票、股票期权。

授出权益（授予权益、授权）：指上市公司根据股权激励计划的安排，授予激励对象限制性股票、股票期权的行为。

行使权益（行权）：指激励对象根据股权激励计划的规定，解除限制性股票的限售、行使股票期权购买上市公司股份的行为。

分次授出权益（分次授权）：指上市公司根据股权激励计划的安排，向已确定的激励对象分次授予限制性股票、股票期权的行为。

分期行使权益（分期行权）：指根据股权激励计划的安排，激励对象已获授的限制性股票分期解除限售、已获授的股票期权分期行权的行为。

预留权益：指股权激励计划推出时未明确激励对象、股权激励计划实施过程中确定激励对象的权益。

授予日或者授权日：指上市公司向激励对象授予限制性股票、股票期权的日期。授予日、授权日必须为交易日。

限售期：指股权激励计划设定的激励对象行使权益的条件尚未成就，限制性股票不得转让、用于担保或偿还债务的期间，自激励对象获授限制性股票完成登记之日起算。

可行权日：指激励对象可以开始行权的日期。可行权日必须为交易日。

授予价格：上市公司向激励对象授予限制性股票时所确定的、激励对象获得上市公司股份的价格。

行权价格：上市公司向激励对象授予股票期权时所确定的、激励对象购买上市公司股份的价格。

标的股票交易均价：标的股票交易总额/标的股票交易总量。

本办法所称的“以上”“以下”含本数，“超过”“低于”“少于”不含本数。

第七十三条　国有控股上市公司实施股权激励，国家有关部门对其有特别规定的，应当同时遵守其规定。

第七十四条　本办法适用于股票在上海、深圳证券交易所上市的公司。

第七十五条　本办法自2016年8月13日起施行。原《上市公司股权激励管理办法（试行）》（证监公司字〔2005〕151号）及相关配套制度同时废止。

股权转让所得个人所得税管理办法（试行）

第一章　总则

第一条　为加强股权转让所得个人所得税征收管理，规范税务机关、纳税人和扣缴义务人征纳行为，维护纳税人合法权益，根据《中华人民共和国个人所得税法》及其实施条例、《中华人民共和国税收征收管理法》及其实施细则，制定本办法。

第二条　本办法所称股权是指自然人股东（以下简称“个人”）投资于在中国境内成立的企业或组织（以下统称“被投资企业”，不包括个人独资企业和合伙企业）的股权或股份。

第三条　本办法所称股权转让是指个人将股权转让给其他个人或法人的行为，包括以下情形：

（一）出售股权；

（二）公司回购股权；

（三）发行人首次公开发行新股时，被投资企业股东将其持有的股份以公开发行方式一并向投资者发售；

（四）股权被司法或行政机关强制过户；

（五）以股权对外投资或进行其他非货币性交易；

（六）以股权抵偿债务；

（七）其他股权转移行为。

第四条　个人转让股权，以股权转让收入减除股权原值和合理费用后的余额为应纳税所得额，按“财产转让所得”缴纳个人所得税。

合理费用是指股权转让时按照规定支付的有关税费。

第五条　个人股权转让所得个人所得税，以股权转让方为纳税人，以受让方为扣缴义务人。

第六条　扣缴义务人应于股权转让相关协议签订后5个工作日内，将股权转让的有关情况报告主管税务机关。

被投资企业应当详细记录股东持有本企业股权的相关成本，如实向税务机关提供与股权转让有关的信息，协助税务机关依法执行公务。

第二章　股权转让收入的确认

第七条　股权转让收入是指转让方因股权转让而获得的现金、实物、有价证券和其他形式的经济利益。

第八条　转让方取得与股权转让相关的各种款项，包括违约金、补偿金以及其他名目的款项、资产、权益等，均应当并入股权转让收入。

第九条　纳税人按照合同约定，在满足约定条件后取得的后续收入，应当作为股权转让收入。

第十条　股权转让收入应当按照公平交易原则确定。

第十一条　符合下列情形之一的，主管税务机关可以核定股权转让收入：

（一）申报的股权转让收入明显偏低且无正当理由的；

（二）未按照规定期限办理纳税申报，经税务机关责令限期申报，逾期仍不申报的；

（三）转让方无法提供或拒不提供股权转让收入的有关资料；

（四）其他应核定股权转让收入的情形。

第十二条　符合下列情形之一，视为股权转让收入明显偏低。

（一）申报的股权转让收入低于股权对应的净资产份额的。其中，被投资企业拥有土地使用权、房屋、房地产企业未销售房产、知识产权、探矿权、采矿权、股权等资产的，申报的股权转让收入低于股权对应的净资产公允价值份额的；

（二）申报的股权转让收入低于初始投资成本或低于取得该股权所支付的价款及相关税费的；

（三）申报的股权转让收入低于相同或类似条件下同一企业同一股东或其他股东股权转让收入的；

（四）申报的股权转让收入低于相同或类似条件下同类行业的企业股权转让收入的；

（五）不具合理性的无偿让渡股权或股份；

（六）主管税务机关认定的其他情形。

第十三条　符合下列条件之一的股权转让收入明显偏低，视为有正当理由：

（一）能出具有效文件，证明被投资企业因国家政策调整，生产经营受到重大影响，导致低价转让股权；

（二）继承或将股权转让给其能提供具有法律效力身份关系证明的配偶、父母、子女、祖父母、外祖父母、孙子女、外孙子女、兄弟姐妹以及对转让人承担直接抚养或者赡养义务的抚养人或者赡养人；

（三）相关法律、政府文件或企业章程规定，并有相关资料充分证明转让价格合理且真实的本企业员工持有的不能对外转让股权的内部转让；

（四）股权转让双方能够提供有效证据证明其合理性的其他合理情形。

第十四条 主管税务机关应依次按照下列方法核定股权转让收入。

（一）净资产核定法。

股权转让收入按照每股净资产或股权对应的净资产份额核定。

被投资企业的土地使用权、房屋、房地产企业未销售房产、知识产权、探矿权、采矿权、股权等资产占企业总资产比例超过20%的，主管税务机关可参照纳税人提供的具有法定资质的中介机构出具的资产评估报告核定股权转让收入。

6个月内再次发生股权转让且被投资企业净资产未发生重大变化的，主管税务机关可参照上一次股权转让时被投资企业的资产评估报告核定此次股权转让收入。

（二）类比法。

1. 参照相同或类似条件下同一企业同一股东或其他股东股权转让收入核定；

2. 参照相同或类似条件下同类行业企业股权转让收入核定。

（三）其他合理方法。

主管税务机关采用以上方法核定股权转让收入存在困难的，可以采取其他合理方法核定。

第三章 股权原值的确认

第十五条 个人转让股权的原值依照以下方法确认：

（一）以现金出资方式取得的股权，按照实际支付的价款与取得股权直接相关的合理税费之和确认股权原值；

（二）以非货币性资产出资方式取得的股权，按照税务机关认可或核定的投资入股时非货币性资产价格与取得股权直接相关的合理税费之和确认股权原值；

（三）通过无偿让渡方式取得股权，具备本办法第十三条第二项所列情形的，按取得股权发生的合理税费与原持有人的股权原值之和确认股权原值；

（四）被投资企业以资本公积、盈余公积、未分配利润转增股本，个人股东已依法缴纳个人所得税的，以转增额和相关税费之和确认其新转增股本的股权原值；

（五）除以上情形外，由主管税务机关按照避免重复征收个人所得税的原则合理确认股权原值。

第十六条　股权转让人已被主管税务机关核定股权转让收入并依法征收个人所得税的，该股权受让人的股权原值以取得股权时发生的合理税费与股权转让人被主管税务机关核定的股权转让收入之和确认。

第十七条　个人转让股权未提供完整、准确的股权原值凭证，不能正确计算股权原值的，由主管税务机关核定其股权原值。

第十八条　对个人多次取得同一被投资企业股权的，转让部分股权时，采用“加权平均法”确定其股权原值。

第四章　纳税申报

第十九条　个人股权转让所得个人所得税以被投资企业所在地地税机关为主管税务机关。

第二十条　具有下列情形之一的，扣缴义务人、纳税人应当依法在次月15日内向主管税务机关申报纳税：

（一）受让方已支付或部分支付股权转让价款的；

（二）股权转让协议已签订生效的；

（三）受让方已经实际履行股东职责或者享受股东权益的；

（四）国家有关部门判决、登记或公告生效的；

（五）本办法第三条第四至第七项行为已完成的；

（六）税务机关认定的其他有证据表明股权已发生转移的情形。

第二十一条　纳税人、扣缴义务人向主管税务机关办理股权转让纳税（扣缴）申报时，还应当报送以下资料：

（一）股权转让合同（协议）；

（二）股权转让双方身份证明；

（三）按规定需要进行资产评估的，需提供具有法定资质的中介机构出具的净资产或土地房产等资产价值评估报告；

（四）计税依据明显偏低但有正当理由的证明材料；

（五）主管税务机关要求报送的其他材料。

第二十二条　被投资企业应当在董事会或股东会结束后5个工作日内，向主管税务机关报送与股权变动事项相关的董事会或股东会决议、会议纪要等资料。

被投资企业发生个人股东变动或者个人股东所持股权变动的，应当在次月15日内向主管税务机关报送含有股东变动信息的《个人所得税基础信息表（A表）》及股东变更情况说明。

主管税务机关应当及时向被投资企业核实其股权变动情况，并确认相关转让所得，及时督促扣缴义务人和纳税人履行法定义务。

第二十三条　转让的股权以人民币以外的货币结算的，按照结算当日人民币汇率中间价，折算成人民币计算应纳税所得额。

第五章　征收管理

第二十四条　税务机关应加强与工商部门合作，落实和完善股权信息交换制度，积极开展股权转让信息共享工作。

第二十五条　税务机关应当建立股权转让个人所得税电子台账，将个人股东的相关信息录入征管信息系统，强化对每次股权转让间股权转让收入和股权原值的逻辑审核，对股权转让实施链条式动态管理。

第二十六条　税务机关应当落实好国税部门、地税部门之间的信息交换与共享制度，不断提升股权登记信息应用能力。

第二十七条　税务机关应当加强对股权转让所得个人所得税的日常管理和税

务检查，积极推进股权转让各税种协同管理。

第二十八条　纳税人、扣缴义务人及被投资企业未按照规定期限办理纳税（扣缴）申报和报送相关资料的，依照《中华人民共和国税收征收管理法》及其实施细则有关规定处理。

第二十九条　各地可通过政府购买服务的方式，引入中介机构参与股权转让过程中相关资产的评估工作。

第六章　附则

第三十条　个人在上海证券交易所、深圳证券交易所转让从上市公司公开发行和转让市场取得的上市公司股票，转让限售股，以及其他有特别规定的股权转让，不适用本办法。

第三十一条　各省、自治区、直辖市和计划单列市地方税务局可以根据本办法，结合本地实际，制定具体实施办法。

第三十二条　本办法自2015年1月1日起施行。《国家税务总局关于加强股权转让所得征收个人所得税管理的通知》（国税函〔2009〕285号）、《国家税务总局关于股权转让个人所得税计税依据核定问题的公告》（国家税务总局公告2010年第27号）同时废止。

上市公司ESOP管理暂行办法（征求意见稿）

第一章　总则

第一条　为规范、引导上市公司实施ESOP及其相关活动，依据《中华人民共和国公司法》《中华人民共和国证券法》及其他有关法律、行政法规的规定，制定本办法。

第二条 本办法所称ESOP是指上市公司根据员工意愿，将应付员工工资、奖金等现金薪酬的一部分委托资产管理机构管理，通过二级市场购入本公司股票并长期持有，股份权益按约定分配给员工的制度安排。

上市公司实施ESOP，应当符合法律、行政法规和本办法的规定。中国证券监督管理委员会（以下简称“中国证监会”）依照本办法对上市公司实施ESOP及其相关活动进行监督管理。

第三条 上市公司实施ESOP应遵循公司自主决定，员工自愿加入、风险合理分散的原则。

第四条 ESOP应公平、公正，有利于上市公司的持续发展，同时兼顾股东、员工、国家和社会公众的利益。

第五条 上市公司实施ESOP，应当严格按照法律、法规的规定和本办法的要求，真实、准确、完整、及时地履行信息披露义务。

第六条 任何人不得利用ESOP进行内幕交易、操纵证券市场等证券欺诈行为。

第二章 一般规定

第七条 上市公司ESOP的参加对象为公司员工，包括管理层人员。

第八条 每年度用于实施ESOP的资金来源于最近12个月公司应付员工的工资、奖金等现金薪酬，且数额不得高于其现金薪酬总额的30%。

员工用于参加ESOP的资金总额不得高于其家庭金融资产的1/3。

员工参加ESOP，应当如实向公司说明其家庭金融资产情况，公司应当向员工充分揭示风险并根据员工资产情况核定其应获股份权益的具体数额上限。

第九条 ESOP长期持续有效，在其存续期间可以约定按照年、季、月的时间间隔定期实施，也可以不定期实施。

每次实施ESOP，其所购股票的持股期限不得低于36个月，自上市公司公告本次股票购买完成时起算。

第十条　上市公司全部有效的ESOP所持有股票总数累计不得超过公司股本总额的10%，单个员工所获股份权益对应的股票总数累计不得超过公司股本总额的1%。

前款规定的股票总数单独计算，不包括员工在公司首发上市前获得的股份、通过二级市场自行购买的股份及通过股权激励获得的股份。

本条第一款所称公司股本总额是最近一次实施ESOP前公司的股本总额。

第十一条　参加ESOP的员工可以通过ESOP持有人会议选出代表或设立相应机构，监督ESOP的日常管理，代表ESOP持有人行使股东权利或者授权资产管理机构行使股东权利。

第十二条　ESOP应明确规定下列事项：

（一）ESOP的目的、原则；

（二）参加员工的范围和确定标准；

（三）用于ESOP资金的构成、数额或数额确定方式；

（四）ESOP拟购买的公司股票数量及占上市公司股本总额的比例；

（五）ESOP的存续期限；

（六）ESOP实施的程序和具体管理模式；

（七）公司发生控制权变更、合并、分立时ESOP持有股票的处置办法；

（八）参加ESOP的员工离职、退休、死亡以及发生不再适合参加持股计划事由等情况时，其所持股份权益的处置办法；

（九）ESOP的变更、终止；

（十）ESOP期满后员工所持股份权益的处置办法；

（十一）ESOP持有人代表或机构的选任；

（十二）资产管理机构的选任、资产管理协议主要条款、资产管理费用的计提及支付方式；

（十三）其他重要事项。

第十三条　员工通过持股计划获得的股份权益的占有、使用、收益和处分的权利，应当按照ESOP的约定行使。

ESOP 存续期间，员工提前退出ESOP的，员工的股份权益应当按照ESOP的约定予以处置。

第十四条　上市公司公布、实施ESOP 及资产管理机构对ESOP 进行管理，必须严格遵守市场交易规则，遵守中国证监会关于信息敏感期不得买卖股票的规定，严厉禁止利用任何内幕信息进行交易。

第三章　ESOP的管理

第十五条　上市公司应当将ESOP 委托给下列资产管理机构进行管理。

（一）信托公司；

（二）保险资产管理公司；

（三）证券公司；

（四）基金管理公司；

（五）其他符合条件的资产管理机构。

资产管理机构不得管理本公司及本公司控股的上市公司的ESOP，也不得管理其控股股东、实际控制人及与其受同一控制下的公司的ESOP。

第十六条　上市公司为ESOP 聘请资产管理机构的，应当与资产管理机构签订资产管理协议。

资产管理协议应当明确当事人的权利义务，切实维护ESOP 持有人的合法权益，确保ESOP的财产安全。

在ESOP 存续期间，资产管理机构根据协议约定管理ESOP。

第十七条　资产管理机构管理ESOP，应当为ESOP 持有人的最大利益行事，不得与ESOP 持有人存在利益冲突。

第十八条　资产管理机构应当以ESOP的名义开立证券交易账户，ESOP持有的股票、资金为委托财产，独立于资产管理机构的固有财产，并独立于资产管理机构管理的其他财产。资产管理机构不得将委托财产归入其固有财产。

资产管理机构因依法解散、被依法撤销或者被依法宣告破产等原因进行清算的，委托财产不属于其清算财产。

第四章　ESOP的实施程序及信息披露要求

第十九条　上市公司董事会提出ESOP草案并提交股东大会表决。

独立董事应当就ESOP是否有利于上市公司的持续发展，是否损害上市公司及股东利益发表意见。

第二十条　上市公司应当在董事会审议通过ESOP草案后的2个交易日内，公告董事会决议、ESOP草案摘要、独立董事意见及与资产管理机构签订的资产管理协议。

第二十一条　上市公司应当聘请律师事务所对ESOP出具法律意见书，并在召开关于审议ESOP的股东大会前公告法律意见书。

法律意见书应当就下列事项发表意见：

（一）ESOP是否符合法律、行政法规及本办法的规定；

（二）ESOP的制订和提出是否履行了必要的法定程序；

（三）ESOP的范围和条件；

（四）ESOP是否损害上市公司及全体股东的利益；

（五）上市公司是否已经履行了充分的信息披露义务；

（六）ESOP的资产管理机构是否合格；

（七）资产管理协议是否符合有关规定；

（八）其他应当说明的事项。

第二十二条　股东大会应当对ESOP中的下列内容进行表决：

（一）ESOP拟购入股票的数量；

（二）参加员工的范围和确定标准；

（三）ESOP的存续期限；

（四）员工获授股份权益的条件；

（五）ESOP的变更、终止需要履行的程序；

（六）授权董事会办理ESOP的相关事宜；

（七）资产管理机构的选任及撤换程序；

（八）其他需要股东大会表决的事项。

公司股东大会就持股计划有关事项进行投票表决时，应当在提供现场投票方式的同时，提供网络投票方式；公司股东大会作出决议，应当经出席会议的股东所持表决权的半数以上通过。

第二十三条　股东大会审议通过ESOP后2个交易日内，上市公司应当到证券交易所办理信息披露事宜。

第二十四条　资产管理机构应当在股东大会审议通过ESOP后3个月内，根据ESOP的安排，完成公司股票的购买；ESOP约定以持续购买方式实施的，资产管理机构应在董事会公告购买公司股票之日起3个月内完成股票的购买。在前述规定的期限内，购买股票的具体时间、数量、价格、方式等由资产管理机构按照约定实施。

上市公司应当在前款规定的股票购买期间每月公告一次资产管理机构购买股票的时间、数量、价格、方式等具体情况。

第二十五条　员工因参加ESOP，其股份权益发生变动，依据《中华人民共和国证券法》及《上市公司收购管理办法》应履行相关法定义务的，应当按照规定履行报告及披露义务；ESOP持有公司股票达到公司已发行股份总数的百分之五时，应当按照《中华人民共和国证券法》的规定履行报告和信息披露义务。

第二十六条 上市公司变更ESOP中本办法第二十二条所列事项的，应当提交股东大会审议并披露。

第二十七条 上市公司应在定期报告中披露报告期内下列ESOP实施情况：

（一）报告期内持股员工的范围、人数；

（二）报告期内ESOP持有的股票总额及占上市公司股本总额的比例；

（三）因ESOP持有人处分权利引起的股份权益变动情况；

（四）资产管理机构的变更情况；

（五）其他应予披露的事项。

第二十八条 证券交易所应当在其业务规则中明确ESOP所涉及的信息披露要求。

证券登记结算机构应当在其业务规则中明确ESOP所涉及的登记结算业务的办理要求。

第五章 罚则

第二十九条 上市公司实施ESOP不符合本办法规定的，中国证监会责令其改正，对公司及相关责任人依法予以处罚。

第三十条 上市公司未按照本办法及其他相关规定披露ESOP相关信息或者所披露的信息有虚假记载、误导性陈述或者重大遗漏的，中国证监会责令其改正，对公司及相关责任人依法予以处罚。

第三十一条 为上市公司ESOP出具专业意见的证券服务机构及从业人员未履行勤勉尽责义务，所发表的意见存在虚假记载、误导性陈述或者重大遗漏的，中国证监会依法予以处罚。

第三十二条 利用ESOP进行虚假陈述、操纵证券市场、内幕交易等违法行为的，中国证监会依法予以处罚，并可依法对相关责任人员采取市场禁入等监管措施；涉嫌犯罪的，中国证监会移送司法机关处理。

第六章　附则

第三十三条　上市公司的董事、监事、高级管理人员及其他员工参加公司股权激励计划的，按照中国证监会关于上市公司股权激励的有关规定实施。

第三十四条　本办法适用于上海证券交易所、深圳证券交易所上市的公司。

第三十五条　本办法自2012年____月____日起施行。

上海证券交易所上市公司ESOP信息披露工作指引

第一节　一般规定

第一条　为引导上市公司实施ESOP，规范上市公司及相关主体的信息披露行为，根据中国证监会《关于上市公司实施ESOP试点的指导意见》和上海证券交易所（以下简称“本所”）《股票上市规则》，制定本指引。

第二条　上市公司实施ESOP，应当遵循依法合规、自愿参与、风险自担原则。

第三条　上市公司实施ESOP，应当按照法律法规、中国证监会有关规定以及本指引的要求，履行必要的审议程序和信息披露义务。

第四条　上市公司及相关主体不得利用ESOP进行内幕交易和市场操纵等证券欺诈行为。

第二节　ESOP的制订

第五条　上市公司ESOP应当经董事会审议通过。ESOP涉及相关董事的，相关董事应当回避表决。

公司应当及时公告董事会决议和ESOP草案摘要，并在本所网站披露ESOP

草案全文、独立董事意见、监事会意见及与资产管理机构签订的资产管理协议（如有）。

第六条　上市公司ESOP草案全文应当至少包括以下内容：

（一）ESOP的参加对象、确定标准；

（二）ESOP的资金、股票来源；

（三）ESOP的最低持股期限（锁定期）、存续期限和管理模式；

（四）ESOP持有人会议的召集及表决程序；

（五）ESOP持有人代表或机构的选任程序；

（六）ESOP管理机构的选任、管理协议的主要条款、管理费用的计提及支付方式（如有）；

（七）公司融资时ESOP的参与方式；

（八）ESOP变更和终止的情形及决策程序；

（九）员工出现不适合继续参加持股计划情形时，其所持股份权益的处置办法；

（十）ESOP期满后所持股份的处置办法；

（十一）其他重要事项。

上市公司应当按照重要性原则编制ESOP草案摘要。摘要应当包含草案全文中的实质性内容。

第七条　上市公司董事、监事、高级管理人员参与ESOP的，公司应当在ESOP草案中披露相关人员姓名及其合计持股份额、所占比例；其他员工参与持股计划的，应当披露合计参与人数及合计持股份额、所占比例。

第八条　上市公司或者第三方为员工参与持股计划提供奖励、资助或者补贴的，公司应当在ESOP草案中披露相关奖励、资助或者补贴的来源、形式等具体情况。

第九条　上市公司独立董事和监事会应当分别就ESOP是否有利于上市公司

的持续发展，是否损害上市公司及全体股东利益，公司是否以摊派、强行分配等方式强制员工参加本公司持股计划发表意见。

第十条　上市公司应当通过职工代表大会等程序，就公司董事会提出的ESOP充分征求员工意见，并及时披露征求意见情况及相关决议。

第十一条　上市公司应当聘请律师事务所就ESOP及其相关事项是否合法合规、是否已履行必要的决策和审批程序、是否已按照中国证监会和本所的有关规定履行信息披露义务发表法律意见，并在召开关于审议ESOP的股东大会前公告法律意见书。

第十二条　上市公司ESOP应当经出席会议的股东所持表决权的半数以上通过。

ESOP拟选任的资产管理机构为公司股东或股东关联方的，相关主体应当在股东大会表决时回避；ESOP涉及相关股东的，相关股东应当回避表决。

第十三条　上市公司ESOP经公司股东大会审议通过后，公司应当及时公告股东大会决议，并在本所网站披露经审议通过的ESOP全文。

第十四条　国有控股上市公司实施ESOP的，应当符合国有资产监督管理机构、财政部等的相关规定。

第三节　ESOP的实施

第十五条　上市公司应当召开ESOP持有人会议，明确ESOP实施的具体事项，并及时披露会议的召开情况及相关决议。

第十六条　上市公司采取二级市场购买方式实施ESOP的，上市公司明确的ESOP管理方或委托的资产管理机构应当在股东大会审议通过ESOP后6个月内，根据ESOP的安排，完成标的股票的购买。

上市公司应当每月公告一次购买股票的时间、数量、价格、方式等具体情况。

第十七条　上市公司采用回购、非公开发行、股东自愿赠与及其他法律、行政法规允许的方式实施ESOP，应当按照法律法规、中国证监会及本所有关规定及时履行信息披露义务。

第十八条　上市公司已完成标的股票的购买或将标的股票过户至ESOP名下后，应当在2个交易日内披露获得标的股票的时间、数量、比例等情况。

第十九条　上市公司变更、终止ESOP，应当经持有人会议通过后，由公司董事会提交股东大会审议通过。

上市公司应当按照分阶段披露原则，及时披露前述事项及相关决议。

第二十条　参与ESOP的员工出现离职、退休、死亡或者其他不再适合参加持股计划等情形的，其所持股份权益应当按照ESOP约定方式处置，并在定期报告中披露。

第二十一条　上市公司应当在ESOP届满前6个月公告到期计划持有的股票数量。

第二十二条　上市公司ESOP存续期限届满后继续展期的，应当履行相应的决策程序并及时披露。

第二十三条　上市公司ESOP届满最低持股期限（锁定期）后已全部卖出相关股票的，应当及时披露。

第二十四条　上市公司未按照既定安排实施ESOP的，应当及时披露具体原因以及独立董事和监事会的明确意见。

第二十五条　上市公司应当在定期报告中披露报告期内ESOP的实施情况：

（一）报告期内持股员工的范围、人数及其变更情况；

（二）实施ESOP的资金来源；

（三）报告期内ESOP持有的股票总额及占上市公司股本总额的比例；

（四）因ESOP持有人处分权利引起的股份权益变动情况；

（五）资产管理机构的选任及变更情况；

（六）其他应当披露的事项。

第四节　其他事项

第二十六条　ESOP 管理机构基于该计划项下的股份行使股东权利，应当征询ESOP 持有人的意见，并遵照其意见执行。

第二十七条　上市公司公布、实施ESOP 时，应当遵守中国证监会关于信息敏感期不得买卖股票的规定。

第二十八条　上市公司ESOP所持股份发生权益变动的，应当按照法律法规、中国证监会及本所有关规定履行信息披露义务。

第二十九条　员工参与ESOP所获公司股份权益，应当与员工通过其他方式拥有的公司股份权益合并计算，按照法律法规、中国证监会及本所有关规定履行信息披露义务。

第三十条　上市公司应当及时向本所报备其委托实施ESOP的资产管理机构名称及开立的证券交易账户等信息。

第三十一条　上市公司实施ESOP，违反本指引规定的，本所可视情节轻重对上市公司及相关当事人给予纪律处分或采取相关监管措施。情节严重的，上报中国证监会查处。

第五节　附则

第三十二条　本指引由本所负责解释。

第三十三条　本指引自发布之日起施行。

关于完善股权激励和技术入股有关所得税政策的通知（财税〔2016〕101号）

各省、自治区、直辖市、计划单列市财政厅（局）、国家税务局、地方税务局，新疆生产建设兵团财务局：

为支持国家大众创业、万众创新战略的实施，促进我国经济结构转型升级，经国务院批准，现就完善股权激励和技术入股有关所得税政策通知如下：

一、对符合条件的非上市公司股票期权、股权期权、限制性股票和股权奖励实行递延纳税政策

（一）非上市公司授予本公司员工的股票期权、股权期权、限制性股票和股权奖励，符合规定条件的，经向主管税务机关备案，可实行递延纳税政策，即员工在取得股权激励时可暂不纳税，递延至转让该股权时纳税；股权转让时，按照股权转让收入减除股权取得成本以及合理税费后的差额，适用"财产转让所得"项目，按照20%的税率计算缴纳个人所得税。

股权转让时，股票（权）期权取得成本按行权价确定，限制性股票取得成本按实际出资额确定，股权奖励取得成本为零。

（二）享受递延纳税政策的非上市公司股权激励（包括股票期权、股权期权、限制性股票和股权奖励，下同）须同时满足以下条件。

1. 属于境内居民企业的股权激励计划；

2. 股权激励计划经公司董事会、股东（大）会审议通过。未设股东（大）会的国有单位，经上级主管部门审核批准。股权激励计划应列明激励目的、对象、标的、有效期、各类价格的确定方法、激励对象获取权益的条件、程序等；

3. 激励标的应为境内居民企业的本公司股权。股权奖励的标的可以是技术成果投资入股到其他境内居民企业所取得的股权。激励标的股票（权）包括通过增发、大股东直接让渡以及法律法规允许的其他合理方式授予激励对象的股票（权）；

4. 激励对象应为公司董事会或股东（大）会决定的技术骨干和高级管理人员，激励对象人数累计不得超过本公司最近6个月在职职工平均人数的30%；

5. 股票（权）期权自授予日起应持有满3年，且自行权日起持有满1年；限制性股票自授予日起应持有满3年，且解禁后持有满1年；股权奖励自获得奖励之日起应持有满3年。上述时间条件须在股权激励计划中列明；

6. 股票（权）期权自授予日至行权日的时间不得超过10年；

7. 实施股权奖励的公司及其奖励股权标的公司所属行业均不属于《股权奖励税收优惠政策限制性行业目录》范围。公司所属行业按公司上一纳税年度主营业务收入占比最高的行业确定。

（三）本通知所称股票（权）期权是指公司给予激励对象在一定期限内以事先约定的价格购买本公司股票（权）的权利；所称限制性股票是指公司按照预先确定的条件授予激励对象一定数量的本公司股权，激励对象只有工作年限或业绩目标符合股权激励计划规定条件的才可以处置该股权；所称股权奖励是指企业无偿授予激励对象一定份额的股权或一定数量的股份。

（四）股权激励计划所列内容不同时满足第一条第（二）款规定的全部条件，或递延纳税期间公司情况发生变化，不再符合第一条第（二）款第4项至第6项条件的，不得享受递延纳税优惠，应按规定计算缴纳个人所得税。

二、对上市公司股票期权、限制性股票和股权奖励适当延长纳税期限

（一）上市公司授予个人的股票期权、限制性股票和股权奖励，经向主管税务机关备案，个人可自股票期权行权、限制性股票解禁或取得股权奖励之日起，在不超过12个月的期限内缴纳个人所得税。《财政部　国家税务总局关于上市公司高管人员股票期权所得缴纳个人所得税有关问题的通知》（财税〔2009〕40号）自本通知施行之日起废止。

（二）上市公司股票期权、限制性股票应纳税款的计算，继续按照《财政部　国家税务总局关于个人股票期权所得征收个人所得税问题的通知》（财税〔2005〕

35号）、《财政部　国家税务总局关于股票增值权所得和限制性股票所得征收个人所得税有关问题的通知》（财税〔2009〕5号）、《国家税务总局关于股权激励有关个人所得税问题的通知》（国税函〔2009〕461号）等相关规定执行。股权奖励应纳税款的计算比照上述规定执行。

三、对技术成果投资入股实施选择性税收优惠政策

（一）企业或个人以技术成果投资入股到境内居民企业，被投资企业支付的对价全部为股票（权）的，企业或个人可选择继续按现行有关税收政策执行，也可选择适用递延纳税优惠政策。

选择技术成果投资入股递延纳税政策的，经向主管税务机关备案，投资入股当期可暂不纳税，允许递延至转让股权时，按股权转让收入减去技术成果原值和合理税费后的差额计算缴纳所得税。

（二）企业或个人选择适用上述任一项政策，均允许被投资企业按技术成果投资入股时的评估值入账并在企业所得税前摊销扣除。

（三）技术成果是指专利技术（含国防专利）、计算机软件著作权、集成电路布图设计专有权、植物新品种权、生物医药新品种，以及科技部、财政部、国家税务总局确定的其他技术成果。

（四）技术成果投资入股，是指纳税人将技术成果所有权让渡给被投资企业、取得该企业股票（权）的行为。

四、相关政策

（一）个人从任职受雇企业以低于公平市场价格取得股票（权）的，凡不符合递延纳税条件，应在获得股票（权）时，对实际出资额低于公平市场价格的差额，按照"工资、薪金所得"项目，参照《财政部　国家税务总局关于个人股票期权所得征收个人所得税问题的通知》（财税〔2005〕35号）有关规定计算缴纳个人所得税。

（二）个人因股权激励、技术成果投资入股取得股权后，非上市公司在境内上市的，处置递延纳税的股权时，按照现行限售股有关征税规定执行。

（三）个人转让股权时，视同享受递延纳税优惠政策的股权优先转让。递延纳税的股权成本按照加权平均法计算，不与其他方式取得的股权成本合并计算。

（四）持有递延纳税的股权期间，因该股权产生的转增股本收入，以及以该递延纳税的股权再进行非货币性资产投资的，应在当期缴纳税款。

（五）全国中小企业股份转让系统挂牌公司按照本通知第一条规定执行。

适用本通知第二条规定的上市公司是指其股票在上海证券交易所、深圳证券交易所上市交易的股份有限公司。

五、配套管理措施

（一）对股权激励或技术成果投资入股选择适用递延纳税政策的，企业应在规定期限内到主管税务机关办理备案手续。未办理备案手续的，不得享受本通知规定的递延纳税优惠政策。

（二）企业实施股权激励或个人以技术成果投资入股，以实施股权激励或取得技术成果的企业为个人所得税扣缴义务人。递延纳税期间，扣缴义务人应在每个纳税年度终了后向主管税务机关报告递延纳税有关情况。

（三）工商部门应将企业股权变更信息及时与税务部门共享，暂不具备联网实时共享信息条件的，工商部门应在股权变更登记3个工作日内将信息与税务部门共享。

六、本通知自2016年9月1日起施行

中关村国家自主创新示范区2016年1月1日至8月31日之间发生的尚未纳税的股权奖励事项，符合本通知规定的相关条件的，可按本通知有关政策执行。

财政部　国家税务总局

2016年9月20日

非上市公众公司监管指引第6号——股权激励和ESOP的监管要求（试行）

为规范股票在全国中小企业股份转让系统（以下简称“全国股转系统”）公开转让的公众公司（以下简称“挂牌公司”）实施股权激励和ESOP，根据《公司法》《证券法》《国务院关于全国中小企业股份转让系统有关问题的决定》《非上市公众公司监督管理办法》（证监会令第161号，以下简称《公众公司办法》）等有关规定，明确监管要求如下。

一、股权激励

（一）挂牌公司实施股票期权、限制性股票等股权激励计划的，应当符合法律、行政法规、部门规章、本指引和公司章程的规定，有利于公司的持续发展，不得损害公司利益，并履行信息披露义务。

本指引所称股票期权是指挂牌公司授予激励对象在未来一定期限内以预先确定的条件购买本公司一定数量股份的权利；限制性股票是指激励对象按照股权激励计划规定的条件，获得的转让等部分权利受到限制的本公司股票。

挂牌公司实施股权激励，应当真实、准确、完整、及时、公平地披露信息，不得有虚假记载、误导性陈述或者重大遗漏。挂牌公司的董事、监事和高级管理人员在实施股权激励中应当诚实守信、勤勉尽责，维护公司和全体股东的利益。为股权激励出具意见的主办券商和相关人员，应当诚实守信、勤勉尽责，保证所出具的文件真实、准确、完整。

（二）激励对象包括挂牌公司的董事、高级管理人员及核心员工，但不应包括公司监事。挂牌公司聘任独立董事的，独立董事不得成为激励对象。

核心员工的认定应当符合《公众公司办法》的规定。

（三）拟实施股权激励的挂牌公司，可以下列方式作为标的股票来源：

1. 向激励对象发行股票；

2. 回购本公司股票；

3. 股东自愿赠与；

4. 法律、行政法规允许的其他方式。

（四）挂牌公司依照本指引制订股权激励计划的，应当在股权激励计划中载明下列事项：

1. 股权激励的目的；

2. 拟授出的权益数量，拟授出权益涉及的标的股票种类、来源、数量及占挂牌公司股本总额的百分比；

3. 激励对象的姓名、职务、可获授的权益数量及占股权激励计划拟授出权益总量的百分比；设置预留权益的，拟预留权益的数量、涉及标的股票数量及占股权激励计划的标的股票总额的百分比；

4. 股权激励计划的有效期，限制性股票的授予日、限售期和解除限售安排，股票期权的授权日、可行权日、行权有效期和行权安排；

5. 限制性股票的授予价格或者授予价格的确定方法，股票期权的行权价格或者行权价格的确定方法，以及定价合理性的说明；

6. 激励对象获授权益、行使权益的条件；

7. 挂牌公司授出权益、激励对象行使权益的程序；

8. 调整权益数量、标的股票数量、授予价格或者行权价格的方法和程序；

9. 绩效考核指标（如有），以及设定指标的科学性和合理性；

10. 股权激励会计处理方法、限制性股票或股票期权公允价值的确定方法、涉及估值模型重要参数取值合理性、实施股权激励应当计提费用及对挂牌公司经营业绩的影响；

11. 股权激励计划的变更、终止；

12. 挂牌公司发生控制权变更、合并、分立、终止挂牌以及激励对象发生职务变更、离职、死亡等事项时股权激励计划的执行；

13. 挂牌公司与激励对象之间相关纠纷或争端解决机制；

14. 挂牌公司与激励对象的其他权利义务。

本条所称的股本总额是指股东大会批准本次股权激励计划时已发行的股本总额。

（五）挂牌公司可以同时实施多期股权激励计划。同时实施多期股权激励计划的，挂牌公司应当充分说明各期激励计划设立的公司业绩指标的关联性。

挂牌公司全部在有效期内的股权激励计划所涉及的标的股票总数累计不得超过公司股本总额的30%。

（六）挂牌公司应当合理设立激励对象获授权益、行使权益的条件，并就每次激励对象行使权益分别设立条件。

激励对象为董事、高级管理人员的，挂牌公司应当设立绩效考核指标作为激励对象行使权益的条件。绩效考核指标应当包括公司业绩指标和激励对象个人绩效指标。相关指标应当客观公开、清晰透明，符合公司的实际情况，有利于促进公司竞争力的提升。

权益行使前不得转让、用于担保或偿还债务。

（七）股权激励计划的有效期从首次授予权益日起不得超过10年。挂牌公司应当规定分期行使权益，激励对象获授权益与首次行使权益的间隔不少于12个月，每期时限不得少于12个月，各期行使权益的比例不得超过激励对象获授总额的50%。

股权激励计划预留权益的，预留比例不得超过本次股权激励计划拟授予权益数量的20%，并应当在股权激励计划经股东大会审议通过后12个月内明确预留权益的授予对象；超过12个月未明确激励对象的，预留权益失效。

（八）限制性股票的授予价格、股票期权的行权价格不得低于股票票面金额。

限制性股票的授予价格原则上不得低于有效的市场参考价的50%；股票期权的行权价格原则上不得低于有效的市场参考价。对授予价格、行权价格低于有效的市场参考价标准的，或采用其他方法确定授予价格、行权价格的，挂牌公司应当在股权激励计划中对定价依据及定价方法作出说明。主办券商应对股权激励计划的可行性、相关定价依据和定价方法的合理性、是否有利于公司持续发展、是否损害股东利益等发表意见。

（九）激励对象参与股权激励计划的资金来源应当合法合规，不得违反法律、行政法规、中国证监会及全国中小企业股份转让系统有限责任公司（以下简称“全国股转公司”）的相关规定。

挂牌公司不得为激励对象依股权激励计划获取有关权益提供贷款以及其他任何形式的财务资助，包括为其贷款提供担保等。

（十）挂牌公司应当与激励对象签订协议，确认股权激励计划的内容，并依照本指引约定双方的其他权利义务。

挂牌公司及其董事、监事、高级管理人员应当承诺，股权激励计划相关信息披露文件不存在虚假记载、误导性陈述或者重大遗漏。

所有激励对象应当承诺，公司因信息披露文件中有虚假记载、误导性陈述或者重大遗漏，导致不符合授予权益或者行使权益安排的，激励对象应当自相关信息披露文件被确认存在虚假记载、误导性陈述或者重大遗漏后，将由股权激励计划所获得的全部利益返还公司。

（十一）挂牌公司董事会负责提名股权激励对象、拟订股权激励计划草案，并就股权激励计划草案作出决议，经公示、披露后，提交股东大会审议。

主办券商应当对股权激励计划草案和挂牌公司、激励对象是否符合本指引及有关法律法规规定出具合法合规专项意见，并在召开关于审议股权激励计划的股东大会前披露。

挂牌公司应当在召开股东大会前，通过公司网站或者其他途径，将经董事会审议通过的激励名单向全体员工公示，公示期不少于10天。

挂牌公司监事会应当充分听取公示意见，在公示期后对股权激励名单进行审核，同时就股权激励计划是否有利于挂牌公司持续发展，是否有明显损害挂牌公司及全体股东利益的情形发表意见。挂牌公司聘任独立董事的，独立董事应当对上述事项发表意见。

挂牌公司股东大会就股权激励计划等股权激励事项作出决议，必须经出席会议的股东所持表决权的2/3以上通过，并及时披露股东大会决议。

（十二）挂牌公司董事会应当根据股东大会决议，实施限制性股票的授予、解除限售和回购以及股票期权的授权、行权和注销。

股权激励计划实施过程中，授出权益和行使权益前，董事会应当就股权激励计划设定的激励对象获授权益、行使权益的条件是否成就进行审议，监事会和主办券商应当发表明确意见。挂牌公司聘任独立董事的，独立董事应当对上述事项发表明确意见。

出现终止行使获授权益的情形，或者当期行使权益条件未成就的，不得行使权益或递延至下一期，相应权益应当回购或注销。回购应按《公司法》规定进行，并不得损害公司利益。

因标的股票除权、除息或者其他原因需要调整权益价格或者数量的，挂牌公司董事会应当按照规定的原则、方式和程序进行调整。

（十三）股权激励计划经股东大会审议通过后，挂牌公司应当在60日内授予权益并完成公告、登记；有获授权益条件的，应当在条件成就后60日内授出权益并完成公告、登记。挂牌公司未能在60日内完成上述工作的，应当及时披露未完成的原因，并宣告终止实施股权激励，自公告之日起3个月内不得再次审议股权激励计划。

（十四）挂牌公司在股东大会审议通过股权激励计划之前可进行变更，变更需经董事会审议通过。挂牌公司对已通过股东大会审议的股权激励计划进行变更的，应当及时公告并提交股东大会审议，且不得包括下列情形：

1. 新增加速行权或提前解除限售情形；

2. 降低行权价格或授予价格的情形。

监事会应当就变更后的方案是否有利于挂牌公司的持续发展，是否存在明显损害挂牌公司及全体股东利益的情形发表独立意见。挂牌公司聘任独立董事的，独立董事应当对上述事项发表意见。

挂牌公司在股东大会审议股权激励计划之前拟终止实施股权激励的，需经董事会审议通过。挂牌公司在股东大会审议通过股权激励计划之后终止实施股权激励的，应当由股东大会审议决定。

主办券商应当就挂牌公司变更方案或终止实施激励是否符合本指引及相关法律法规的规定、是否存在明显损害挂牌公司及全体股东利益的情形发表专业意见。

（十五）董事会、股东大会对股权激励计划事项作出决议时，拟作为激励对象的董事、股东及与其存在关联关系的董事、股东应当回避表决。

（十六）挂牌公司实施股权激励计划，应按照《公众公司办法》及相关文件的要求规范履行信息披露义务。

挂牌公司应当在年度报告中披露报告期内股权激励的实施情况：

1. 报告期内的激励对象；

2. 报告期内授出、行使和失效的权益总额；

3. 至报告期末累计已授出但尚未行使的权益总额；

4. 报告期内权益价格、权益数量历次调整的情况以及经调整后的最新权益价格与权益数量；

5. 董事、高级管理人员姓名、职务以及在报告期内历次获授、行使权益的情况和失效的权益数量；

6. 因激励对象行使权益所引起的股本变动情况；

7. 股权激励的会计处理方法及股权激励费用对公司业绩的影响；

8. 报告期内激励对象获授权益、行使权益的条件是否成就的说明；

9. 报告期内终止实施股权激励的情况及原因。

（十七）股权激励相关用语含义参照《上市公司股权激励管理办法》（证监会令第148号）附则的相关规定。

二、ESOP

（一）挂牌公司实施ESOP，应当建立健全激励约束长效机制，兼顾员工与公司长远利益，严格按照法律法规、规章及规范性文件要求履行决策程序，真实、准确、完整、及时地披露信息，不得以摊派、强行分配等方式强制员工参加持股计划。

ESOP的参与对象为已签订劳动合同的员工，包括管理层人员。参与持股计划的员工，与其他投资者权益平等，盈亏自负，风险自担。

（二）员工持股应以货币出资，并按约定及时足额缴纳，可以由员工合法薪酬和法律、行政法规允许的其他方式解决。

（三）ESOP可以通过以下方式解决股票来源：

1. 挂牌公司回购本公司股票；

2. 通过全国股转系统购买；

3. 认购定向发行股票；

4. 股东自愿赠与；

5. 法律、行政法规允许的其他方式。

其中向ESOP定向发行股票的，应当符合《证券法》《公众公司办法》的规定。

（四）挂牌公司实施ESOP，可以自行管理，也可以委托给具有资产管理资质的机构管理；ESOP在参与认购定向发行股票时，不穿透计算股东人数。

自行管理的，应当由公司员工通过直接持有公司制企业、合伙制企业的股份（份额）或者ESOP的相应权益进行间接持股，并建立健全持股在ESOP内部的流转、退出机制以及日常管理机制。自行管理的ESOP还应符合以下要求：自设立之日锁定至少36个月；股份锁定期间内，员工所持相关权益转让退出的，只能向ESOP内员工或其他符合条件的员工转让；股份锁定期满后，员工所持相关权益转让退出的，按照ESOP的约定处理。

委托给具有资产管理资质的机构管理的，持股期限应在12个月以上，并按照有关法律法规的规定在中国证券投资基金业协会备案。

参加ESOP的员工可通过ESOP持有人会议选出代表或设立相应机构，监督ESOP的日常管理，代表ESOP持有人行使股东权利或者授权资产管理机构行使股东权利。

（五）挂牌公司实施ESOP前，应当通过职工代表大会等组织充分征求员工意见。董事会提出ESOP草案并提交股东大会表决。ESOP拟选任的资产管理机构为公司股东或者股东关联方的，相关主体应当在股东大会表决时回避；ESOP涉及相关股东的，相关股东应当回避表决。

ESOP草案至少应包含如下内容：

1. ESOP的参加对象及确定标准、资金与股票来源；

2. ESOP的设立形式、存续期限、管理模式、持有人会议的召集及表决程序；

3. ESOP的变更、终止，员工发生不适合参加持股计划情况时所持股份权益的处置办法；

4. ESOP持有人代表或机构的选任程序；

5. ESOP管理机构的选任、管理协议的主要条款、管理费用的计提及支付方式；

6. ESOP期满后员工所持有股份的处置办法；

7. 其他重要事项。

监事会负责对拟参与对象进行核实，对ESOP是否有利于公司的持续发展，是否存在损害公司及全体股东利益，是否存在摊派、强行分配等方式强制员工参与ESOP等情形发表意见。挂牌公司聘任独立董事的，独立董事应当对上述事项发表意见。

主办券商应就ESOP草案出具合法合规专项意见，并在召开关于审议ESOP的股东大会前披露。

挂牌公司变更、终止ESOP，应当经持有人会议通过后，由董事会提交股东大会审议。

（六）挂牌公司应当规范履行信息披露义务，按照《公众公司办法》及相关文件的规定披露ESOP决策、设立、存续期间的相关信息。ESOP、参与员工应依法依规履行权益变动披露义务。

挂牌公司应当在年度报告中披露报告期内下列ESOP实施情况：

1. 报告期内持股员工的范围、人数；

2. 实施ESOP的资金来源；

3. 报告期内ESOP持有的股票总额及占公司股本总额的比例；

4. 因ESOP持有人处分权利引起的计划股份权益变动情况；

5. 资产管理机构的变更情况；

6. 其他应当予以披露的事项。

三、附则

（一）任何人不得利用实施股权激励、ESOP掌握相关信息的优势进行内幕交易、操纵市场等违法活动，侵害其他投资者合法权益。挂牌公司回购本公司股份用于股权激励、ESOP的，应当遵守《公司法》等相关要求，防范利用股份回购进行内幕交易、市场操纵、利益输送等违法活动。

（二）本指引自公布之日起施行。